Geneviève-Dominique de SALINS

Université de Paris III

GRAMMAIRE POUR L'ENSEIGNEMENT / APPRENTISSAGE DU FLE

Avec la collaboration de

Sabine Dupré la Tour

Université de Paris III

Didier / HATIER

Du même auteur :

Une Approche ethnographique de la communication, collection LAL, Crédif-Hatier/Didier, 1988.

Une Introduction à l'ethnographie de la communication, Didier, 1992.

© Les Éditions Didier, Paris, 1996   ISBN : 978-2-278-04567-9

SOMMAIRE

PRÉFACE

On dit en français que « les grands esprits se rencontrent » lorsque deux idées ou formes de pensée émanant chacune d'individus différents se sont développées parallèlement, indépendamment l'une de l'autre, et viennent à se rejoindre. Cette expression signalerait donc la trace du hasard, cette « coïncidence de deux logiques », comme l'a si bien défini Roland Barthes.

Évidemment, on peut tout de suite ajouter qu'en matière de pensée, le hasard pur n'existe pas. Ces idées, ces formes de pensée ne sortent jamais du néant. Elles circulent dans la société comme un déjà dit qui ne cesse de se redire, bien que quelque peu transformé. Et c'est cette succession de transformations qui finit par créer, à la longue, de nouvelles idées et de nouvelles formes de pensée.

Ainsi en est-il de la pensée scientifique et de la pensée éducative : des théoriciens, des méthodologues, des praticiens connaissent de façon détaillée le micro-domaine dans lequel ils travaillent, en ignorent d'autres, mais en même temps, ils sont traversés par le savoir de leur discipline, qui ne cesse de circuler parmi eux. Cela produit du même coup un phénomène étrange, celui de la propriété et du partage du savoir, qui fait qu'il est toujours difficile de déterminer à qui appartiennent les idées, qui en est le promoteur, qui le récupérateur, qui le recréateur. Voilà, en tout cas, comment se produisent des filiations, des communautés des pensée, dont il est plus intéressant d'essayer de repérer les fondements que de démêler l'écheveau de leurs origines.

C'est dans cette perspective que je placerai cette *Grammaire pour l'enseignement/apprentissage du FLE* de Geneviève-Dominique de Salins, dans une filiation où se trouve ma propre *Grammaire du sens et de l'expression,* filiation qui se définit essentiellement par trois caractéristiques :
– un mouvement de pensée qui doit traiter les faits de langue comme le résultat d'intentions de communication. Décrire ces faits de langue exige alors de partir des notions de sens qui les originent et de mettre en regard les formes qui permettent de les exprimer ;
– une méthodologie particulière qui doit aboutir à catégoriser ces notions d'une manière propre, différente de celle que suivent les grammaires morphologiques. On peut qualifier ce nouveau genre de grammaire de sémantique ;
– un type d'explication qui doit être adéquat à ce nouveau genre de description car expliquer les phénomènes de sens n'est pas du même ordre qu'expliquer ceux de la forme.

La grammaire de Geneviève-Dominique de Salins répond à ces caractéristiques et, en cela, on peut dire qu'elle s'inscrit dans cette tentative moderne de faire aborder l'apprentissage des langues par ce qui en constitue le soubassement sémantique et donc culturel, car la culture, ça n'est jamais que des formes au service du sens.

Mais encore fallait-il une qualité supplémentaire à cette nouvelle organisation grammaticale : qu'elle soit accessible aux enseignants qui, plongés dans la pratique de l'enseignement, n'ont guère le loisir de suivre l'ensemble de la production scientifique de chaque domaine particulier. Cette qualité est ici présente par le type d'explication qui a été choisi, et le fait que ces explications reposent sur des exemples d'erreurs que commettent fréquemment les apprenants. Cette grammaire joue bien le rôle que lui attribue son auteur, celui de transition entre grammaires savantes et grammaires appliquées.

Puissent les enseignants en comprendre l'enjeu.

Patrick CHARAUDEAU

AVANT-PROPOS

Cette *Grammaire pour l'enseignement/apprentissage du FLE* s'adresse aux étudiants en formation dans les programmes de didactique du français langue étrangère.

Elle intéressera également les enseignants « novices » et, pourquoi pas, les enseignants plus « chevronnés » qui pourront y confronter leur propre expérience de l'explication grammaticale.

Entre les grammaires savantes d'une part, et les grammaires pour l'apprentissage d'autre part, il nous a semblé qu'il manquait un chaînon, une « grammaire-transition » en quelque sorte :
1. elle préparerait le futur enseignant, en lui proposant des explications terminologiques indispensables, à la lecture d'ouvrages de grammaire plus savants ;
2. elle lui offrirait aussi une réflexion sur des questions d'ordre sémantique, morphologique et syntactique spécifiques à l'enseignement du français langue étrangère ;
3. elle lui présenterait enfin des exemples d'erreurs commises par les apprenants et proposerait des activités pédagogiques qui peuvent faciliter l'acquisition et l'appropriation correctes du système grammatical.
En somme, elle serait « formatrice » : c'est-à-dire qu'elle chercherait à renforcer les « savoirs » en matière de grammaire, tout en offrant des « savoir-faire » utiles à l'enseignement du FLE.
Ce sont les trois objectifs que s'est fixés cette grammaire.

Pour atteindre ces objectifs, il a fallu choisir et combiner plusieurs paramètres :
1. des paramètres d'ordre ethno-sociolinguistique ;
2. des paramètres d'ordre grammatico-linguistique ;
3. des paramètres d'ordre méthodologique ;
4. des paramètres d'ordre didactique.

• Le *facteur ethno-sociolinguistique* est primordial pour l'enseignement de la grammaire du français langue étrangère car tout groupe linguistique voit, découpe et analyse la réalité à travers sa langue en général, et la grammaire de sa langue en particulier.
Si l'on veut expliquer, par exemple, la portée « communicative » de la *voix passive*, de la *nominalisation,* de l'*actualisation,* de la *qualification* ou les différences « socioculturelles » entre *code oral* et *code écrit* (et bien sûr entre les *registres de langue* qui s'appliquent à ces codes), il est indispensable de poser un regard ethnographique sur nos manières de communiquer en français. Dans cette grammaire, l'accent est donc mis sur l'étude du langage ordinaire écrit et oral, base de tout apprentissage de la communication en français.

• Le *facteur grammatico-linguistique* est plus difficile à cerner.
En effet, les points de vue théoriques des différentes linguistiques ne répondent pas nécessairement aux besoins d'apprenants étrangers venant des quatre coins du monde.
Mais il est une théorie linguistique qui subsume les descriptions grammaticales for-

melles pour atteindre le plus directement possible le *sens* véhiculé par l'ensemble des langues, que celles-ci soient à tons, agglutinantes ou analytiques.

Cette linguistique nous importe par son approche sémantique de la grammaire. Elle recherche les *notions quasi universelles* qui permettent de regrouper en catégories de *sens* les diverses formes que la grammaire traditionnelle a pour principe de séparer.

Les opérations conceptuelles qu'elle propose sont suffisamment larges pour faciliter, chez tout apprenant étranger, la saisie d'un *sens global* qui s'exprimera par différentes *formes*.

Ce mouvement de pensée, qui consiste à aller du *sens* à la *forme* (approche onomasiologique), convient parfaitement à l'apprentissage des langues vivantes.

C'est pourquoi, dans cette grammaire, nous avons opté pour le point de vue théorique de la linguistique sémantique et pour sa catégorisation et sa description des notions grammaticales.

Aussi, les dix dossiers proposés ont-ils pour titre une opération conceptuelle très générale : *la présentation, la personne, l'actualisation du nom et sa quantification, l'affirmation et la négation, la qualification, la situation dans l'espace, la situation dans le temps, l'argumentation et les opérations logiques, l'actance et les rôles actanciels.*

Il ne faut pas fuir devant cette terminologie, même si elle semble peu habituelle et donc déroutante au prime abord.

Le sémantisme est très certainement le moyen le plus facile pour aider les apprenants à comprendre le système grammatical d'une langue étrangère, puisqu'il propose des *notions* d'ordre universel.

Un apprenant comprendra mieux à quoi servent les *articles définis* et *indéfinis*, les *démonstratifs* ou les *quantificateurs* et quelle en est la valeur d'emploi si, au lieu de les séparer arbitrairement, on les regroupait pour lui montrer de quelle *notion générale* dépendent tous ces mots grammaticaux.

Entre « un pain », « le pain », « ce pain », « son pain » et « du pain », il faut que l'apprenant comprenne que dans tous ces exemples, il s'agit avant tout d'une même opération d'*actualisation* du nom (sa mise en service, en quelque sorte).

La sélection entre l'un ou l'autre des mots grammaticaux, déterminant « pain », est ensuite liée à la « vision » que choisit d'en donner le locuteur dans un contexte donné (unité comptable, valeur anaphorique ou déictique, relation d'appartenance, quantité non comptable ou massive).

Un apprenant saisira plus facilement les différences entre les constructions « il est/c'est » si on les lui explique en fonction de la notion de *qualification* ou de *présentation*.

Il en sera de même pour les valeurs des temps, et notamment pour l'opposition cruciale entre l'imparfait (accomplissement) et le passé composé (accompli).

Nul doute que tous les apprenants étrangers y trouveraient leur compte, si l'enseignant essayait d'expliquer la grammaire d'un point de vue sémantique.

Dans leurs explications, des enseignants continuent de se raccrocher le plus souvent aux formes et aux catégories grammaticales traditionnelles qu'ils ont apprises à l'école primaire.

Ce bastion scolaire n'est pas en soi à critiquer, il pourra même être très utile pour le perfectionnement en français langue étrangère, mais l'expérience prouve qu'il n'aide que très rarement les débutants à comprendre le fonctionnement grammatical de la langue qu'ils s'efforcent d'apprendre. Or, c'est dès le début de l'apprentissage qu'il faut avoir recours aux *catégories notionnelles* de la sémantique, pour éviter une fossilisation rédhibitoire des erreurs.

Pour maîtriser le métier d'enseignant de français langue étrangère, il faut savoir sortir du cadre scolaire de la description grammaticale traditionnelle et se placer aux côtés de l'apprenant, en se demandant quelle explication pourrait lui être le plus profitable.

Si des *notions* plus universelles peuvent l'aider à comprendre le fonctionnement de certains points grammaticaux, n'aurions-nous pas tort de nous en passer ?

• Le *facteur méthodologique* intervient dans la sélection des points de grammaire que contiennent les dix dossiers.

Ceux-ci ont été conçus en fonction des exigences de l'enseignement/apprentissage propres aux niveaux 1 et 2 des classes de français langue étrangère. Ils recouvrent les connaissances grammaticales à acquérir pour qu'un apprenant soit prêt à se présenter aux cinq modules du Diplôme d'études de langue française (DELF).

Si l'on observe la progression méthodologique habituelle d'un cours de français langue étrangère, on constate que les enseignants ont presque toujours les mêmes difficultés à expliquer certaines structures de notre langue (il est/c'est, le/un/du, le/en, le/lui, passé composé/imparfait, etc.).

Ces structures apparaissent dès les premiers mois de tout enseignement/ apprentissage du français.

Si l'enseignant, malgré sa bonne volonté, n'est pas conscient des difficultés d'apprentissage que peuvent soulever ces structures, il risque soit de les ignorer, soit de passer trop superficiellement sur les explications nécessaires.

Il nous a donc semblé utile de confronter d'abord les futurs enseignants à une analyse comparative de ces structures grammaticales, puis de leur présenter des spécimens d'erreurs que commettront vraisemblablement leurs élèves, pour leur proposer, enfin, des exemples d'activités pédagogiques facilitant une bonne appropriation.

• Le *facteur didactique* s'impose de fait, dans la mesure où nos options pour une *approche communicative* de l'enseignement des langues se sont affirmées année après année, depuis 1983, comme le démontre la copublication de cahiers d'exercices de grammaire (*Premiers Exercices de grammaire,* Hatier/ Didier, 1983 ; *Nouveaux Exercices de grammaire,* Hatier/Didier, 1985 ; *Exercices de grammaire pour le perfectionnement,* Hatier/Didier, 1988 ; *Premiers Exercices de grammaire–Junior,* Hatier/Didier, 1991).

La copublication de la méthode de français langue étrangère *Libre Échange* (niveaux 1, 2, 3, Hatier/Didier, 1991-1993) n'a fait que renforcer cet ancrage didactique.

C'est pourquoi, dans les parties pédagogiques de cette grammaire, le lecteur ne sera pas étonné de trouver des analyses et des recommandations qui vont systématiquement dans le sens d'une approche communicative de l'enseignement/ apprentissage des langues.

Comment s'organise chacun des dix dossiers de la *Grammaire pour l'enseignement/apprentissage du FLE ?*

Chaque dossier étudie une opération conceptuelle : la présentation, l'actualisation, la situation dans le temps, etc.

De ce fait, certains points de grammaire, habituellement séparés, peuvent se trouver réunis parce qu'ils participent de la même opération conceptuelle.

Ainsi, les participiales à valeur temporelle sont étudiées dans le dossier 8 *(La situation dans le temps...)*, mais dans le dossier 9 *(Opérations logiques et traces argumentatives)*, on trouvera les participiales à valeur causale.

Les relatives déterminatives concernent la qualification du nom. Elles sont donc étudiées dans le dossier 6 *(La qualification)*, cependant les relatives réapparaissent dans le dossier 7 *(La situation dans l'espace)* et dans le dossier 8, à propos du mode subjonctif.

Lorsque cela est nécessaire pour rendre compte d'une opération conceptuelle, les éléments morphosyntaxiques qui la concernent se trouvent rapprochés, mais des renvois (dossier 8, 4, p. 167) permettent de savoir dans quel autre dossier ils sont susceptibles de réapparaître, cette fois avec une valeur sémantique autre.

Un dossier peut comporter plusieurs parties. Elles sont numérotées et titrées.
Chaque partie contient au moins :
1. Une rubrique intitulée *Ce qu'il faut savoir :*
il s'agit d'articles essentiels consacrés à la description et à l'analyse des points de grammaire : leurs sens, leurs valeurs, leurs emplois, leurs formes.
Ces articles sont indiqués par un carré noir (■).
Des corollaires sont souvent nécessaires pour chaque article. Ils sont signalés par une puce (•).
2. Une rubrique *À propos du savoir-faire :*
ces articles à visée didactique sont précédés d'un triangle (▶).

Dans le texte des articles, les termes qui relèvent de la linguistique donnent lieu à une explication. Toutefois, il nous a semblé prudent de les regrouper dans un glossaire en fin de volume.
Les mots en **gras** sont soit des mots-clés, soit des exemples.
Les mots soulignés désignent le plus souvent des notions ou concepts sémantiques, ils sont expliqués dans le texte.
Les termes en *italique* sont soit des structures grammaticales, soit des mots sur lesquels l'auteur met l'emphase.
Les erreurs répertoriées sont toujours précédées d'un astérisque (*).

Dans la *Grammaire pour l'enseignement/apprentissage du FLE*, la description et l'analyse sont constamment mises en perspective par le souci de formation qui inspire cet ouvrage à orientation didactique.
Tout enseignant de français qui a le privilège de travailler avec des apprenants étrangers y trouvera certainement matière à réflexion. Et pourquoi pas matière à discussion ?
L'auteur tient à marquer ici sa gratitude et sa profonde reconnaissance à Patrick Charaudeau et à Janine Courtillon, car leurs grammaires sémantiques ont en effet enrichi l'organisation et la pensée de cet ouvrage.

La présentation

1. Les présentateurs

CE QU'IL FAUT SAVOIR

■ Pour présenter, pour désigner ou pour identifier quelque chose ou quelqu'un, on utilise un **présentateur** :

> **C'est** le laboratoire de Marie Boli.
> **Ce sont** les collègues d'Anne Rivière.

C'est est suivi d'un nom au **singulier, ce sont**, d'un nom au **pluriel**.

• À l'oral, et en registre de langue familier, l'opposition singulier/pluriel peut parfois s'effacer :

> *C'est tes parents au téléphone.

• Dans la conversation face à face, le présentateur est le plus souvent accompagné d'un mouvement du menton en avant et/ou d'un geste du doigt en direction de la personne ou de l'objet que l'on désigne.

• Après les présentateurs, **c'est/ce sont**, on emploie le pronom personnel à la forme tonique :

> – Qui a téléphoné à Marie Boli ?
> – C'est **moi**.
> – Qui vous a invité à cette fête, **c'est elle** ou **lui** ?
> – C'est **elle**.

• Avec les pronoms personnels, **nous** et **vous**, on emploie le présentateur singulier :

> – **C'est** vous ?
> – Oui, **c'est** nous.

• Le verbe *être* de **c'est** se conjugue à tous les temps :

> **C'était** un très beau concert.
> **Ce sera** une grande joie de vous revoir.
> **C'étaient** Monsieur et Madame Boli, les parents de Marie.

■ Il existe deux autres présentateurs pour identifier quelqu'un ou quelque chose : **voici** et **voilà**.

> **Voici** votre passeport, monsieur.
> **Voilà** le facteur !

• **Voici** ou **voilà** sont utilisés pour :
– montrer ou présenter quelqu'un,
– montrer, donner ou tendre un objet à quelqu'un.
Voici ou **voilà** peuvent aussi annoncer l'arrivée de quelqu'un ou de quelque chose.

- **Voici/voilà** sont indifférenciés en nombre :

> **Voilà** les collègues d'Anne Rivière.
> Tiens ! **Voilà** Marie Boli.

- Avec un pronom de reprise COD, on a : **le** voilà, **la** voilà, **les** voilà.

> – Où est Marie Boli ?
> – **La** voilà.
> – Vous avez l'adresse de Pierre ?
> – Oui, **la** voici.

- Dans un discours, **voici** introduit un élément, **voilà** annonce une conclusion :

> **Voici** ce que disent les journaux : orages sur toute la France.
> Il fera mauvais tout l'été, **voilà** mon opinion.

■ Pour indiquer la **présence** (l'existence) d'une quantité dénombrable ou non dénombrable dans un lieu précis, on utilise le présentateur **il y a**, invariable en genre et en nombre :

> Dans ce laboratoire, **il y a** dix chimistes.
> Sur le bureau de Pierre, **il y a** un ou deux dictionnaires.
> Est-ce qu'**il y a** de l'eau dans ce vase ?

- Le verbe *avoir* de il y a se conjugue à tous les temps :

> Autrefois, dans ce laboratoire, **il y avait** cinq employés.
> Ce soir, **il y aura** un concert à Notre-Dame.

■ Les présentateurs **il est** et **il existe**.
Il est, invariable en genre et en nombre, présente l'heure :

> Quelle heure **est-il** ?
> **Il est** midi. **Il est** tôt !
> **Il est** quatorze heures.
> **Il est** vingt-trois heures. **Il est** tard !

- Ce présentateur est aussi utilisé, en registre de langue soutenu, comme équivalent de « il y a » :

> **Il est** des gens pour qui la vie est un long fleuve tranquille.

- À l'imparfait, **il était**, signale, le plus souvent, l'ouverture d'un conte :

> **Il était** une fois, un enfant si petit qu'on l'appelait le petit Poucet.
> **Il était** une bergère...

- Le présentateur **il existe**, invariable en genre et en nombre, est utilisé, en registre de langue soutenu, comme équivalent de « il y a » :

> **Il existe** un lien de parenté entre ces deux individus.
> **Il existe** trois principes essentiels...
> Autrefois, **il existait** un droit d'aînesse...

■ Les présentateurs **c'est** et **il y a** à la **forme négative** :

> **Ce n'est pas** le laboratoire de Marie Boli.
> **Ce ne sont pas** les collègues d'Anne Rivière.
> **Ce n'est pas** de l'eau.

Il n'y a pas dix chimistes dans ce laboratoire.
Il n'y a pas de dictionnaires sur le bureau de Pierre.
Il n'y a pas d'eau dans ce vase.

• Notez, pour les quantités, la forme négative absolue **il n'y a pas de** :
Il n'y a pas de fleurs dans ce vase.
Il n'y a pas d'eau non plus.

• Le pronom complément de reprise d'une quantité est **en** :
– Est-ce qu'il y a des fleurs ?
– Non, **il n'y en a pas**.

– Il y a de l'eau dans ce vase ?
– Oui, **il y en a**.

• À l'oral, de registre familier, **il y a** peut se prononcer [ja] :
[jadyvɛ̃] → Il y a du vin.
[japado] → Il n'y a pas d'eau.
[jãna] → Il y en a.
[jãnapa] → Il n'y en a pas.

• L'expression **il n'y a qu'à**, suivie de l'infinitif, sert à exprimer un ordre atténué, à donner un conseil ou à faire une proposition :
– Marie Boli nous invite, ce soir. Mais moi j'ai du travail.
– **Il n'y a qu'à** refuser. On ira la voir une autre fois.

– Le petit est fiévreux.
– **Il n'y a qu'à** appeler le médecin.

– Il fait froid dans la maison, ce soir.
– **Il n'y a qu'à** faire du feu dans la cheminée !
L'expression **il n'y a qu'à** se prononce [jaka] à l'oral de registre familier.

■ Les présentateurs **c'est**, **il y a** et la **forme interrogative** :
1. – **Qu'est-ce que c'est ?**
– **C'est** un prélude de Schubert.

– **Qu'est-ce que c'est ?**
– **Ce sont** les œuvres picturales de Marie Boli !

– **Qui est-ce ?**
– Au milieu de la photo, **c'est** Marie Boli, à sa gauche et à sa droite, **ce sont** ses employés.
On notera l'importance de la différenciation sémantique, selon que l'on interroge sur un animé (**qui est-ce ?**) ou sur un inanimé (**qu'est-ce que c'est ?**).
On remarquera également que la forme de la question reste toujours au singulier. Cependant, dans la réponse, distinction est faite entre **c'est** (singulier) et **ce sont** (pluriel) :
2. – **Qu'est-ce qu'il y a dans cette boîte ?**
– **Il y a** une bague en or et des bracelets pakistanais.
Pour interroger sur l'existence d'un *être* ou d'*êtres* dans un lieu précis, la question comporte nécessairement un *complément circonstanciel de lieu*. Sans

complément circonstanciel de lieu, l'interrogation porte, non pas sur l'existence d'êtres en un lieu, mais sur un *type d'événement survenu* :

> – **Qu'est-ce qu'il y a ?**
> – **Il y a que** j'ai perdu mon passeport !

Qu'est-ce qu'il y a ? équivaut alors à **Qu'est-ce qui est arrivé ?** ou **Que se passe-t-il ?**

Dans la réponse, **il y a que** n'est pas obligatoire.

La présence de **il y a que** dans une réponse a un effet dramatique.

• Pour une plus ample discussion sur l'interrogation, se reporter au dossier 5, p. 83.

À PROPOS DU SAVOIR-FAIRE

▶ Les présentateurs s'étudient, en début d'apprentissage, pour apprendre à désigner en français les êtres et les choses.

Les apprenants peuvent confondre **c'est** et **ce n'est pas** et opter pour une structure intermédiaire du type *ce et *ce ne pas (qu'ils prononcent « cé » et « cé ne pas »).

L'effacement de la copule **est** peut être dû à un calque sur la langue maternelle (arabophones).

L'erreur peut aussi avoir pour origine une confusion entre le démonstratif « ce/cette » et le présentateur « c'est ».

Mais le plus souvent, l'erreur provient d'une non-discrimination auditive entre [e] et [ə], d'autant plus que les apprenants entendent dire presqu'aussi fréquemment « c'est pas » que « ce n'est pas ».

▶ L'erreur la plus fréquemment rencontrée, tant à l'écrit qu'à l'oral, provient de la confusion entre **c'est** (présentateur), **il/elle est** (pronoms de reprise) et **c'est**, où le pronom démonstratif neutre **c'** renvoie à une situation ou à toute une idée déjà exprimée :

> *Mon numéro de téléphone, il est le 69-40-52-75.
> *Il est mon frère, c'est ingénieur.
> *Elle est ma femme.
> *Ils étaient les meilleurs jours de ma vie.
> *Elle est une chanteuse et elle se lève à midi.
> *C'est mexicaine.
> *Je crois qu'il sera une autre chose que je ferai le mardi (le stage).
> *Nous parlons seulement en français, il est très fatigant.

L'enseignant soulignera bien les différences d'emploi de ces trois structures grammaticales :

1. C'est (présentateur) est suivi d'un nom actualisé :

> C'est **mon** frère.

2. Il /elle est (pronom de reprise ou pronom déictique, cf. dossier 2, pp. 24-25) est suivi d'un adjectif ou d'un nom à valeur adjectivale (ce nom *n'est pas actualisé*) :

> Son frère ? je crois qu'**il est ingénieur.**

3. C'est (où **c'** est un pronom démonstratif neutre de reprise ou un déictique) est suivi d'un adjectif au neutre (= la forme de l'adjectif au masculin) :

    – Il est ingénieur ? **C'est intéressant !**

    – Comment trouvez-vous la tour Eiffel ?
    – **C'est beau ! C'est merveilleux !**

• La 2e et la 3e structures participent de la **qualification** et non pas de la **présentation**.
Pour une plus ample discussion sur ce sujet, se reporter au dossier 6, 3, p. 105.

▶ Les présentateurs **c'est/ce sont** sont très utiles pour l'acquisition d'un vocabulaire courant et pour l'appropriation des différentes formes des pronoms personnels toniques.

▶ Le présentateur **il y a** demande l'emploi correct des *articles indéfinis* (un/une/des) et des *partitifs* (du/de la/de l'). L'apprentissage en sera compliqué par le fait que les étudiants mélangent, dans les premiers temps, tous les déterminants (définis, partitifs, indéfinis, démonstratifs, etc.).
Le meilleur moyen de les aider à mettre en ordre ces différents systèmes d'actualisation du nom est de les leur faire pratiquer *en contexte*, et si possible de façon ludique (la chanson, par exemple, est une activité particulièrement motivante).

• L'enseignant n'hésitera pas à employer les « formes parlées familières » des présentateurs, même s'il estime qu'elles sont grammaticalement incorrectes (ce qui, d'ailleurs, n'est pas le cas en code oral !). En revanche, à l'écrit, il veillera à ce que ces formes soient utilisées de façon normative.

2. La focalisation

CE QU'IL FAUT SAVOIR

■ Les présentateurs entrent dans des structures syntactiques propres à **mettre en évidence** un mot sur lequel on veut insister :

    C'est Marie Boli **qui** les a invités.
    C'est lui **qui** me l'a dit.
    C'est à Marie Boli **que** je désire parler.
    C'est à Paris **qu'**il est né.
    C'est de son accident **que** nous parlons.
    C'est de cela **qu'**il faut se méfier.

Les structures **C'est... qui / C'est... que** mettent en valeur le mot qu'elles encadrent.

À l'oral, il y a également l'intonation du mot mis en focalisation qui laisse entendre que c'est bien de ce mot-là qu'il s'agit, et non pas d'autre chose :

    C'est de l'argent **qu'**il me faut !
    (Et non pas des conseils, ni de la pitié !)

Ce mot est prononcé avec une différence de hauteur musicale très caractéristique et porte l'accent tonique (emphase).

• Dans le langage ordinaire, la focalisation est très fréquente et elle peut aussi se réaliser grâce à d'autres présentateurs :

> **Il y a** ton père **qui** t'appelle.
>
> **Il y a** ce voyage **que** tu dois faire.
>
> **Il y a** une chose **que** je voulais signaler.
>
> **J'ai** mon père **qui** est à l'hôpital.
>
> **J'ai** l'électricien **que** je dois payer.

Dans ces exemples, on constate que l'effet de sens produit n'est pas exactement le même que celui décrit dans le paragraphe précédent.

Il s'agit plutôt d'une *présentation orale* de l'ensemble de l'énoncé.

Ce type de focalisation du langage ordinaire aide à mettre l'emphase sur l'ensemble du message :

> **Il y a** ton père **qui** t'appelle.

« Ton père » et « t'appelle » sont ainsi porteurs d'un accent tonique, ce qui frappe plus nettement l'attention du destinataire.

Dans ce sens, la focalisation du langage ordinaire peut être considérée comme une **stratégie communicative**, pour se faire mieux entendre (aux deux sens du mot !).

■ La **focalisation** peut être annoncée de la façon suivante :

> **Ce qu'**il me faut, **c'est** de l'argent.
>
> **Ce qui** me gêne, **c'est que** je dois payer l'électricien.
>
> **Ce que** je n'aime pas chez lui, **c'est** son égoïsme.

Les structures **Ce qui... c'est/Ce que... c'est** constituent une double focalisation. Le locuteur met en exergue le thème et le propos de son énoncé :

> – Qu'est-ce que vous aimeriez faire ?
>
> – Moi, **ce que** j'aimerais faire, **c'est** prendre des vacances.

D'un point de vue des stratégies communicatives, on peut dire que cette structure produit un effet d'attente : l'information nouvelle n'arrive qu'à la fin de l'énoncé.

■ L'**insistance** peut se manifester par une structure de reprise, en fin de phrase :

> – Qu'est-ce que vous aimeriez faire ?
>
> – Prendre des vacances, **c'est ce que** j'aimerais faire.
>
> – Qu'est-ce qui se passe ?
>
> – On m'a volé mon sac, **voilà ce qui** se passe !

Les structures **c'est ce que/c'est ce qui, voilà ce que/voilà ce qui** permettent d'insister ou de mettre en focalisation, « par ricochet ».

■ En résumé, **trois procédés** servent à la mise en focalisation.

À partir de la phrase de base « il me faut de l'argent », on peut avoir :

> 1. **C'est** de l'argent **qu'**il me faut.
>
> 2. **Ce qu'**il me faut, **c'est** de l'argent.
>
> 3. De l'argent, **voilà ce qu'**il me faut !

À PROPOS DU SAVOIR-FAIRE

▶ La mise en focalisation présente une difficulté essentielle, lors de l'apprentissage. D'une part, il s'agit de distinguer correctement les oppositions entre **qui** et **que**, selon leur fonction grammaticale, d'autre part, la préposition, quand il y en a une, doit être déplacée en amont :

> J'ai besoin **d'**argent.
> C'est **d'**argent que j'ai besoin.
> Elle parle **à** Pierre.
> C'est **à** Pierre qu'elle parle.

• Les apprenants étrangers et certains natifs confondent souvent deux types de phrases :

> C'est le musicien dont je t'ai parlé. (le voilà)

et :

> C'est **du** musicien qu'elle t'a parlé. (et non pas de l'électricien)

D'ailleurs, certains Français, par un effet d'hypercorrection, peuvent dire et écrire incorrectement :

> *C'est **du** musicien **dont** elle t'a parlé.

• L'enseignant doit donc éviter de confondre une simple présentation avec **c'est**, et la structure de focalisation **C'est... que/qui** :

> Tiens ! **C'est** l'électricien qui a travaillé pour moi. (présentation)
> **C'est** l'électricien **qui** a travaillé chez moi. (et non pas le plombier)

D'une manière générale, on se souviendra que c'est l'information nouvelle (le propos) qui est mis en focalisation, et que cette structure syntaxique exige un effet prosodique très caractéristique (emphase).

• La structure de mise en focalisation d'un complément de **lieu**, de **temps** ou d'un autre complément prépositionnel :

> **C'est** à Paris **qu'**elle habite.
> **C'est** dans trois jours **qu'**elle part.
> **C'est** de Pierre **qu'**elle parle.

fait apparaître un « que », conjonction de subordination, qui n'a pas de fonction par rapport au verbe et qu'il faut donc éviter de confondre avec un pronom relatif.

En revanche, c'est bien le pronom relatif COD qui se manifeste dans :

> **C'est** Marie **que** je connais. (et non pas Pierre)

où « que » a une fonction COD par rapport au verbe.

• Pour aider à l'acquisition des structures de focalisation, il est utile de faire des **exercices de transformation**, du type question/réponse :

> – Les voisins ont sonné ?
> – Non, c'est **le facteur** qui a sonné.

> – Tu as payé le plombier ?
> – Non, c'est **l'entrepreneur** que j'ai payé.

On n'oubliera pas de signaler aux apprenants la valeur d'emphase ou de mise en évidence de ces structures. Aussi sera-t-il nécessaire de réaliser ces exercices de transformation à l'oral, pour que l'intonation d'insistance soit bien respectée.

DOSSIER 2

La personne

1. Les pronoms personnels « sujets » du verbe

CE QU'IL FAUT SAVOIR

■ Les deux personnes de l'interaction verbale : **je/vous** (ou **tu**).

– **Je** désigne le locuteur, la personne qui parle, la 1re personne :

> **Je** suis fonctionnaire.
> **J'**habite à Paris.
> **Je** suis mariée et **j'**ai deux enfants.

• Notez que le **e** de **je** s'efface devant une voyelle (a, e, i, o, u) ou devant un « h » muet.

– **Vous/tu** désigne l'interlocuteur, la personne à qui l'on parle, la 2e personne :

Vous êtes fonctionnaire ?	**Tu** n'es pas français ?
Vous habitez à Paris ?	**Tu** habites à Paris ?
Vous êtes mariée ?	**Tu** as des enfants ?
Vous avez des enfants ?	**Tu** es mariée ?

• **Vous** est la forme d'adresse dite de **politesse**. On l'emploie dans tous les contacts quotidiens, commerciaux, administratifs, socioprofessionnels, c'est-à-dire avec des personnes qu'on ne connaît pas très bien et envers qui on doit faire preuve de déférence.

• **Tu** est la forme d'adresse **familière** utilisée dans les contacts amicaux ou familiaux. Les jeunes se disent **tu** entre eux, qu'ils se connaissent bien ou non. Sur certains lieux de travail, il est fréquent que les gens qui travaillent ensemble se tutoient.

• **Je/vous/tu** sont indifférenciés en genre (masculin **et** féminin), ce qui n'est pas le cas dans toutes les langues (l'arabe et le japonais, par exemple).

■ La personne ou la chose dont parlent les personnes en interaction, la 3e personne, **il** et **elle** :

Il habite à Nice.	**Elle** habite à Nice.
Il est pharmacien.	**Elle** a deux enfants.
Il votera « oui ».	**Elle** a gagné deux millions au loto.

• **Il** est la forme utilisée pour représenter le masculin singulier (un homme, un animal ou un objet du genre masculin).

• **Elle** représente le féminin singulier (une femme, un animal ou une chose du genre féminin).

■ Les **pronoms personnels sujets** du verbe sont différenciés selon qu'ils indiquent le singulier ou le pluriel :

Une seule personne :	**Plusieurs personnes :**
(singulier)	(pluriel)
je	on/nous
tu (ou vous)	vous
il/elle	ils/elles

• **Nous** est la première personne du pluriel. **Nous** désigne la personne qui parle **(je)** plus d'autres personnes présentes ou absentes : **je + je, je + il/elle, je + ils/elles, je + vous/tu.**

 « **Nous** voulons de meilleures conditions de travail. » (slogan crié par des manifestants)

  – **Brigitte et toi**, qu'est-ce que vous faites à Noël ?
  – **Nous** partons en vacances.
  – **Vous et moi**, nous pourrions aller ensemble faire du ski ?
  – Oui, **nous** partirions, **tous les trois**, le 22 au soir !

• **On** est employé pour **nous** en registre de langue **familier** :
  On part en vacances.
  On habite ici.
  On est assez fatiguées. (Nous sommes assez fatiguées.)

• **Vous** peut désigner **une seule personne** ou **plusieurs personnes** à qui l'on parle, qu'elles soient toutes ou pas toutes présentes : **tu, tu + tu, tu + il/elle, tu + ils/elles, vous + vous.**

  – **Vous** êtes étudiant ?
  – Non, **je** suis lycéen.

  – **Vous** êtes françaises ?
  – **Moi**, je suis française, mais **mes amies** sont suédoises.

• **On, nous** et **vous** sont indifférenciés en genre (masculin **et** féminin).

• Pour la troisième personne, le pluriel se signale par un **s** ajouté à **il/elle** :
  Ils sont étudiants.
  Elles voteront « oui » aux élections.

La troisième personne est différenciée en **genre** (masculin ou féminin) et en **nombre** (singulier ou pluriel).

■ À l'oral, le **s** de **nous, vous, ils** et **elles** se prononce [z] devant une voyelle ou un « h » muet :
  Vous êtes étudiant(s) ?
  Ils ont besoin d'un passeport.
  Elles habitent à Paris.
  Nous avons un passeport français.

Le **s** du pluriel **ne se prononce pas** devant une consonne :
  Elles n'habitent pas à Paris.
  Elle n'habite pas à Paris. (même prononciation)

• Il faut souligner qu'à l'oral, le **e** de **je** ne se prononce pas toujours. Ce qui peut provoquer un glissement phonétique de la consonne sonore [ʒ] vers la sourde correspondante [ʃ]. Cette prononciation ne peut avoir lieu que si [ʒ] est suivi d'une consonne sourde : [p], [t], [k], [f], [s], [ʃ].

[ʃpøpaʀtiʀ]   → Je peux partir.

[ʃfɛ]   → Je fais.

[ʃɛ]   → Je sais.

Ce phénomène phonétique s'appelle l'**assimilation consonantique**.

C'est-à-dire que la consonne sourde ([p]) qui suit la consonne sonore ([ʒ]) peut transformer celle-ci en consonne sourde correspondante ([ʃ]).

De même, on notera qu'en langue familière orale et dans les cas de transcription de cet oral, le **u** de **tu** peut s'effacer devant une voyelle :

T'es français ?   **T**'habites à Paris ?

Le **l** de **il** et **elle** peut aussi s'effacer devant une consonne, ce qui donne la prononciation suivante :

[i] part tout seul.   [ɛ] viendra avec nous.

On constate que, par analogie, au pluriel, le même phénomène peut se produire parfois, bien que la liaison obligatoire se réalise toujours :

[iz] ont dix ans.   [ɛz] aiment Paris.

La chute du **l** de **il/ils** est caractéristique de l'oral spontané : c'est un phénomène généralisé, quelle que soit l'origine sociale du locuteur.

En revanche, la chute du **l** de **elle/elles** est peut-être moins généralisée et représenterait actuellement un marqueur de groupe social.

À PROPOS DU SAVOIR-FAIRE

▶ Ces phénomènes de télescopage et d'effacement phonétiques sont très importants dans l'apprentissage de la compréhension orale du français ordinaire.

L'apprenant étranger est confronté au décodage d'un double paradigme phonétique des pronoms personnels sujets du verbe, selon leur entourage vocalique ou consonantique :

Graphie :	**Phonétique :**	
je/j'	[ʒ]	[ʃ]
tu	[ty]	[t]
il	[il]	[i]
elle	[ɛl]	[ɛ]
ils	[il] ou [ilz]	[i] ou [iz]
elles	[ɛl] ou [ɛlz]	[ɛ] ou [ɛz]

Le **on** signifiant **nous** se prononce [ɔn] devant une voyelle, alors que devant une consonne, seule se fait entendre la voyelle nasale [ɔ̃]:

On fait.   mais   On [n]arrive.

Cette liaison en [n] pourra provoquer des confusions avec la forme négative (et vice-versa) :

On‿apprend.   et   On‿n'apprend pas.

D'ailleurs, cette confusion, entre graphie/phonétique, c'est-à-dire entre les exigences de la syntaxe de la négation écrite et celles de la liaison obligatoire à l'oral, se rencontre chez les Français eux-mêmes qui oublient souvent, à l'écrit, de marquer la forme négative après le pronom **on** :

*On apprend pas.

■ Du point de vue de la **syntaxe,** c'est-à-dire de la place et de la position occupées dans la phrase, le pronom personnel, sujet du verbe, est placé **devant** le verbe, en modalité déclarative :

1	2	3
Elle	habite	à Paris.
Je	suis	étudiant(e).
Ils	voteront	« oui ».
Je	ne les leur	donnerai pas.

Comme le prouve le dernier exemple, le pronom personnel sujet peut être séparé du verbe par certains éléments grammaticaux qui font intégralement parti du **groupe verbal** : marques de la négation et pronoms personnels compléments du verbe. Ces marques sont des satellites du verbe :

Nous [ne le leur offrirons pas] (satellites du verbe « offrir »)

Les pronoms personnels satellites du verbe sont aussi appelés **pronoms clitiques**.

■ En **modalité interrogative**, plusieurs cas se présentent selon le registre de langue :

• En registre de langue soutenu, il y a **inversion (verbe + pronom personnel sujet)** :

Suis-**je** bien chez Monsieur Rivière **?**
Êtes-**vous** libre(s) ce soir **?**
Où habitez-**vous ?**
Quand sont-**ils** nés **?**

Notez le **trait d'union** entre le verbe et son sujet grammatical pronom personnel.

• En registre de langue standard, on évite l'inversion en utilisant le **morphème** (la forme) interrogatif **est-ce que... ?** ou **est-ce qu'... ? :**

Est-ce que je suis bien chez Monsieur Rivière ?
Est-ce que vous êtes libre ce soir ?
Où **est-ce que** vous habitez ?
Quand **est-ce qu'**elles sont nées ?

• En registre de langue familier, à l'oral, on marque l'interrogation des questions totales par une simple intonation montante :

Je suis bien chez Monsieur Rivière **?**
Vous êtes libre ce soir **?**

Pour les questions partielles, le sommet de hauteur musicale est sur le mot interrogatif. Si le mot interrogatif est en tête, l'intonation est descendante. Si le mot interrogatif est à la fin, comme cela est souvent le cas en registre de langue familier, l'intonation est montante.

Où vous habitez **?** Vous habitez où **?**
Quand elles sont nées **?** Elles sont nées quand **?**

■ Quelle que soit la modalité de la phrase, le pronom personnel sujet impose au verbe la marque de la personne (sa **terminaison** ou **désinence**).

• Notez les désinences du verbe **être** au présent de l'indicatif :

je **suis**	on **est**
tu **es**	nous **sommes**
il/elle **est**	vous **êtes**
	ils/elles **sont**

■ Pour les verbes dits du 1er groupe, c'est-à-dire les verbes en **er**, les désinences du présent de l'indicatif sont :

HABITER :	j'habit**e**	on habit**e**
	tu habit**es**	nous habit**ons**
	il/elle habit**e**	vous habit**ez**
		ils/elles habit**ent**

Pour les autres verbes, les désinences de l'indicatif présent sont :

PRENDRE :	je prend**s**	on pren**d**
	tu prend**s**	nous pren**ons**
	il/elle pren**d**	vous pren**ez**
		ils/elles prenn**ent**
OBÉIR :	j'obéi**s**	on obéi**t**
	tu obéi**s**	nous obéiss**ons**
	il/elle obéi**t**	vous obéiss**ez**
		ils/elles obéiss**ent**

• Pour la morphologie verbale, se reporter au dossier 8, 8, p. 199.

À PROPOS DU SAVOIR-FAIRE

▶ À l'oral, on **ne prononce ni** les terminaisons **e/es/e/ent, ni** les terminaisons **s/s/t/d/ent**. On n'entend que la finale consonantique ou vocalique du radical : habit, obéi, pr**en**, pr**enn** (des verbes « habiter », « obéir », « prendre »). D'où le caractère indispensable du pronom personnel sujet, en français, pour savoir qui fait quoi (ce qui n'est pas le cas dans d'autres langues, comme l'espagnol par exemple, où les désinences suffisent à marquer la personne, même à l'oral).

▶ **Valeurs** et **emplois** des pronoms personnels sujets en discours.
Je, vous et **tu** s'emploient évidemment dans tous les échanges, dans toutes les conversations.
On les utilise, par exemple, pour réaliser les **actes de parole** suivants, qui représentent le **contenu fonctionnel** d'un niveau d'apprentissage pour débutants :

1. Pour se présenter :
> **Je** m'appelle Marie Boli, **je** suis chimiste, **j'**habite Versailles. **Je** suis mariée, **j'**ai deux enfants.

2. Pour se caractériser :
> **Je** suis grande, **je** suis blonde, **j'**ai les yeux bleus, **je** ne suis pas maigre.

3. Pour dire ses goûts et ses sentiments :
> **J'**aime mon métier, **j'**adore la lecture et le sport, **j'**aime bien manger, **je** n'aime pas sortir, **je** préfère rester chez moi, **je** déteste le bruit et la pollution.

4. Pour donner son opinion :

> **Je** crois que la musique est un bon moyen d'expression, **je** trouve que les musiciens ont beaucoup de chance, **je** pense qu'il faut apprendre très jeune les langues et la musique.

5. Pour faire une promesse à quelqu'un :

> **Je** viendrai demain à huit heures. **Je** vous téléphonerai dans la soirée. **Je** vous promets d'écrire.

6. Pour demander une information ou un renseignement :

> **Vous** êtes étranger ? **Vous** habitez loin d'ici ? **Vous** êtes marié(e) ? **Vous** travaillez depuis longtemps ? **Vous** avez l'heure ? Comment vous appelez-**vous** ? Où habitez-**vous** ?

7. Pour proposer quelque chose à quelqu'un :

> **Vous** voulez un café ? **Vous** venez avec moi ? **Vous** voulez entrer un instant ?

8. Pour demander un service à quelqu'un :

> **Vous** pouvez me prêter votre stylo, **vous** avez une enveloppe et des timbres ?

9. Pour saluer quelqu'un et le remercier :

> Comment allez-**vous** ? **Vous** êtes bien gentil(le), merci.

▶ **Il/elle, ils/elles** s'emploient quand on parle de quelqu'un ou de quelque chose.

Au niveau débutant, ces pronoms personnels sujets du verbe seront utilisés pour présenter, pour décrire et caractériser, pour apprécier les qualités et les défauts et pour donner une information, concernant la personne ou la chose dont on parle.

• En général, on nomme la personne ou la chose avant de dire **il** ou **elle**. C'est pourquoi ces pronoms de la troisième personne sont dits **pronoms de reprise** ou **pronoms anaphoriques** : ils reprennent, pour le porter « en avant » dans le discours, ce que l'on a nommé une première fois.

> – Comment va **Marie Boli** ?
> – **Elle** va bien. **Elle** est en vacances à Prague.
> – **Elle** est partie seule ?
> – Je ne sais pas. **Elle** est probablement partie avec sa famille.

• Dans certaines situations, le contexte est tel que les interlocuteurs peuvent utiliser **il/elle, ils/elles** sans que la ou les choses, la ou les personnes aient été nommées au préalable.

Le pronom sujet de troisième personne a alors une valeur **déictique** – c'est-à-dire qu'il « montre » ce dont il est question :

> Devant une vitrine de chaussures :
> **Elles** me plaisent bien...
>
> Devant un homme politique à la télévision :
> **Il** parle bien, je trouve...
>
> Devant des « casseurs » en action, lors d'une manifestation :
> **Ils** sont fous ! **Ils** vont tout casser !

• À l'oral ou à l'écrit « oralisé », on rencontre très fréquemment des phrases « segmentées » :

> Pierre, **il** a pris le train ?
> La banque, **elle** est fermée ?
> **Elle** est fermée, la banque ?
> **Ils** sont déjà partis, les Boli ?
> **Elles** ne sont pas très rapides, ces voitures.

Lorsque le pronom personnel de troisième personne *annonce* le thème, on dit qu'il a une valeur **cataphorique**.

• Les apprenants étrangers ont bien des difficultés à distinguer deux types de structures servant à la caractérisation : **il est** et **c'est + adjectif.**
Il faut leur préciser que :
– **il/elle** renvoie toujours à un être animé ou inanimé,
– **c'** (est + adjectif) renvoie à une situation ou à toute une idée précédemment énoncée.
En situation :

> Regarde ce champ de blé : comme **c**'est beau !

Reprise d'une idée déjà énoncée :

> Ah bon ! Si elle est pharmacienne, ça change tout !
> Pharmacienne ? Mais **c**'est très intéressant.

(Cf. dossier 6, 3, pp. 105-106)

▶ Autres **valeurs** et **emplois** des pronoms personnels sujets en discours :

1. Dans certaines situations de communication très tendues, **je** peut désigner l'interlocuteur (**vous**) :

> De quoi est-ce que **je** me mêle ?

2. Un **tu** se manifeste dans certaines conversations pour désigner soit le locuteur lui-même (je), soit toute autre personne (on = indéfini) ayant effectivement ou virtuellement subi la même expérience :

> Alors tu vois, **tu** prends le métro, **tu** crois que tout ira bien et tout à coup, **tu** tombes sur un véritable fou qui t'attaque !

Ce **tu** équivaut à un **je** élargi jusqu'au **on** indéfini, pour impliquer de façon dramatique l'interlocuteur et l'ensemble de la société :

> À l'heure actuelle, qui veut quitter son travail ? **Tu** ne vas quand même pas quitter ton travail quand **tu** en as un !

3. Il et **elle** peuvent remplacer **vous** dans certaines situations de communication, notamment au marché :

> Qu'est-ce qu'**elle** voulait avec ça ?
> Et qu'est-ce qu'**il** prendra ce soir ?

Il et **elle** peuvent remplacer **tu**, notamment dans le langage hypocoristique :

> Alors, **il** avait bien dormi, le bébé ?

4. On, dans certaines circonstances sociales, peut désigner la personne à qui l'on parle et pour laquelle on éprouve une certaine condescendance (une infirmière vis-à-vis d'un malade...) :

> Alors, **on** a pris son cachet ?

5. Pour critiquer l'État, les institutions et l'administration en général, les Français emploient un **ils** pluriel, très caractéristique. Ce **ils** représente l'ensemble des services publics, sans que ceux-ci soient réellement nommés :

> À la poste, dans une file d'attente : « Ah **ils** sont pas pressés, **ils** prennent tout leur temps à la poste ! »
> À l'heure des informations télévisées : « **Ils** vont encore nous augmenter les impôts locaux ! »

2. Les pronoms personnels de forme tonique

■ Il existe deux classes de pronoms personnels. Des pronoms personnels de forme faible ou **atone** (je, tu, il/elle en sont des exemples) et des pronoms personnels de forme pleine, forte ou **tonique** :

> **Moi,** je m'appelle Boli, avec un « b ».
> Tu es étranger, **toi** ?
> Pierre est célibataire, **lui**.
> Marie Boli, **elle**, elle est mariée.

■ **Valeurs et emplois des pronoms toniques.**

Les pronoms toniques ont une valeur de renforcement ou une valeur d'insistance. À la différence des pronoms atones, ils peuvent s'employer **seuls,** en réponse à une question :

> – Qui s'appelle Boli, dans cette salle ?
> – **Moi**.

> – Qui est célibataire, ici ?
> – **Lui**.

> – Qui habite dans cet appartement ?
> – **Eux** et **moi**.

> – Qui est libre samedi ?
> – Pas **moi** !

• Notez la forme négative, quand le pronom tonique est employé seul : pas moi, pas lui, pas eux, etc.

■ Les pronoms toniques peuvent venir renforcer un pronom personnel sujet, **pour insister** sur la personne qui fait l'action exprimée par le verbe :

> **Moi**, je travaille dans un laboratoire.
> **Toi**, tu habites à Paris ?
> Il est pharmacien, **lui** ?
> Vous êtes fonctionnaire, **vous** ?

• Comme élément de renforcement du pronom personnel sujet, le pronom tonique peut se placer en **début** ou en **fin** d'énoncé. Il est donc détaché du verbe, à la différence des pronoms sujets atones.

• À l'oral, un **accent d'insistance**, une **différence de hauteur musicale** ou une **légère pause** dans la courbe intonative caractérisent ce pronom tonique de renforcement.

• Le pronom tonique est très utilisé dans la conversation ordinaire pour montrer sa **solidarité** ou sa **non-solidarité** avec le groupe en interaction :
     – J'aime beaucoup les fleurs.
     – **Moi** aussi et **lui** aussi.
     – Ils ne regardent pas la télévision.
     – **Moi** non plus et **eux** non plus.

Moi aussi est une réaction **confirmative** à une phrase affirmative. **Moi non plus** est une réaction **confirmative** à une phrase négative.
En cas de **désaccord**, c'est-à-dire de **non-solidarité**, la formule à employer sera **pas moi/moi pas**, en réaction à une phrase affirmative :
     – J'aime beaucoup les fleurs.
     – **Pas moi**.
     – J'adore les pays étrangers.
     – **Moi pas**.

La réaction de **désaccord** à une phrase négative sera **moi si** :
     – Je n'aime pas les fleurs.
     – **Moi si**.
     – Je ne comprends pas les langues étrangères.
     – **Moi si** !

■ **Morphologie** des pronoms toniques : il existe, pour chaque pronom personnel sujet, un pronom tonique correspondant.

Pronom personnel sujet :	Pronom tonique correspondant :
je/j'	moi
tu	toi
il	lui
elle	elle
nous/on	nous
vous	vous
ils	eux
elles	elles

• Notez que les pronoms toniques de la **troisième personne**, comme les pronoms personnels sujets correspondants, ont une forme différente, selon qu'ils désignent le masculin ou le féminin singulier, le masculin ou le féminin pluriel :

	Singulier	Pluriel
Masculin	lui	eux
Féminin	elle	elles

27

■ **Autres fonctions syntaxiques** où l'on doit employer des pronoms toniques :

1. Après les **prépositions** :

Viens chez **moi**.

Il est parti avant **toi**.

Elle ne fait rien sans **moi**.

Je vais me mettre à côté de **lui**.

Attention ! Il y a quelqu'un derrière **vous**.

Êtes-vous allés chez **eux** ?

On ne connaît personne comme **elle**.

Marie Boli travaille avec **nous**.

2. Dans les structures de **focalisation**, ou de **mise en relief** comme :

C'est **toi** qui as pris mon passeport !

C'est à **lui** que je parle !

Ce sont **elles** qui partent aux États-Unis ; **moi**, je reste ici !

Ce n'est pas **moi** qui ai téléphoné, ce matin ; c'est **lui** !

3. Dans la structure restrictive **ne... que**, signifiant « seulement » :

Je n'aime que **toi**.

Il n'a invité qu'**elle**.

Elle ne veut voir que **vous**.

• Cas particulier du mode **impératif** des verbes : lorsqu'un verbe est à l'impératif de **forme affirmative** et qu'il a besoin d'un complément pronominal de première personne, ce complément du verbe sera **moi**.

Montrez-**moi** votre passeport, s'il vous plaît.

Donne-**moi** ton adresse !

Écrivez-**moi** ou téléphonez-**moi** !

Maman, achète-**moi** des livres !

Suivez-**moi**, s'il vous plaît.

• Si le verbe à l'impératif de forme affirmative est un **verbe pronominal**, le pronom complément du verbe, pour la deuxième personne du singulier, sera **toi** :

Rappelle-**toi**, Barbara...

Dépêche-**toi**, on est en retard !

Bonne soirée et amuse-**toi** bien !

Assieds-**toi** et tiens-**toi** tranquille !

À PROPOS DU SAVOIR-FAIRE

▶ Du point de vue de l'apprentissage, les pronoms personnels toniques seront enseignés simultanément aux pronoms personnels sujets du verbe, parce que leur occurrence est simultanée en langue ordinaire. Quand on veut savoir comment s'appelle une personne, on s'exprime, habituellement, de la façon suivante :

Moi, je m'appelle Marie Boli, et **vous** ?

Et **eux**, comment s'appellent-ils ?

Comment s'appelle-t-il, **lui** ?

Dans une classe de langue, la fréquence d'utilisation des pronoms toniques est très importante. Ces pronoms reviennent constamment pour donner la parole à quelqu'un ou pour encourager quelqu'un à prendre la parole, soit de façon solidaire (moi aussi/moi non plus), soit de façon non solidaire (pas moi/moi pas/moi si) :

>   – Je suis mariée, **moi**. Et **toi** ?
>   – **Moi** aussi.

>   – **Moi**, je parle français et anglais. Et **toi** ?
>   – **Moi** pas. Je ne parle que le français.

• S'il est important d'enseigner/apprendre **très tôt** les pronoms personnels **sujets** atones et toniques, il faudra traiter **ultérieurement** les fonctions **compléments** de ces pronoms.

• Au niveau débutant, doivent être acquis les pronoms toniques qui suivent une **préposition** et les pronoms toniques employés dans une **construction impérative**. Ce problème sera étudié en microsystème, c'est-à-dire que l'on mettra en opposition les formes de pronoms compléments **atones** et **toniques** comme dans les exemples suivants :

Ne **me** regarde pas !	Regarde-**moi** !
Ne **me** téléphone pas !	Téléphone-**moi** !
Ne **t'**inquiète pas !	Rappelle-**toi** !

• On fera attention à ne pas confondre les pronoms toniques de la troisième personne avec leurs homophones. Si **lui/elle** sont bien des pronoms toniques, **lui** n'appartient pas à la même série dans une occurrence comme :

>   Ne **lui** écris pas, téléphone-**lui** !

Il suffira de passer par une transformation au pluriel pour s'en convaincre :

>   Ne **leur** écris pas, téléphone-**leur** !

• Pour enseigner/apprendre les pronoms personnels compléments d'un **impératif**, on utilisera un corpus de verbes dont la fréquence d'emploi est attestée.
On évitera de se limiter aux verbes du premier groupe, bien qu'on les juge « plus faciles » à apprendre, et on choisira donc de préférence les séries suivantes, pour leur fréquence d'emploi en langage quotidien :

– donner, montrer, apporter, prêter, acheter, offrir, choisir, faire...

>   Fais-**moi** plaisir, donne-**moi** un coca.

– parler, demander, répondre, dire, téléphoner, écrire, ouvrir, promettre de...

>   Promets-**moi** de venir.

– laisser, attendre, écouter, appeler, regarder, photographier, conduire...

>   Laissez-**moi** tranquille.

– se dépêcher, s'inquiéter, se débrouiller, s'occuper de, se souvenir de...

>   Dépêche-**toi**.

• Les activités d'apprentissage devraient se dérouler le plus souvent possible en **situation**, pour éviter les répétitions mécaniques et hors contexte.

3. Les deux premières personnes « compléments » du verbe

■ Les deux personnes de l'interaction : **me/te** (singulier) et **nous/vous** (pluriel).

Ces pronoms personnels peuvent être objets directs ou objets indirects du verbe. Dans les grammaires, on utilise souvent les sigles COD et COI pour parler de ces fonctions de « complément d'objet direct » et de « complément d'objet indirect » :

> Pierre **m**'écoute mais il ne **me** croit pas.
> Marie ne **m**'aime pas, elle **me** déteste !
> Tu ne **m**'entends pas ?
> Je **t**'écoute mais je ne **te** comprends pas.
> Je **vous** connais bien !
> Pierre ne fait rien, il **nous** regarde !

Dans cette première série d'exemples, **me/te**, **m'/t'** et **nous/vous** sont des COD ou compléments d'objet direct du verbe.

Voici, maintenant, un second type de complément du verbe :

> Marie Boli **nous** téléphone tous les soirs.
> Est-ce qu'elle **te** téléphone aussi ?
> Tu peux **me** prêter 10 francs ?
> Les Boli **m**'ont offert du champagne.
> Pierre **vous** a envoyé une carte du Maroc ?
> Je **t**'ai téléphoné, mais tu n'étais pas là.

Dans ces exemples, **me/te**, **m'/t'** et **nous/vous** sont des COI ou compléments d'objet indirect du verbe.

Me/te, **m'/t'** et **nous/vous** représentent, dans ces énoncés, le **destinataire** d'une transaction ou d'un échange.

• On remarquera que les deux personnes de l'interaction ont une **forme identique** pour les fonctions complément d'objet direct et complément d'objet indirect.

■ Les **deux fonctions compléments** dépendent entièrement du verbe :

1. Le verbe est un verbe *transitif direct « simple »*.
Il n'accepte qu'un seul complément qui est un COD :

> Les Boli ne **m**'ont pas attendu.
> Je ne peux pas **t**'attendre.
> Tu ne **nous** attends pas ?
> Nous **vous** attendrons demain soir.

Le verbe « attendre » est transitif direct : attendre quelqu'un, attendre quelque chose. Tous les verbes de ce type peuvent avoir un complément d'objet direct (COD).

2. Le verbe est un *transitif direct « complexe »*.

Il appelle donc un complément d'objet direct, qui d'ailleurs ne sera pas nécessairement exprimé. Mais il demande **aussi** un complément d'objet indirect (COI) :

> Je **te** donnerai mon adresse.
> Pierre **vous** écrira du Maroc.
> Pierre **m**'a écrit un poème.
> Marie Boli **nous** a laissé ce message téléphonique.
> Marie Boli **nous** a téléphoné.

Le verbe « donner » est le type même de cette catégorie : donner quelque chose à quelqu'un.

Pour ces verbes *transitifs complexes,* impliquant un double complément, certaines grammaires parlent de COD et de COS (complément d'objet second) plutôt que de COI.

Les verbes du type « téléphoner » ou « écrire », qui sont des verbes *transitifs complexes,* font le plus souvent l'économie du COD, car celui-ci est inclus intrinsèquement dans le sémantisme du verbe (on écrit/téléphone *quelque chose* à quelqu'un).

Plutôt que de parler de COI ou de COS, dans les cas des verbes *transitifs complexes,* il semblerait plus judicieux, pour ce qui concerne l'enseignement du français langue étrangère, de parler de **destinataire** du procès du verbe (CDtaire), car ces compléments indirects représentent le plus souvent des acteurs humains qui « reçoivent » quelque chose.

3. Le verbe est *transitif indirect « souple »*.

Il ne peut pas avoir de complément d'objet direct. Mais il aura un complément indirect :

> Je **te** parle, mais tu ne **m**'obéis pas.
> Tu **me** ressembles et ça ne **me** plaît pas toujours.

« Parler, obéir, ressembler, plaire » sont des verbes *transitifs indirects souples :* obéir **à** quelqu'un, parler **à** quelqu'un, etc.

Pour ce genre de verbes, la préposition **à**, marquant la présence d'un complément indirect, s'efface lors de la pronominalisation, d'où l'appellation de verbes *transitifs indirects souples.*

Pour ces compléments, on pourrait garder, dans l'enseignement du français langue étrangère, l'appellation **complément indirect** du verbe (CInd.). Ils sont indirects, parce que les acteurs humains, que le procès du verbe mobilise, ne sont pas nécessairement des destinataires (ils ne reçoivent pas quelque chose) mais ils jouent, indirectement, un rôle dans la réalisation du procès qui, sans eux, semblerait incomplet. D'ailleurs, en cas d'absence du complément indirect, l'interlocuteur devra se l'imaginer, pour que le procès fasse sens (tu souris, il obéit, tu ressembles, cela plaît, je parle… mais **à qui** ?).

4. Le verbe est *transitif indirect « rigide »*.

Il est fortement *régi par une préposition* (à, de, sur, etc.) qui **ne s'efface pas** lors de la pronominalisation personnelle (je compte **sur** toi, il tient **à** moi).

Cette préposition établit entre le verbe et son complément une relation nécessairement indirecte. On pourrait parler de ce pronom complément comme d'un **complément prépositionnel** (CP).

> On parle **de** toi, on pense **à** toi.
> Les Boli s'occupent **de** moi, ils tiennent **à** moi.

• La présence de la préposition impose l'utilisation de la forme tonique du pronom personnel complément : **moi/toi** (cf. Les pronoms personnels de forme tonique, pp. 26-27).

5. Le verbe est i*ntransitif.*
Il n'admet aucun complément :

> Le matin, il sort, il marche ou il court, il ne tombe jamais. Il rentre vers 10 heures.

À PROPOS DU SAVOIR-FAIRE

▶ Quelle terminologie grammaticale employer avec des apprenants étrangers ?

1. Il semble judicieux de conserver le terme « complément d'objet direct » ou **COD** pour les pronoms personnels compléments d'objet direct (il **te** regarde, tu **nous** écoutes). On peut laisser tomber le mot « objet » qui, parfois, provoque une confusion car les apprenants lui donnent le sens de « chose ».
Cependant, comme le terme **COI** recouvre des réalités très différentes, il faudra donc trouver une terminologie appropriée aux différentes constructions verbales.

2. On s'efforcera d'employer, par exemple, le terme **destinataire** (CDtaire) pour le complément indirect des verbes *transitifs directs complexes* (je **vous** demande l'heure).

3. Le terme **complément indirect** (CInd.) sera réservé pour le complément des verbes *transitifs indirects souples* (je **te** parle mais tu ne **m**'obéis pas, ça ne **me** fait pas plaisir).

4. Enfin, l'appellation **complément prépositionnel** (CP) conviendrait parfaitement au complément des verbes *transitifs indirects rigides* qui sont régis par une préposition stable (je pense **à** toi).
L'essentiel, c'est que les apprenants ne mélangent pas des fonctions comme :

> Il **t**'obéit et il pense à **toi**.
> Je **vous** téléphone parce que je tiens à **vous**.

Même si on dit : (a) obéir **à** quelqu'un, téléphoner **à** quelqu'un et (b) penser **à** quelqu'un, tenir **à** quelqu'un, la préposition n'a pas la même valeur dans ces deux cas :
a. dans les deux premiers exemples, le complément indirect est un **acteur** de l'interaction. Il a un rôle actif dans la réalisation du procès ;
b. dans les deux derniers exemples, le complément prépositionnel n'est plus un acteur du procès. Il en est, tout au plus, une des circonstances ou le siège (quand « je » pense « à toi », le procès du verbe se déploie à propos d'une scène, « à toi », convoquée mentalement par le responsable de l'action « je »).
Même s'il s'agit d'une personne, le complément prépositionnel « à toi » ne présente *aucune interactivité* dans le procès du verbe.

CE QU'IL FAUT SAVOIR

■ D'un point de vue syntactique, les pronoms personnels COD, CDtaire, CInd. sont les satellites du verbe ou **pronoms clitiques**. Ils sont donc placés juste **devant** celui-ci. Le verbe et ses satellites forment un tout inséparable.

• À la forme négative, les particules négatives encadrent ce noyau verbal :

> Je **ne** vous parle **pas**.
> Il **ne** te regarde **pas**.

• Si le verbe est à un temps composé, c'est l'auxiliaire qui prend le véritable rôle verbal, le participe passé étant rejeté du noyau :

> Je **ne** vous ai **pas** parlé.
> Il **ne** t'a **pas** regardé.
> Vous **ne** m'avez **pas** téléphoné !

• À l'impératif, de *forme positive uniquement*, le pronom personnel complément est placé après le verbe :

> Regarde-**moi** et parle-**moi** !
> Téléphonez-**nous** !

• Dans les constructions avec un verbe modal (pouvoir, vouloir, devoir, falloir), le pronom personnel complément est placé **avant** l'infinitif dont il dépend :

> Je peux **vous téléphoner** ce soir ?
> Tu ne veux jamais **m'obéir**.
> Nous voulons **vous inviter** à la campagne.
> Il faut **me croire**.

• En cas de *double pronominalisation*, les deux personnes de l'interaction (me/m', te/t', nous et vous) occupent la *première place*, dans l'ordre syntactique :

> – Tu m'as apporté le plan de Paris ?
> – Oui, je **te** l'ai apporté. Quand penses-tu **me le** rendre ?

• Quand le pronom personnel est le *complément d'objet direct* d'un verbe conjugué à un temps composé (auxiliaire *avoir*), il y aura accord du participe passé avec ce pronom.
Le participe passé reste non marqué si le COD représente un nom masculin singulier :

> Pierre, hier, je **t**'ai aper**çu** dans la rue.

Mais il sera mis au féminin ou au féminin pluriel, si le pronom représente une ou des femmes :

> – Marie, nous **t**'avons assez écout**ée** !
> – Moi aussi, mesdames, je **vous** ai assez écout**ées** !

Il sera mis au masculin pluriel, si le pronom représente plusieurs personnes, dont au moins un homme :

> Pierre et Marie, où étiez-vous ? Je **vous** ai attend**us** toute la journée !

À PROPOS DU SAVOIR-FAIRE

▶ Les deux personnes de l'interaction apparaissent dès les premiers moments de la classe de langue. En fonction sujet ou complément, ces pronoms sont indispensables pour la communication verbale.
Aussi, les apprenants les acquièrent-ils de façon plus ou moins subconsciente, grâce à la dynamique propre aux interactions de classe.

Voici quelques exemples d'échanges typiques d'une classe de langue :

> Vous m'avez comprise ?
> Moi, là, je ne te comprends pas.
> Je vous écoute, allez-y.
> Ah ! Mais, je ne t'entends pas assez !
> Tu peux me répéter ce que tu as dit ?
> Non, je vais vous expliquer.
> Tu m'expliques ce que tu as compris ? etc.

À longueur de cours, les apprenants s'imprègnent de cette syntaxe, aussi ne faut-il pas nécessairement passer beaucoup de temps à la leur expliquer.

Cependant, on constate bien des erreurs d'emploi entre **me/moi** et **te/toi**, selon la syntaxe des énoncés, surtout lorsqu'il s'agit de verbes pronominaux :

> *N'inquiète pas.
> *Vous dépêchez ! (Dépêchez-vous !)
> *Ne téléphone pas moi avant dix heures.
> *Je promis à toi venir vite.
> *Comme t'appelles ? (Comment t'appelles-tu ?)
> *Tu me peux aider ?
> *Je vous manque. (Vous me manquez.)
> *Je suis heureuse que tu as envoyé à moi ton adresse.
> *Je veux du bien à toi.
> *En attendant, je te veux dire que je te pense souvent.

Il est donc important de prévoir périodiquement des activités d'observation ou de découverte, qui permettent aux apprenants de réfléchir, en petits groupes, sur les différentes places syntaxiques occupées par les pronoms compléments. Des exercices systématiques (question/réponse) peuvent également aider les apprenants à fixer les différentes formes des deux personnes de l'interaction. Enfin, au cours des jeux de rôles, l'enseignant n'oubliera pas de noter les erreurs d'emploi des pronoms personnels.

Ces erreurs serviront ultérieurement de corpus pour une réflexion active sur les emplois corrects des pronoms personnels compléments.

4. Les pronoms de troisième personne « compléments » du verbe

■ Les pronoms de troisième personne en fonction COD : **le/l'/la/les**.
Ils dépendent d'un verbe *transitif direct simple* ou *transitif direct complexe* (cf. *supra* 3, pp. 30-33) :

> – Tu regardes souvent **la télévision** ?
> – Je **la** regarde de temps en temps.

> – Vous connaissez **Marie Boli** ?
> – Non, je ne **la** connais pas du tout.

– Pierre et Marie ont acheté **un appartement**.
– Ils **l'**ont acheté très cher ?
– Non. Et c'est Pierre qui **le** repeint.
– **Il** a du courage ! Je **l'**admire !

– Comment trouvez-vous **nos nouveaux étudiants** ?
– Je **les** trouve très jeunes !
– Vous **les** avez déjà rencontrés plusieurs fois ?
– Je **les** ai vus hier pour la première fois.

– Il y a surtout des filles et **elles** sont très jeunes.
– Oui, mais je **les** trouve plutôt sérieuses.
– Moi aussi, je **les** ai trouvées très sérieuses.

– Vous avez lu **leurs premiers devoirs** ?
– Je **les** ai lus ce matin. Je vous **les** montrerai.

Les formes COD du pronom complément d'objet direct de troisième personne sont :

le	l'	la	les
masculin singulier	masculin et féminin singulier devant une voyelle ou un « h » muet	féminin singulier	pluriel

■ Satellite du verbe, le pronom complément d'objet direct de **troisième personne** se place **devant** le verbe conjugué, **devant** l'auxiliaire du verbe conjugué à un temps composé, **devant** l'infinitif dont il dépend (cf. *supra* 3, pp. 32-33). Il se place **après** le verbe, uniquement à la *forme impérative positive* :

Je **le** dirai à Sophie.
Tu **l'**as dit à Sophie ?
Tu peux **le** dire à Sophie ?
Ne **le** dis pas à Pierre.
Dis-**le** à Sophie !

■ Le pronom complément de troisième personne, comme le pronom sujet de troisième personne, a une *fonction de reprise* : il reprend un nom ou une idée dont on a déjà parlé et permet ainsi une économie de moyens lexicaux, tout en contribuant à la cohérence et à la cohésion textuelle (c'est pourquoi on parle du rôle **anaphorique** de ces pronoms).
À la fonction COD, quand le pronom de troisième personne reprend toute une idée, il apparaît sous la forme neutre **le** :

– Il est vraiment fatigué ?
– Il **le** dit à tout le monde, en tout cas !

– Vous partirez en vacances ce mois-ci ?
– Je ne **le** crois pas.

– Elle est sérieuse, n'est-ce pas ?
– Je **le** pense.

• À l'oral, en registre de langue familier, on fait l'économie de cette reprise, quand cela est possible :

> – Vous partirez en vacances ce mois-ci ?
> – Je crois pas !

> – Elle est sérieuse, n'est-ce pas ?
> – Je pense./Je pense que oui.

■ Le **participe passé** du verbe conjugué avec l'auxiliaire *avoir* **s'accorde** en genre et en nombre avec le pronom COD de troisième personne :

> – Vous avez acheté **les derniers romans** de Pierre Magnan ?
> – Non, je ne **les** ai pas encore acheté**s**.

> – Vous avez rencontré **mes nouvelles étudiantes** ?
> – Oui, je **les** ai rencontr**ées** hier.

> – Ils ont reçu **Marie Boli** chez eux ?
> – Oui, ils **l'**ont reç**ue** pendant trois jours.

> – Il y a longtemps que vous avez vu **Pierre** ?
> – Nous **l'**avons aper**çu** la semaine dernière.

■ En cas de *double pronominalisation* avec **me/te**, **nous/vous**, le pronom complément d'objet direct de troisième personne (**le/l'/la/les**) occupe la *seconde place* :

> – Est-ce que Marie Boli vous a demandé ma nouvelle adresse ?
> – Non, elle ne **me l'**a pas demandée.

> – Est-ce que Pierre te prêtera sa voiture ?
> – Il **me la** prêtera très certainement.

■ Les pronoms de troisième personne en **fonction COI.**
Deux cas sont à distinguer :

1. Les pronoms de troisième personne dépendent d'un verbe *transitif direct complexe* ou d'un verbe *transitif indirect souple* (cf. *supra* 3, pp. 30-33).
En ce cas, le pronom de troisième personne possède une seule forme pour le singulier (masculin ou féminin) : **lui**.
La forme unique pour le pluriel est **leur**.

> Pierre **lui** offre régulièrement des roses. (à Marie)
> Je **lui** ai donné un rendez-vous. (à Pierre)
> Vous **leur** parlez souvent ? (à Pierre et à Marie)
> Je **leur** ai prêté cent francs. (aux enfants)
> Mon cadeau ne **leur** a pas plu. (aux employées)

Lui/leur reprennent des noms de *personnes* (ou d'animés) qui ont soit un rôle destinataire, soit un rôle interactionnel dans le procès du verbe :
une personne dit/demande/répond/offre/donne/montre quelque chose *à une autre personne* (rôle destinataire → CDtaire) ou *une personne* parle/obéit/plaît/ressemble/succède *à une autre personne* (rôle interactionnel de type indirect → Cind.).
Dès lors, ils apparaîtront sous la forme abrégée CDtaire et CInd.

2. Les pronoms de troisième personne dépendent d'un verbe *transitif indirect* *rigide*, régi par une préposition qui ne s'efface pas (ou jamais complètement, du moins).

Si ces pronoms représentent *une personne*, ils seront à la forme tonique : **lui/elle/eux/elles**.

> – Où sont les enfants ?
> – N'ayez pas peur, Sylvie s'occupe d'**eux** dans le jardin.
> – On peut compter sur **elle** ?
> – Oui, Sylvie est très raisonnable. Elle prendra bien soin d'**eux**.

Si ces pronoms représentent *une chose* ou *une idée*, c'est la forme pronominale **y** ou **en** qui en rend compte :

> – Que dit Marie **du prochain départ** de Pierre ?
> – Elle **y** pense sans cesse et s'**en** inquiète beaucoup.
> – **La solitude** va certainement lui peser.
> – Espérons qu'elle s'**y** habituera !
> – **La présence** de Pierre lui était très importante.
> – Elle **en** aurait encore bien besoin.

Le pronom **en** reprend un nom non humain, complément indirect d'un verbe ou d'un groupe verbal régi par la préposition **de** (avoir besoin **de** cela).
« Se souvenir de, s'occuper de, profiter de, rire de, rêver de, avoir besoin de, avoir peur de, avoir envie de, se moquer de, se servir de, être content de, être fier de… » en sont des exemples.
Le pronom **y** reprend un nom non humain, complément indirect d'un verbe ou d'un groupe verbal régi par la préposition **à** (s'habituer **à** cela).
« Tenir à, penser à, croire à, s'habituer à, réfléchir à, faire attention à, rêver à, s'intéresser à… » en sont des exemples.

• **En** et **y** sont souvent appelés **pronoms adverbiaux**, du fait de leur origine latine « inde » (le dellatif) et « ibi » (l'allatif).
On les rencontre fréquemment, d'ailleurs, dans l'expression de la situation dans l'espace (cf. dossier 7, 1, p. 134) :

> – Vous partez à Détroit ?
> – Mais non, j'**en** viens !
>
> – Les Durand sont repartis au Canada ?
> – Oui. Ils **y** sont repartis le 1er décembre.

• Les verbes *transitifs indirects rigides* sont bien régis par une préposition qui ne s'efface jamais complètement, puisque même la pronominalisation, **y** ou **en**, implique en soi un « **à** quelque chose » ou un « **de** quelque chose ».
D'où cette dénomination de **complément prépositionnel** (CP) qui nous semble mieux convenir dans l'enseignement/apprentissage du FLE, tant pour les **de lui**, **à eux** que pour les **en** et **y**, pronominalisations liées aux constructions transitives indirectes rigides de certains verbes.

• Bien qu'il existe, d'un point de vue normatif, une réelle différence d'emploi entre **en** et **de lui**, **y** et **à lui**, les locuteurs français peuvent parfois neutraliser cette différence et employer, dans la conversation ordinaire, **en** ou **y**, comme pronom de reprise d'un nom humain :

> *Mes parents, j'**y** pense très souvent.
> *Mes amis d'enfance, je m'**en** souviens très bien.

▶ Ce type de pronominalisation intéresse des apprenants de niveau 2. Ce n'est pas un système très facile à mettre en place et on trouvera tout le long de l'apprentissage des erreurs du type :

> *Mes parents sont partis, je **leur** pense tout le temps.
>
> *Elle n'est pas contente parce que je **lui** moque.
>
> *Il croit que je **lui** ris.

Si l'enseignant, dans ses explications, pense bien à différencier les verbes *transitifs indirects souples* (ressembler à) des verbes *transitifs indirects rigides* (penser à), il sera moins difficile pour les apprenants de mettre en place ce double système pronominal.

Ce qu'il faudrait surtout éviter, c'est de donner une explication qui n'en soit pas une pour un étudiant étranger. Du type :

– on dit « je lui ressemble », parce que c'est « ressembler **à** quelqu'un »,

– on dit « je pense à lui », parce que c'est « penser **à** quelqu'un ».

En revanche, si les enseignants essayent de différencier les constructions à préposition « souple » (ressembler **à**, plaire **à**, sourire **à**) des constructions à préposition « rigide » (penser **à**, tenir **à**), les apprenants saisiront plus facilement l'opposition entre ces deux mécanismes grammaticaux.

▶ Comme les CDtaires, **lui/leur**, désignent des personnes, il est fréquent pour certains étrangers apprenant le français de les employer à la place des COD, **le, l', la, les,** reprenant des noms humains. On entend dire, par exemple :

> *Je **lui** aime beaucoup.

C'est là la preuve d'une grammaire intermédiaire qui s'élabore peu à peu. L'apprenant se construit un système d'opposition du type :

> *Humain (lui/leur)/non humain (le/la/les).

L'erreur peut aussi venir d'un calque sur le système grammatical de la langue maternelle.

En espagnol, par exemple, il existe une préposition « a » devant les COD humains :

> Mirar **a** la chica.

d'où l'erreur fréquente chez les apprenants hispanophones :

> *Je **lui** regarde à la fille.

Il est aussi très fréquent que la transformation pronominale, d'un complément destinataire ou d'un complément indirect, soit réalisée comme s'il s'agissait d'un complément prépositionnel :

> *Je parle à **lui**.
>
> *Il ne veut pas obéir à **elle**.
>
> *Je dis à **lui**... Je réponds à **elle**...

On trouve aussi des réalisations du type :

> *Je dis **lui**... Je demande **elle**...
>
> *J'ai **lui** demandé... J'ai **lui** dis...
>
> *Je ne sais pas comment je peux dire cela à **lui**.
>
> *Je pense à lui sans même réussir à voir **lui**.
>
> *J'ai **leur** dit « au revoir ».
>
> *Je **leur** ai embrassé encore une fois.

*J'ai **leur** quitté et j'ai pris l'avion.
*Je demandais l'heure à **lui**.
*Elle donne **lui** une fausse adresse.

Si des exercices de systématisation peuvent aider à la réalisation correcte de phrases isolées comportant un pronom complément destinataire, on constate que dans la production libre, écrite ou orale, il faut un temps *certain* de « sédimentation » avant que le système pronominal ne se mette définitivement en place.

Dès lors, des enseignants se sont demandé s'il était bien nécessaire de faire faire des exercices et s'il était vraiment utile d'expliquer et de réexpliquer un mécanisme grammatical qui, de toutes façons, exigeait un tel temps de latence.

Du point de vue de cette grammaire, il semble indispensable de persévérer, tout le temps de l'apprentissage, en revenant périodiquement sur le problème pronominal du français. Mais il faudrait que les activités varient chaque fois et surtout que l'on ne s'en tienne pas à la réalisation d'exercices hors contexte qui n'exigent aucune réflexion de la part de l'apprenant.

Apprendre, c'est résoudre des problèmes. Devant un exercice « lacunaire » hors contexte, l'apprenant n'a aucun problème à résoudre. Il se contente d'un choix plus ou moins aléatoire entre des formes et n'a pas à s'exprimer de lui-même.

C'est pourquoi la réalisation d'un exercice peut être parfaite et la production spontanée totalement déficiente.

En d'autres termes, l'exercice systématique hors contexte ne vérifie que l'enseignement et non pas l'apprentissage.

L'observation d'énoncés en contexte, le repérage des pronoms dans ces énoncés et une réflexion sur leurs emplois seraient beaucoup plus profitables à l'apprentissage.

Enfin, *l'autocorrection des productions libres ou guidées* permettrait à l'apprenant, lui-même, de vérifier son degré de savoir et de savoir-faire dans ce domaine.

▶ Les formes d'insistance (formes toniques) des pronoms de troisième personne, qu'ils soient sujet ou complément du verbe, peuvent également dérouter les apprenants et leur faire mélanger toutes les fonctions syntaxiques :

    – Tu aimes bien Marie et Pierre, **toi** ?
    – **Lui**, je **l'**aime bien, mais pas **elle** ! Je ne peux pas **la** supporter.
    – Pauvre Marie, il faudrait quand même que tu **lui** téléphones.
    – **À elle** ? Ah non ! Je ne **lui** téléphonerai jamais.
    – Et **à lui** ? Tu ne veux pas **lui** téléphoner ?
    – Si, **à lui**, je peux **lui** parler, sans problème !

À l'enseignant d'être vigilant sur la complexité de ce système pronominal que nous utilisons tous les jours, sans avoir la moindre conscience des difficultés qu'il représente pour l'apprenant étranger.

Confronté à des formes bien différentes, mais aussi à des formes qui, d'un coup, se neutralisent et deviennent identiques, il n'est pas surprenant que l'étudiant ait quelques difficultés à maîtriser ce système pronominal, pour le moins versatile !

D'autant plus que dans certaines structures syntactiques (ne... que et c'est... que), les oppositions fonctionnelles, si bien établies et si bien expliquées dans l'apprentissage des phrases simples, s'effondrent désespérément :

> C'est **lui** que j'aime, c'est **lui** que je veux épouser. (COD)
> Je ne parlerai qu'**à lui**, car c'est **à lui** que je veux obéir. (CInd.)
> Vous savez bien que c'est **à lui** que je pense. (CP)
> Je ne tiens qu'**à lui**. (CP)
> C'est **à lui** que je demanderai conseil. (CDtaire)
> Je ne donnerai ma réponse qu'**à lui**. (CDtaire)

L'enseignant, face à cette complexité de la langue qu'il enseigne, aura beaucoup de largeur d'esprit chaque fois qu'il constatera que les apprenants mélangent, malgré eux, toutes les fonctions des pronoms compléments de troisième personne.

CE QU'IL FAUT SAVOIR

■ La double pronominalisation de troisième personne : **le lui/la lui/les lui/le leur...**

Il s'agit de la pronominalisation simultanée du COD et du CDtaire d'un verbe *transitif direct complexe* : verbe + quelque chose **à** quelqu'un.

> – Vous avez rendu **les clés** à **votre ancienne propriétaire** ?
> – Nous **les lui** avons rendues hier soir.

> – Quand donneras-tu **ton camescope** à **Pierre** ?
> – Je ne **le lui** donnerai pas ! Je **le lui** vendrai peut-être.

> – Marie a déjà remis **sa démission** à **ses patrons** ?
> – Oui, elle **la leur** a remise ce matin.

• Ces quelques exemples de *double pronominalisation* permettent de voir que le pronom de troisième personne COD prend la première place et que le CDtaire de troisième personne occupe la seconde place devant le verbe :

| Je | le la les | lui | donne. | Je | le la les | leur | offre. |

| le/la/les + lui/leur + verbe |
| COD   CDtaire |

• Cette position syntactique n'est correcte que dans le cas de la double pronominalisation de troisième personne.

Comme nous l'avons déjà vu (cf. *supra* 3, p. 33), si la double pronominalisation présente un pronom personnel d'interaction (me/te/nous/vous), l'ordre syntactique est inversé : pronom *personnel* destinataire + pronom COD de *troisième personne* + verbe, sauf à l'impératif de forme affirmative.

| Il | me vous te nous | le la les | donne. | Donne - | le la les | moi. nous. |

| me/te/nous/vous + le/la/les + verbe | Verbe + le/la/les + moi/nous |
| CDtaire   COD | COD   CDtaire |

Comme l'a prouvé É. Benveniste, cette différence syntactique vient, une fois de plus, démontrer que les pronoms de troisième personne **(il/elle)** sont à considérer comme une catégorie grammaticale bien distincte de celle des pronoms personnels qui participent de l'interaction verbale **(je/tu)**.

■ Si le verbe est à *l'impératif de forme positive*, les pronoms compléments de troisième personne seront placés **après** le verbe, dans l'ordre COD + CDtaire, comme dans l'encadré précédent :

> Donne-**le lui**.
> Apportez-**la lui**.
> Montrez-**le leur**.
> Servez-**les leur**.

■ Évidemment, si le verbe est à un temps composé, la double pronominalisation se fait **devant** l'auxiliaire *avoir*, ce qui entraîne l'accord du participe passé avec le COD si celui-ci est au féminin ou au pluriel :

> Ce caméscope, je **le lui** ai donn**é**.
> Cette caméra, je ne **la lui** ai pas donn**ée**.
> Ces nouvelles revues, je **les lui** ai donn**ées**.
> Ces livres anciens, je ne **les lui** ai pas donn**és**.

■ Dans la conversation quotidienne, on aurait tendance à éviter la double pronominalisation de troisième personne au profit d'une syntaxe plus simple, qui consiste :
– soit à effacer le pronom COD :

> Ce caméscope, je **lui** donne.

– soit à employer le morphème **ça** (forme réduite de « cela »), comme pronom de reprise d'un nom non humain et surtout comme pronom de reprise d'une idée qui vient d'être énoncée :

> Demande-lui **ça**.
> Je ne leur ai pas répondu **ça**.
> Vous lui raconterez **ça** de ma part.
> Je ne leur ai pas dit **ça**.
> Tu pourrais leur signaler **ça** ?
> Il ne leur a pas répété **ça**.
> Si j'étais toi, je ne leur dirais pas **ça**.
> Tu ne devrais pas lui écrire **ça**.

De toute évidence, **ça** n'est employé que si les interlocuteurs se trouvent en présence de l'objet désigné ou s'ils savent ce que **ça** est supposé reprendre dans le discours !

■ La double pronominalisation avec **y** et **en**.
Dans une double pronominalisation, **y** et **en** occupent la seconde place :

> – Tu as invité Pierre et Marie à la fête ?
> – Je **les y** ai invités, mais ils n'y viendront pas.
> – Tu leur as envoyé une invitation officielle ?
> – Je **leur en** ai envoyé une, mais ils n'y ont pas répondu.
> – C'est qu'ils sont à Prague ! Ton invitation ne **les en** fera pas revenir !

- Si tu vois Denis, remercie-le de son cadeau.
- Je **l'en** remercierai, quand je le verrai.
- Tu penses le voir lundi, dans son bureau ?
- Je dois effectivement **l'y** rencontrer lundi à 15 heures.
- N'oublie pas de lui parler du tournoi de tennis.
- Je **lui en** parlerai. Je me charge de **l'y** intéresser, je te le promets.

En conversation quotidienne, seule la suite syntaxique **lui en/leur en** est d'usage courant.

• L'occurrence de la double pronominalisation, **y en**, ne se rencontre guère que dans le morphème « il **y en** a », où **en** reprend une quantité dont on a déjà parlé. Mais on pourrait éventuellement avoir :
- Tu as mis du sel dans le potage ?
- Oui, j'**y en** ai mis un peu.

quoique cette réponse soit inusitée à l'oral, où on évite le plus souvent la double pronominalisation (« j'**en** ai mis un peu » serait certainement une réponse suffisante dans une situation domestique de ce type).

L'actualisation du nom commun

1. Le nom commun et ses actualisateurs

CE QU'IL FAUT SAVOIR

■ Les êtres, c'est-à-dire les humains, les animaux et les choses que l'on distingue, selon notre expérience du monde, sont désignés par des noms.
On distingue deux classes de noms : les **noms propres** et les **noms communs** (ou **substantifs**).

Noms propres :	Noms communs :
Pierre	homme
Marie Boli	femme
Monsieur Rivière	pharmacien
Madame Boli	pharmacienne
Médor	chien/chat
Cuba	pays

■ Les **noms propres** sont employés pour appeler et désigner quelqu'un à qui l'on parle ou de qui l'on parle :

> **Pierre**, vous êtes étudiant ?
> Vous travaillez, **Marie** ?
> Je connais **Monsieur Rivière** et **Madame Boli**.

• Les noms propres s'emploient sans article (sauf cas de régionalisme ou de registre de langue populaire).

• Cependant, pour parler d'une famille, on dit :

> **Les** Boli ont téléphoné.
> **Les** Dupré nous invitent au mariage de leur fils Thomas.

On constate que l'article **les** n'influe pas sur la graphie du nom propre qui ne prend pas la marque du pluriel.

• Les titres sociaux (Monsieur, Madame, etc.) s'emploient également sans article :

> **Madame** ? Vous êtes chimiste ?

■ Quand on veut employer un **nom commun virtuel** (c'est-à-dire tel qu'on le trouve dans le dictionnaire), il faut lui donner un support qui le détermine. Ce phénomène s'appelle l'**actualisation** du nom commun, sorte de « mise en service » qui fixe la référence du substantif.
Par exemple, on trouve dans le dictionnaire, à la lettre **p** : prénom, profession, professeur, parent, etc. En parlant ou en écrivant, on aura besoin d'un support, appelé **déterminant**, pour introduire ce mot dans un énoncé :

> Quel est **le** prénom de **votre** mère ?

Quelle est **la** profession de **votre** père ?

Vous connaissez **les** parents de **cette** fille ?

Le, la, les, votre, cette sont les déterminants du substantif qu'ils actualisent.

■ Un nom commun peut être **actualisé** de différentes manières, selon la **vision** que veut donner le locuteur :

– actualisation par l'**article défini** : (cf. *infra* 2, p. 44)

Tiens, voilà **le** facteur ! **Les** facteurs ont enfin repris **le** travail ! **La** femme **du** facteur travaille chez Champion.

– actualisation par l'**article indéfini** : (cf. *infra* 3, p. 47)

Je connais **un** facteur qui parle arabe et chinois.

– actualisation par l'**article « zéro »** : (cf. *infra* 4, p. 49)

« Liberté, égalité, fraternité » (au fronton d'un immeuble de l'Administration).

– actualisation par le **démonstratif** : (cf. *infra* 5, p. 52)

Ce facteur désire voir le directeur. **Cette** femme travaille chez Champion. **Ces** factures ne sont pas signées !

– actualisation par le **possessif** : (cf. *infra* 5, p. 54)

Où est **mon** courrier ? Vous avez bien reçu **ma** lettre ? Je dois payer **mes** factures aujourd'hui.

– actualisation par les **quantificateurs** : (cf. *infra* 6, p. 60)

Il n'y a **pas de** facteur dans ce village ? Tu as eu **du** courrier, aujourd'hui ? J'ai reçu **un** paquet et **des** factures, et **quelques** lettres personnelles.

2. L'article défini

CE QU'IL FAUT SAVOIR

■ L'**article défini** se place **devant** le nom commun qu'il détermine et dont il marque le **genre** et le **nombre** :

Au singulier			Au pluriel
le	**la**	**l'**	**les**
pour le masculin	pour le féminin	devant une voyelle ou un « h » muet	pour marquer le pluriel

Le nom de votre mère ?
L'âge de votre mère ?
La profession de votre père ?

Les parents de Pierre Boli ?
L'adresse de Monsieur Rivière ?

• « **L'** » efface la marque du **genre** : « **l'**âge » est du masculin, « **l'**adresse » est du féminin.

• « **Les** » détermine un nom au **pluriel**. On ajoute un **s** au nom pluriel :

Noms au singulier :	Noms au pluriel :
le passeport	**les** passeport**s**
la carte d'identité	**les** carte**s** d'identité
l'adresse	**les** adresse**s**

• Les noms se terminant par **eu, au, eau** prennent un **x** au **pluriel** :

le jeu	**les** jeu**x**
le chev**eu**	**les** chev**eux**
le mant**eau**	**les** mant**eaux**

• Certains noms se terminant en **ou** prennent aussi un **x** au pluriel :

le bij**ou**	**les** bij**oux**

• La plupart des noms se terminant par **al** ont un pluriel en **aux** :

le journ**al**	**les** journ**aux**
le chev**al**	**les** chev**aux**

Mais « le festiv**al** » et quelques autres ont un pluriel en **s** :

Les festiv**als** d'Avignon et de Saintes ont lieu en juillet.

• Les noms qui se terminent par un **z**, un **s** ou un **x** au singulier ne changent pas au pluriel :

le paress**eux**	**les** paress**eux**
le pay**s**	**les** pay**s**
le vieu**x**	**les** vieu**x**

• Dans la construction N1 de N2 (cf. dossier 6, 2, p. 100), les articles définis, masculin **le** et pluriel **les**, se combinent avec la préposition **de** pour donner **du** et **des** :

La femme **du** facteur travaille chez Champion.
Le travail **des** facteurs commence tôt.

■ **Valeurs et emplois de l'article défini** en discours.

L'article défini peut donner au nom une valeur de **généralisation** ou au contraire une valeur de **spécification** :

Valeur généralisante :	Valeur spécifique :
Les parents doivent éduquer les enfants.	Je connais **les** parents de Pierre.
La mère élève ses petits.	**La** mère de Pierre est chimiste.
L'âge n'est pas toujours le critère de la sagesse.	Avez-vous **l'**adresse de Marie ?
	Le ciel est par-dessus **les** toits.

• L'article défini généralise d'une façon plus abstraite au singulier (il renvoie à un élément type) qu'au pluriel (il renvoie à tous les éléments de la classe).

• Dans sa valeur **spécifique**, l'article défini est employé quand les interlocuteurs peuvent identifier ou voir (valeur déictique) l'<u>être</u> dont on parle. Il peut s'agir d'une expérience partagée, comme dans :

Aujourd'hui, **le** facteur est passé à dix heures. (« notre » facteur)
Regarde ! **la** rue est à sens unique. (« Cette » rue où nous sommes.)
Tu as oublié de poster **les** lettres ! (« Celles » dont on a déjà parlé.)
Je vais prendre **le** métro pour aller plus vite. (« Notre » métro, « celui » que tout le monde connaît.)

Il va à l'université. (Nom qui se réfère à une expérience partagée.)

Il peut s'agir d'un être unique comme dans :

La Terre, **la** Lune et **le** Soleil.

Le musée du Louvre et **la** tour Eiffel.

Le pape, **le** président de la République, **la** France.

Le locuteur peut, par une détermination spécifiante, donner une référence précise au nom :

Le pays **où je suis né**, c'est la France.

• Si on reconnaît deux valeurs sémantiques à l'article défini (généralisation et spécification), il faut noter également son rôle discursif de reprise d'un nom propre ou d'un nom commun qu'on a déjà cité :

Marie Boli travaillait dans son laboratoire. Elle était chimiste. Tous ses collègues appréciaient son travail. Un jour, **la** jeune femme eut un malaise **au** laboratoire.

Le lecteur sait que **la** femme se réfère toujours à Marie Boli et que « **au** laboratoire » se réfère bien à l'endroit où travaille Marie Boli (son laboratoire).

Ici, c'est l'article défini qui permet de savoir qu'on parle bien de la même chose ou de la même personne tout au long du texte. C'est pourquoi l'on dit que l'article défini a un rôle **anaphorique**, c'est-à-dire qu'il « porte en avant une information ». En d'autres termes, l'article défini veille à la **cohésion** et à la **cohérence textuelle**.

À PROPOS DU SAVOIR-FAIRE

▶ Tout au long de l'apprentissage du français langue étrangère, l'article pose bien des problèmes.

Soit parce que les apprenants l'omettent systématiquement, comme c'est le cas pour les étudiants japonais, chinois et d'autres encore :

*Il demande à elle adresse école française.

*Je veux français dictionnaire.

*On est volé montre de touriste dans chambre hôtel.

*Pour fête de Jean soirée surprise.

Soit qu'ils ne savent pas s'il faut mettre la forme du masculin **le** ou la forme du féminin **la** devant un nom dont ils ignorent le genre.

Il n'existe malheureusement pas de règle infaillible pour connaître le genre des noms en français.

On sait, cependant, que les noms abstraits en **on, ion, ité** sont du genre féminin. Certaines terminaisons en **euse**, en **trice**, en **ère** appellent aussi le féminin :

la comparaison ;

la distinction, l'opposition ;

la fidélité et l'amitié ;

la dormeuse ;

la lectrice ;

la boulangère.

On conseille habituellement aux apprenants de mémoriser le nom **et** son article.

Mais la meilleure méthode consiste probablement à lire assidûment des textes en français et à écouter parler le plus souvent possible des francophones.

Malgré tous leurs efforts, certains étrangers qui, par ailleurs, parlent remarquablement bien le français, continuent à se tromper d'article défini devant le nom.

Ce problème général d'apprentissage mis à part, il existe quelques phénomènes de prononciation qui se corrigeront peu à peu.

Par exemple, les hispanophones prononcent le « e » de **le**, [e], si bien qu'on ne sait pas toujours s'il s'agit du singulier ou du pluriel :

> Je te prête **les** livres jusqu'à demain.
> Je te prête **le** livre jusqu'à demain.

Ces deux phrases peuvent être prononcées de la même manière par un hispanophone qui a de la difficulté à labialiser. Il faudra lui montrer le plus souvent possible que les lèvres sont plus arrondies pour articuler la voyelle française [ə] de **le**.

Plus difficile est la correction phonétique de la prononciation d'un Iranien. Il a en effet tendance à prononcer le « e » de **le**, [o]. La labialisation est correcte, mais cette fois, c'est le point d'articulation qui est trop postérieur.

On aura donc intérêt, dans les débuts de l'apprentissage, à faire faire à ces étudiants des exercices de **discrimination auditive**, pour qu'ils puissent percevoir la différence sonore entre les voyelles [e], [ə] et [o].

Quand ils commenceront à percevoir cette différence sonore, ils pourront peu à peu la réaliser.

En effet, on doit partir du principe qu'on ne peut pas articuler un son que l'on n'entend pas correctement. C'est pourquoi un Iranien, qui n'entend pas encore la différence entre [ə] et [o], prononcera « un pot d'eau » pour « un peu d'eau ».

Quant aux anglophones, leur difficulté de prononciation sera liée à l'articulation rétroflexe du « l », qui en français devrait être « alvéolaire » (pointe de la langue contre les alvéoles des dents supérieures).

3. L'article indéfini

CE QU'IL FAUT SAVOIR

■ Comme l'article défini, l'**article indéfini** sert à actualiser un nom commun, c'est-à-dire à fixer la référence des termes de l'énoncé :

> Je cherche **un** travail d'électricien.
> Il demande **une** carte de séjour.
> Vous connaissez **des** employeurs à Paris ?

• L'**article indéfini** est marqué en **genre** et en **nombre**, selon le nom qu'il détermine :

Masculin	Féminin	Pluriel
un travail	**une** carte	**des** employeurs
		des employées

• Notez que le **nom commun** déterminé par **des** prend la marque du pluriel (**s** ou **x**).

■ **Valeurs et emplois de l'article indéfini** en discours.

Soit l'article indéfini permet de **généraliser**, c'est-à-dire de représenter toute la classe des êtres désignée par le nom commun, soit au contraire, il permet de **particulariser** un élément, une unité particulière, un être particulier de la classe (pensez au chiffre « 1 ») :

Généralisation :	**Particularisation :**
(toute la classe)	(un élément de la classe)
Un travail doit convenir à celui qui l'accepte (n'importe quel travail).	J'ai trouvé **un** travail d'électricien, je commence demain (un travail bien précis).
Une carte n'est utilisable que si elle n'est pas périmée (n'importe quelle carte).	J'ai obtenu **une** carte de séjour de dix ans (une carte très particulière).
Un demandeur d'emploi doit normalement être inscrit à l'ANPE.	J'ai rencontré **des** demandeurs d'emploi. Ils attendaient à l'ANPE (un groupe bien précis de personnes).

■ Comment **distinguer les rôles** de l'article défini et ceux de l'article indéfini ?

– L'**article indéfini** permet de **présenter pour la première fois** un nom commun. Il a une **valeur d'introduction.**

Il signifie que le locuteur parle pour la première fois de l'être représenté par le nom commun et que l'interlocuteur ne peut pas encore l'identifier :

> J'ai trouvé **un** travail d'électricien.

– L'**article défini** permet d'actualiser un nom commun représentant un être dont **on vient de parler** ou dont **on présuppose** qu'il est déjà connu.

Comparez les emplois suivants :

Article indéfini :	**Article défini :**
(particularisant)	(spécifique)
Hier, j'ai rencontré **un** demandeur d'emploi (un parmi d'autres).	Ce matin, j'ai revu **le** demandeur d'emploi (dont je t'avais parlé).
Ce matin, j'ai enfin trouvé **un** travail d'électricien.	Ce matin, j'ai accepté **le** travail d'électricien (celui qu'on me proposait depuis longtemps).
Cette semaine, j'ai bien vu **des** employeurs, mais je suis toujours au chômage.	Cette semaine, j'ai vu **les** employeurs (ceux que tu sais...) mais je suis toujours au chômage.

En d'autres termes, l'article défini implique une **connaissance** ou une **expérience partagée** par les interlocuteurs.

Par l'article indéfini, le locuteur pose une **information nouvelle** dont on n'a pas encore parlé :

Un homme traversa la rue, il avait l'air soucieux.	L'homme traversa la rue, il avait l'air soucieux.
→ Avec l'**article indéfini**, je pose ou j'impose l'existence de « **un homme** ».	→ Avec l'**article défini**, je présuppose l'existence d'un homme que vous pouvez identifier ou je fais comme si vous connaissiez « **l'homme** » en question.

Dans un texte ou dans une conversation, si l'**article indéfini** apparaît au début pour introduire un nom commun, ce même nom sera repris ultérieurement par l'**article défini** :

> Ce matin, j'ai bien vu **des** employeurs → valeur d'introduction de
> mais je suis toujours au chômage !　　　l'information nouvelle
> Nous avons parlé de la crise économique !
> Avant de me laisser partir, **les** employeurs → valeur de reprise de
> m'ont conseillé de revenir dans un mois.　　cette information

De cette transformation (**un/une/des** → **le/la/les**) dépendent la **cohésion** et la **cohérence** du texte.

À PROPOS DU SAVOIR-FAIRE

▶ Beaucoup d'apprenants ont du mal à saisir les différents emplois des articles définis et indéfinis. On trouve de nombreuses erreurs persistantes sur ce point :

> *J'aimerais acheter la petite et jolie maison qui a beaucoup de roses dans une forêt.
> (première mention de « maison » dans le texte)
>
> *Un garçon est interwievé à la télé. L'annonceur pose des questions, mais un garçon ne répond pas bien.
> (dans le texte, il s'agit du même garçon)
>
> *À un moment, on la voit avec des mains sur l'appareil.
> (les mains de la femme dont on parle)

Au début de l'apprentissage, il est souhaitable de faire pratiquer beaucoup d'exercices en situation :

1. Sous forme de jeux (par exemple, les jeux de kim) où les objets seront nommés avec le déterminant approprié, selon qu'ils réfèrent ou non à un objet spécifique :

> – Tu te rappelles ? Il y a **un** ticket vert et **un** ticket jaune. Lequel as-tu vu ?
> – **Le** ticket jaune.

2. Sous forme de courts récits devant une image ou devant tout autre déclencheur :

> Dans **un** café, entre **un** homme avec **des** lunettes noires et **une** valise noire. **Le** patron est occupé avec **une** cliente. Quand il voit **l'**homme, il commence à trembler. Il est vrai que **les** hommes avec **des** lunettes noires font souvent peur.

Après cet entraînement implicite, les apprenants pourront réfléchir sur l'emploi des déterminants utilisés dans leurs productions.

4. L'article « zéro »

CE QU'IL FAUT SAVOIR

■ Dans certaines situations de communication, l'**article peut être effacé**. On le constate notamment :

– sur la façade des magasins :

> pharmacie – boulangerie – épicerie – tabac ;

– sur la façade des immeubles de l'Administration :

>ministère de l'Éducation nationale – mairie – préfecture de police –
commissariat – hôtel de ville – hôpital – école publique ;

– sur les panneaux routiers :

>vitesse limitée – sortie de camions – travaux – déviation ;

– sur les étiquettes de produits mis à la vente :

>chocolat – café – thé – beurre – sel – eau de toilette ;

– sur les listes de courses :

>pain – beurre – confiture – laitue – poulet rôti – vin ;

– dans les petites annonces du journal :

>Peugeot 206 à vendre – maison à louer – mariage souhaité ;

– dans les grands titres des journaux :

>« Grande manifestation des étudiants » ;

– dans les télégrammes :

>« Opération réussie, lettre suit » ;

– dans des situations où le nom sans article équivaut à un ordre :

>Silence ! – Bistouri ! – Lumière !

Dans la plupart de ces circonstances, l'article zéro indique que c'est la **situation** qui actualise directement et concrètement le nom :

>« Ici, c'est une pharmacie » – « Là, c'est la mairie ».

Si le nom n'est pas intégré dans une structure syntaxique, le contexte situationnel semble suffisant pour faire sens et avoir valeur de message informatif.

Il en est de même dans le style « télégraphique » des télégrammes et des petites annonces, où l'économie des moyens linguistiques a pour origine des raisons pécuniaires !

■ Dans les autres cas d'**absence d'article** devant le nom, cela peut signifier que le nom commun perd sa valeur de substantif, au profit d'une fonction appartenant habituellement à une autre catégorie grammaticale :

>(1) Son père est pharmacien ou médecin.
>
>Une tasse de thé ou un verre d'eau.
>
>(2) J'ai faim, j'ai soif, j'ai peur, j'ai besoin d'aide.
>
>(3) Sans argent, sans famille.
>
>Avec patience, avec courage.

Dans ces exemples, les noms empruntent la valeur de l'adjectif attribut ou de l'adjectif épithète (1), entrent dans des locutions verbales (2), participent à l'adverbialisation (3).

■ L'article indéfini pluriel **des** peut s'effacer dans certains cas, notamment lorsque le verbe se construit avec la préposition « de » ou à l'occasion d'un complément de nom qui reste indéfini :

>J'ai besoin de **feuilles blanches**. (des feuilles)
>
>Je m'occupe de **maquettes industrielles**. (des maquettes)
>
>Nous avons envie de **vacances** à la montagne. (des vacances)
>
>On manque de **distractions**, ici. (des distractions)
>
>Ils ont loué l'appartement de **cousins éloignés**. (des cousins)

Certains grammairiens pensent que cet effacement de l'article indéfini pluriel serait dû à la collusion entre **de** (préposition syntactique) et **des** (article indéfini).

• Pour l'effacement de l'article partitif, voir *infra* 6, p. 62.

À PROPOS DU SAVOIR-FAIRE

▶ Pour l'apprenant étranger, ces phénomènes d'effacement de l'article pourront poser bien des problèmes (cf. dossier 1, 1, pp. 14-15).

Dès le début de son apprentissage, on constatera qu'il produit des énoncés du type :

> *Je connais Marie Boli, elle est une pharmacienne.
> *Pierre ? Il est un traducteur.
> *Je suis un avocat.

Bien sûr, grâce aux corrections de l'enseignant, l'apprenant améliorera sa syntaxe. Mais alors, il se produira un phénomène de contamination et on l'entendra dire :

> *Je connais Marie Boli, c'est pharmacienne.
> *Pierre, c'est traducteur.
> *Lui, c'est avocat.

D'où la raison pour laquelle les enseignants ont tendance à donner la règle suivante :

> Il/elle est + *adjectif.*
> C'est + *article* + nom.

Règle qui fonctionne bien, mais qui deviendra inadéquate, à moins d'explications supplémentaires, dès que les apprenants se trouveront devant des énoncés du type :

> C'est merveilleux !
> C'est beau, c'est bon, c'est magnifique.

Certes, il ne s'agit pas, dans ce dernier cas, du « c'est » présentatif, mais comment amener les apprenants à se rendre compte qu'il y a plusieurs valeurs discursives de « c'est » ? (cf. dossier 1, 1, pp. 14-15 et dossier 6, 3, pp. 105-106).
Les erreurs peuvent alors s'accumuler :

> – Comment trouvez-vous ces tableaux ?
> *– C'est des beaux ! Ils sont des magnifiques tableaux.

• Plus tard dans l'apprentissage, la difficulté viendra de la construction **N1 de n2** (c'est-à-dire deux noms communs reliés par la préposition **de**, avec effacement de l'article devant **n2**) :

> Une tasse de thé, un verre d'eau.

Les apprenants qui ont compris la relation d'appartenance **N1 de N2** de type complément de nom (avec article devant **N2**) :

> **Le** fils **de la** pharmacienne.
> **La** voisine **du** dentiste.

vont maintenant confondre les deux fonctions et on obtiendra des énoncés du type :

> *Je voudrais un verre de l'eau.
> *Une bouteille du coca-cola s'il vous plaît.
> *La voisine de dentiste.
> *L'enfant de médecin.

L'apprenant doit s'armer de patience avant que ses étapes de grammaires intermédiaires se stabilisent.

Qu'on se rappelle toujours que « l'erreur est un cheminement vers la vérité », comme le signalait Bachelard.

Cependant, il est évident que si les apprenants se trouvent confrontés très tôt à des mini-corpus de **conceptualisation** (c'est-à-dire des énoncés de grammaire implicite qui mettent en évidence l'existence d'un microsystème, sur lequel ils ont à réfléchir pour en découvrir les règles de fonctionnement et d'emploi), leurs grammaires intermédiaires se stabiliseront d'autant plus vite et, surtout, les erreurs qu'ils commettent en début d'apprentissage ne se fossiliseront pas irrémédiablement.

Pour stabiliser les structures **N1 de n2** et **N1 de N2**, on pourrait, par exemple, demander aux apprenants de réfléchir au sens véhiculé dans des énoncés du type :

> a. Donnez-moi **un verre d'eau**, s'il vous plaît. (N1 de n2)
> a'. J'ai bu **un verre de l'eau que tu as rapportée de Lourdes**. (N1 de N2)
> b. **Une bouteille de coca-cola**, s'il vous plaît. (N1 de n2)
> b'. Pierre a cassé **une bouteille du coca-cola que tu as acheté à New York**. (N1 de N2)
> c. **Une voisine de palier** m'a demandé un peu de sel. (N1 de n2)
> c'. **Une voisine du palier d'en haut** m'a demandé du sucre. (N1 de N2)
> d. **Une voisine de dentiste** n'a pas beaucoup de chemin à faire pour se faire soigner. (N1 de n2)
> d'. **Une voisine du dentiste** a déclaré à la police qu'elle entendait crier dans le cabinet dentaire. (N1 de N2)

Les étudiants doivent réfléchir sur les circonstances de l'énonciation de ces différentes phrases : qui parle à qui, de quoi, et dans quelle intention ?

Entre a et a', par exemple, ils doivent sentir la différence entre un verre d'eau ordinaire et un verre de cette eau que bien des gens estiment miraculeuse.

Dès lors, ils pourront se créer une règle intermédiaire du type : cas ordinaire et banal/cas spécifique et bien particulièrement déterminé.

5. La désignation et la dépendance

■ **Morphologie et emplois du démonstratif.**

Le déterminant démonstratif, comme son nom l'indique, détermine le nom tout en le désignant (geste du doigt ou mouvement de la tête en direction de la personne ou de la chose dont on parle).

Les déterminants démonstratifs sont marqués en **genre** et en **nombre**, selon le nom qu'ils déterminent :

> **Ce** petit jeune homme est anglais.
> **Cet** homme brun et maigre travaille chez Champion.
> **Cette** femme veut rencontrer le directeur.
> **Ces** garçons et **ces** filles-là habitent dans **cet** immeuble squatté.

Au singulier			Au pluriel
ce devant un nom masculin	**cet** devant un nom masculin commençant par une voyelle ou un « h » muet	**cette** devant un nom féminin	**ces** devant un nom pluriel au masculin ou au féminin

■ **Valeurs et emplois spécifiques du démonstratif.**

L'emploi des **démonstratifs** implique une **référence situationnelle**. Les interlocuteurs voient ce dont on parle (valeur déictique).

La coprésence des interlocuteurs, en situation « ici et maintenant », fait que le démonstratif joue un rôle important dans l'**énonciation**, notamment pour ce qui concerne la **référence au temps** (cf. dossier 8, 1, les embrayeurs du discours, p. 141) :

> Il habite ici depuis **cette** année.
> **Ce** matin, j'ai enfin trouvé un appartement.
> Excusez-moi, mais **ce** soir, je ne peux pas sortir.
> Tu es libre **cet** après-midi ?
> La météo dit qu'il fera froid **cette** semaine.

Observez, comparez et paraphrasez le **sens** de ces énoncés :

1	2	3
Elle téléphonera **le** soir.	Elle téléphonera **un** soir.	Elle téléphonera **ce** soir.
Ils sont nés **le** matin.	Ils sont nés **un** matin.	Ils sont nés **ce** matin.

• Pour distinguer « les instances de l'énonciation » (ici/maintenant), d'une référence temporelle qui leur est antérieure ou postérieure, on utilisera la particule **là** :

Instances de l'énonciation :	Références temporelles autres :
cette année	**cette** année-**là**
ce matin	**ce** matin-**là**
ce soir	**ce** soir-**là**
ce jour (1)	**ce** jour-**là**

(1) « Ce jour » n'est utilisé qu'en contexte administratif, alors que « ce jour-là » est très fréquemment employé dans le récit d'un événement.

■ Les démonstratifs peuvent aussi avoir une **référence contextuelle**. En effet, ils permettent de reprendre (rôle de reprise) ce dont on a déjà parlé :

> J'ai vu **des** enfants dans la cour de l'immeuble.
> **Ces** enfants attendaient Jacques, le chanteur du sixième.
> **Ils** voulaient **des** autographes.
> **Ces** autographes, Jacques les leur donnait avec beaucoup de gentillesse.

Tout comme le pronom de troisième personne (cf. dossier 2, 1, p. 24 et 4, p. 35) et l'article défini en fonction anaphorique (cf. *supra* 1, p. 46), le démonstratif participe à la cohérence et à la cohésion du texte :

> – Il chante à l'**Olympia**, n'est-ce pas ?
> – Oui, et **cette** salle de spectacle est très très connue.

• Il existe une hiérarchie dans la sélection des **anaphores**.

Un nom introduit par l'article indéfini sera d'abord repris soit par un pronom relatif ou un pronom de troisième personne, soit par le déterminant démonstratif. La reprise par l'article défini sera plus tardive dans le texte :

Hier soir, j'ai lu **un roman**

qui a été écrit par Stephen King. (1)

Il a été écrit par Stephen King. (1')

Ce roman a été écrit par Stephen King. (1'')

Il est un cas, cependant, où le déterminant démonstratif ne peut pas être la première anaphore et doit céder la place à l'article défini, parce qu'on a affaire à une énumération ou à une « série » :

Hier, j'ai lu **un roman** et j'ai regardé **un film** à la télévision.

Le roman était insipide et **le** film nul !

• En résumé, l'adjectif démonstratif, déterminant du nom, peut jouer trois rôles bien distincts :

– un rôle monstratif ou déictique en situation ;

– un rôle énonciatif temporel, lié au « ici/maintenant » du locuteur ;

– un rôle anaphorique veillant à la cohésion textuelle.

• Pour une discussion sur le pronom démonstratif neutre « ce/c' », voir dossier 1, 1, pp. 14-15, dossier 2, 1, pp. 24-25 et dossier 6, 3, pp. 105-106.

■ **Morphologie et emplois du possessif.**

Le déterminant possessif (adjectif possessif) établit un rapport de **dépendance**, c'est-à-dire une **relation d'appartenance** entre un possesseur et ce qu'il possède.

Le déterminant possessif s'accorde en **genre** et en **nombre** avec le nom qu'il détermine, c'est-à-dire avec ce qui est possédé par un possesseur :

Voici **ma** nouvelle **voiture**, c'est une twingo.

C'est **ton** nouveau **vélo** ?

Ses patins à roulettes viennent des États-Unis.

Mais on note également, dans la forme du déterminant possessif, un élément désignant le possesseur. Observez :

Possesseur :	Possessif :	Ce qui est « possédé » :
la personne qui parle (je)	mon	manoir
	ma	voiture
	mes	vieilles bouteilles
la personne à qui l'on parle (tu)	ton	jardin
	ta	villa
	tes	tableaux
la personne ou la chose	son	château
dont on parle (il/elle)	sa	propriété
	ses	richesses

• Attention ! On utilise **mon, ton** et **son** devant un nom féminin commençant par une voyelle ou un « h » muet :

Vous avez **mon** adresse à Paris ?

Son université est fermée cette semaine.

Ton avocate a encore téléphoné !

54

• Si les possesseurs sont multiples (plus de un), on constate que seule se manifeste l'opposition singulier/pluriel :

(nous)	**n**otre	manoir
	notre	voiture
	nos	vieilles bouteilles
(vous)	**v**otre	jardin
	votre	villa
	vos	tableaux
(ils/elles)	**l**eur	château
	leur	propriété
	leurs	richesses

• Notez que le genre du possesseur n'est pas indiqué dans la forme du possessif :

> Vous connaissez **Pierre** ? **Son** manoir est à vendre.
> **Martin**, est-ce que **ta** villa est à louer ?
> **La marquise** m'a dit que **son** château avait brûlé.
> **Le pharmacien** a vendu **sa** propriété.

Ce qui n'est pas le cas dans toutes les langues, notamment en anglais, où le genre du possesseur est marqué par la différence « his/her ».

■ Certaines ambiguïtés sont possibles quand il s'agit de **son, sa, ses**.
Observez :

> **Il** a retrouvé **ses** clés dans **sa** poche.

A priori, cette phrase est limpide : **il (1)** a retrouvé les clés de **il (1)** dans la poche de **il (1)**.
Mais on peut vouloir dire aussi :

> **Il (1)** a retrouvé les clés de **il (2)** dans la poche de **il (1)**.
> **Il (1)** a retrouvé les clés de **il (1)** dans la poche de **il (2)**.
> **Il (1)** a retrouvé les clés de **il (2)** dans la poche de **il (3)**, etc.

D'autre part, si l'on sait que **il (1)** est bien du genre masculin, on ne peut pas savoir si le possesseur des clés **(ses)** ou de la poche **(sa)** est un homme ou une femme.
Ainsi, les déterminants possessifs, employés dans un même énoncé, peuvent renvoyer à des réalités différentes : ils ne sont pas toujours coréférentiels. Si chacun de vos amis est marié et que vous parlez de la femme de chacun en utilisant « sa femme », la référence est nécessairement différente.

• Pour lever toute ambiguïté dans la **relation d'appartenance**, on peut employer :

1. Des **noms propres** :

> Il a retrouvé les clés de **Jean** dans la poche de **Marie**.

2. Des **pronoms démonstratifs** :

> Il a trouvé les clés de **celui-ci/celle-ci** dans la poche de **celui-là/celle-là**.

3. Le **pronom possessif** et le **pronom démonstratif** :

> – Il a retrouvé **ses** clés !
> – Lesquelles ? **Les siennes** ?

– Non, **celles de** Pierre et dans **sa** poche.
– Laquelle ? **La sienne** ou **celle de** Pierre ?
– Non, dans **celle de** Sylvie.
– Donc, il a retrouvé les clés de Pierre dans la poche de Sylvie ?
– C'est exact !

4. La **relation d'appartenance** marquée par le **complément de nom** (cf. dossier 6, 2, pp. 100-101) :

Il a retrouvé **les** clés **du** pharmacien dans **la** poche **de** Sylvie.

■ Comme le déterminant possessif est insuffisant pour rendre compte de toutes les relations d'appartenance, on aura donc besoin simultanément du **pronom possessif** et du **pronom démonstratif**, surtout pour ôter toute ambiguïté possible concernant la troisième personne (il/elle) :

Déterminants et pronoms marquant la relation d'appartenance :

mon...	le mien	
ton...	le tien	
son...	**le sien**	celui de..., celui-ci/celui-là
		le N1 de N2
ma...	la mienne	
ta...	la tienne	
sa...	**la sienne**	celle de..., celle-ci/celle-là
		la N1 de N2
notre...	le/la nôtre	
votre...	le/la vôtre	
leur...	**le/la leur**	celui/celle de... et de..., celui-ci/celle-là
		le/la N1 de N2 et de N3
mes...	les miens/miennes	
tes...	les tiens/tiennes	
ses...	**les siens/siennes**	ceux/celles de..., ceux-ci/ celles-là
		les N1 de N2
nos...	les nôtres	
vos...	les vôtres	
leurs...	**les leurs**	ceux/celles de... et de..., ceux-ci/celles-là
		les N1 de N2 et de N3

• Attention ! Les possessifs et les démonstratifs ne sont que rarement coréférentiels. Observez :

– Tu as **son** adresse ?
– **Celle de** qui ?
– **Celle de** Pierre.
– Ah non, je n'ai pas **la sienne** mais j'ai **celle de** Marie.
– Moi, il me faut absolument **l'adresse de** Pierre.

– C'est **ton** passeport ?
– Non, ce n'est pas **le mien**, c'est **celui de** Marie.

> – Où est **le tien** ?
> – Je ne sais pas.
> – Qu'est-ce que tu fais avec **le** passeport **de** Marie ?
> – Elle a dû se tromper : elle a pris **le mien** et m'a laissé **le sien**.

• Comme les exemples précédents le démontrent, les **pronoms** possessifs et démonstratifs permettent de reprendre un nom (rôle de reprise), tout en indiquant précisément la **relation d'appartenance** qui existe entre ce qui est possédé et le possesseur. Ils servent à distinguer plusieurs référents.

• Notez que le **complément de nom**, à valeur **relation d'appartenance**, est le moyen le plus clair pour marquer la relation entre un possesseur et ce qu'il possède. Mais ce n'est pas le moyen le plus économique.
Comparez :

> (1) C'est **le sien**.
> (2) C'est **son** appartement.
> (3) C'est **celui de** Marie.
> (4) C'est **l'**appartement **de** Marie.

L'information complète n'est donnée que dans le (4).
On sait définitivement qui possède quoi :

> (4) → information sur le possesseur et sur l'objet possédé.

Alors que dans les énoncés (2) et (3), on n'obtient qu'une partie de l'information totale :

> (2) → information sur l'objet possédé.
> (3) → information sur le possesseur.

Pour ce qui est de l'énoncé (1), on n'obtient aucune information précise, si ce n'est que quelque chose de genre masculin (?) est possédé par quelqu'un (?). C'est pourquoi les énoncés (1), (2) et (3) ne peuvent être utilisés qu'en **situation** ou en **contexte**.
Ils ne peuvent servir qu'à reprendre (rôle de reprise) ce dont il est question dans le contexte d'un dialogue comme :

> – C'est **l'**appartement **de** Marie.
> – Ah bon, c'est **son** appartement ?
> – Moi je croyais que c'était **celui de** Pierre.
> – Non, non, ce n'est pas **le sien**. C'est vraiment **celui de** Marie.

■ Le déterminant possessif (**mon, ton, son**, etc.) est très souvent employé, non pas pour marquer une réelle relation d'appartenance entre un possesseur et ce qu'il possède, mais pour faire l'économie de toute une proposition relative déterminative :

> Ce matin, j'ai téléphoné à **ma** banque.
> Dans **mon** quartier, il y a plein de petits magasins.
> **Mon** boucher est en vacances cette semaine.
> Cet après-midi, je vais aller acheter **mes** baskets.

Chacun de ces emplois du possessif évite toute une proposition du type :

> **Ma** banque → La banque **dans laquelle** j'ai mon compte.
> **Mon** quartier → Le quartier **où** j'habite.
> **Mon** boucher → Le boucher **chez qui** j'achète habituellement la
> viande.

Mes baskets → Les baskets **que** j'ai vues dans un magasin et que j'ai enfin décidé d'aller acheter.

• Dans certains cas, il peut y avoir une sorte d'inversion des possesseurs. Observez ce dialogue extrait du film *Alexandre le bienheureux* :

La fille : Vous avez **ma** photo ?

Alexandre : Pourquoi ? C'était sérieux ?

La fille : Ben moi, je vous ai apporté **la mienne** !

Hors situation et hors contexte, ce dialogue est presque incompréhensible. En fait, la fille veut dire à Alexandre :

Ma photo → Une photo de vous et que vous aviez promis de me donner.

La mienne → Une photo de moi que j'avais promis de vous apporter.

Ici, « **ma** photo » et « **la mienne** » réfèrent à deux objets différents, dont un seul représente réellement le portrait de la fille, l'autre référant au portrait d'Alexandre.

À PROPOS DU SAVOIR-FAIRE

▶ On ne négligera pas dans l'enseignement/apprentissage du FLE l'élasticité de sens que peuvent avoir les déterminants possessifs en français.

Cette même élasticité pourra servir de base pour l'élaboration d'exercices de transformation (ou des paraphrases) faisant apparaître une relative déterminative :

Ma banque est fermée. → La banque **où** j'ai un compte.

Je vais acheter **mes** baskets. → Les baskets **que** j'ai vues et **qui** me plaisent.

J'ai manqué **mon** train. → Celui **que** je devais prendre à telle heure.

• L'enseignement/apprentissage des démonstratifs et des possessifs (adjectifs et pronoms) devrait être simultané, si on veut bien constater ce qui se passe effectivement dans toute situation de communication réelle.

• Il est essentiel qu'un apprenant comprenne très vite les différentes structures linguistiques susceptibles de marquer l'appartenance.

Tout cloisonnement, par étude systématique de catégories grammaticales trop isolées les unes des autres, risque d'empêcher la conceptualisation des équivalences entre des énoncés comme :

C'est le livre de Pierre.

C'est son livre.

C'est celui de Pierre.

C'est le sien.

Ce livre est à Pierre.

C'est à Pierre.

L'enseignement/apprentissage d'une langue étrangère exige que les apprenants soient confrontés au « sens » véhiculé par des formes, même si celles-ci paraissent souvent trop complexes du point de vue des enseignants.

▶ Dans l'apprentissage des formes du déterminant possessif, il faut s'attendre à bien des difficultés. Les apprenants mélangeront les formes, les genres et le nombre. Comme il s'agit d'un automatisme à saisir, l'enseignant se contentera d'une correction « par écho ».

Une fois le système clairement expliqué, il n'est pas nécessaire d'insister démesurément sur une erreur liée à un calque sur la langue maternelle, comme cela peut se produire lorsqu'un apprenant anglophone dit « mon femme » pour parler de celle qui lui est la plus chère au monde.

Une simple correction « en écho » suffira pour que peu à peu l'automatisme de la relation possessive en français se mette en place.

Dans tout enseignement/apprentissage d'une langue étrangère, on s'efforcera de se rappeler que c'est l'apprenant qui apprend.

L'enseignant, s'il ne veut pas devenir un blocage à l'apprentissage, s'efforcera de laisser ses apprenants apprendre, tout en leur donnant les moyens « discrets » de le faire.

Les apprenants ne sont pas des *tabula rasa*, ils sont tout à fait capables de profiter efficacement d'une correction « en écho », qui les informe tout en les laissant libres de s'auto-corriger individuellement.

Cependant, lorsque l'erreur est liée à un *calque sur la syntaxe* de la langue maternelle, comme cela peut être le cas dans les productions des apprenants italiens, il sera indispensable d'expliquer le fonctionnement de la structure française et de corriger systématiquement les erreurs, quand elles se manifestent :

> *J'attends une ta lettre.
> *J'ai téléphoné à le mon père.
> *On sort avec les mes parents.

Ce type d'erreurs laisse entendre qu'en italien l'adjectif possessif peut se combiner avec un article défini ou indéfini, sur l'**axe syntagmatique**, car dans cette langue le possessif est réellement **adjectif** et ne permet pas d'actualiser le nom.

En français, cela est impossible car les articles définis et indéfinis, le démonstratif et le possessif font partie d'un même paradigme, celui des déterminants, ce qui exclut leur présence simultanée sur l'axe syntagmatique.

Le possessif français actualise le nom de façon définie, tout en indiquant la dépendance.

Lorsque l'actualisation est de type indéfini, le français a recours à la construction suivante :

> Un de mes frères.

Les hispanophones ont beaucoup de problèmes pour différencier les emplois de « ses » et « leur/leurs » :

> *Le dimanche, les enfants vont dîner chez ses parents. (leurs parents)
> *Les Cormeaux sont partis sans ses enfants. (leurs enfants)
> *Sa mère de les enfants est pharmacienne. (leur mère)
> *Ils ont vendu sa maison de campagne. (leur maison)

Ce type d'erreurs implique que l'enseignant devra insister sur la référence au possesseur :

– un seul possesseur ?   → son, sa, ses...
– deux ou plusieurs possesseurs ?   → leur, leurs...

Des exercices systématiques en contexte permettront aux étudiants de s'approprier les emplois du possessif se référant à un seul individu ou à plusieurs (cf. *Premiers exercices de grammaire*, pp. 73-74, © Hatier-Didier, 1983).

On trouve chez les anglophones l'erreur suivante :

> *Il a toujours ses mains dans ses poches. (les mains dans les poches)

En français, contrairement à ce qui se passe en anglais, c'est l'article défini qui actualise le substantif lorsque la relation d'appartenance est évidente (les parties d'un tout).

• D'une façon générale, l'enseignant minimisera la gravité des erreurs liées aux automatismes (genre, nombre).

Ceux-ci se mettront en place peu à peu, et d'autant plus facilement qu'on ne leur donne pas une importance démesurée lorsqu'une erreur se produit.

Rappelons que la correction « en écho » ne coupe pas la parole aux apprenants, elle leur signale simplement que leur formulation peut être améliorée.

Cependant, il faudra également proposer des exercices de grammaire en situation, exercices qui aideront les apprenants à réfléchir sur les différences d'emploi des possessifs, notamment pour ce qui concerne les différences d'emploi de « ses » et « leur/leurs ».

6. La quantification

CE QU'IL FAUT SAVOIR

■ Il est possible d'actualiser un nom commun en le quantifiant. Les **quantificateurs** sont de deux sortes :

1. Ceux qui servent à **compter** ou à **additionner** les êtres dénombrables : l'article indéfini **un**, **une**, **des** et les nombres.

> **Un** emploi tout de suite !
> **Deux** paquets pour le même prix !
> **Des** appartements disponibles immédiatement !
> **Un** bouquet de **sept** roses rouges.
> **Des** fleurs pour sa fête !
> **Quatre** personnes au maximum.
> **Des** enfants quand on veut et comme on veut.

2. Ceux qui servent à quantifier des masses et des volumes d'êtres non dénombrables : les articles partitifs **de l'**, **du**, **de la**.

> **De l'**eau gazeuse, plusieurs fois par jour !
> **Du** lait frais, au petit déjeuner.
> **De la** bière ou **du** coca-cola.

• « Eau », «lait » et « bière » ne sont pas comptables. Pour les quantifier, on doit utiliser :

> **du** → devant un nom **masculin**,
> **de la** → devant un nom **féminin**,
> **de l'** → devant un nom commençant par une **voyelle** ou un « **h** » **muet**.

• Attention, **selon la situation d'emploi**, les êtres non dénombrables peuvent être envisagés comme des unités individualisées, c'est-à-dire de façon dénombrable. Par exemple, « pain » est généralement considéré comme « massif », non dénombrable :

> On mange **du** pain à tous les repas.
> Je vais acheter **du** pain à la boulangerie.
> (C'est-à-dire : une certaine **quantité** de pain.)

Mais, à la boulangerie, on dira :

> Je voudrais **un** pain, s'il vous plaît.
> Donnez-moi **trois** pains et six croissants.
> (C'est-à-dire un certain **nombre** d'unités individualisées.)

De même, observez la différence entre :

> J'ai trouvé **un** travail dans une entreprise de jouets.
> Ces jeunes gens cherchent **du** travail.
> Il a **une** chance sur **deux** de réussir à cet examen.
> Elle a eu **de la** chance, elle a été reçue à son examen !

• Les **noms abstraits** sont généralement actualisés par les quantificateurs du **non comptable** :

> Vous avez **du** courage ?
> Il faut **de la** patience et **de l'**énergie.
> Vous avez eu **de la** chance !

Quand ces noms abstraits sont qualifiés par un adjectif, ils sont alors précédés d'un quantificateur du **comptable** :

> Vous avez eu **un** courage **extraordinaire** !
> Elle a **une** patience **d'ange** !
> Ils manifestent **une** énergie **hors du commun**.

• Les noms désignant des **éléments naturels** sont le plus souvent actualisés par des quantificateurs du **non comptable** :

> Il y a **du** soleil, aujourd'hui.
> Il y a **du** vent et **de la** pluie sur les côtes.
> Il y a déjà **de la** neige sur les Alpes.
> Il y a souvent **du** brouillard sur les routes, soyez prudents !
> Il y a **de l'**orage dans l'air !

Qualifiés par un adjectif, ils sont précédés d'un quantificateur du comptable qui les particularise :

> Ce matin, il y a eu **une** pluie torrentielle.
> Maintenant, il y a **un** soleil de plomb.

• Dans le **discours de la météo**, on peut aussi entendre et lire :

> Aujourd'hui, il y aura **des** orages et **des** pluies sur tout le pays.

• Les noms désignant les activités **sportives** et **musicales** sont souvent actualisés par des quantificateurs du **non comptable** :

> On fait **du** tennis et **de la** planche à voile.
> Elle fait **de la** gymnastique et **de la** danse classique.
> Ma fille fait **du** judo, mon fils **de l'**aïkido.
> Les jeunes jouent **de la** guitare ou font **du** piano-jazz.

• Certaines grammaires disent que la présence de **du, de la, de l'** devant les noms désignant sport et musique est liée à la construction du verbe **faire de**, comme il existe, effectivement, un verbe **jouer de**.

Mais on note qu'il est possible de dire :

> Ce matin, je vais **faire** mon jogging au Luxembourg.
>
> Cet après-midi, je **ferai** ma gymnastique.
>
> Mon tennis, je le **ferai** quand j'aurai le temps !

Exemples qui font totalement disparaître la préposition **de**, ce qui n'est pas le cas pour les verbes strictement régis par la préposition **de** :

> **J'ai besoin du** sport pour être bien, alors je **fais du** sport tous les matins.
>
> **J'ai besoin de mon** jogging pour être bien, alors je **fais mon** jogging.

Il s'agit donc bien, dans ces emplois, de la vision que le locuteur veut donner : vision massive (faire du jogging), vision individualisée (faire son jogging).

■ **La forme négative et la quantification.**

Quand une phrase est à la forme négative, les quantificateurs subissent les transformations suivantes :

> Nous **n'**avons **pas d'**emploi.
>
> On **n'**a **pas** trouvé **d'**appartement.
>
> Il **n'**y a **pas de** fleurs dans ce jardin.
>
> Vous **n'**avez **pas de** courage ?
>
> Ils **n'**ont **pas** bu **de** bière. Ils **n'**ont **pas** voulu **de** lait.
>
> Les Comeaux **n'**ont **pas d'**enfants.

• À la **forme négative**, le quantificateur du nom, comptable ou non comptable, est **de/d'** :

Forme affirmative :	Forme négative :
Il a **un** emploi.	Je **n'**ai **pas d'**emploi.
Du travail pour tous !	Nous **n'**avons **pas de** travail.
Vous avez **du** courage ?	Lui, il **n'**a **pas** eu **de** courage !
Il y a **des** roses.	Il **n'**y a **pas de** tulipes.
Tu as **une** voiture ?	Tu **n'**as **pas** acheté **de** voiture ?
Ici, on boit **de la** bière.	On **ne** boit **pas de** bière.
Vous avez **de l'**eau ?	On **n'**a **pas** trouvé **d'**eau d'Évian.
Vous voulez **du** coca-cola ?	Non, je **ne** bois **pas de** coca.

• À la forme négative, s'il y a emphase – c'est-à-dire une mise en focalisation du propos (cf. dossier 1, 2, pp. 15-16) – le quantificateur n'est pas transformé en **de/d'** :

> – Qu'est-ce que tu bois ? Tu bois du vin !
>
> – Mais non ! Je **ne** bois **pas du** vin ! Je bois du coca-cola !
>
> (Il boit, **non pas du vin**, mais du coca-cola. Ce n'est pas **du vin** qu'il boit.)
>
> – Tu as une voiture ?
>
> – Je n'ai pas **une** voiture, j'en ai trois !
>
> (Il a **non pas une** voiture mais trois.)

■ Appréciation de la quantité.

Toute quantité peut être appréciée en plus ou en moins, selon le point de vue du locuteur :

1. La quantification orientée vers le plus (+) ou vers le moins (−) :

(−) ◄───► (+)

pas d'eau	**peu d'**eau	**un peu d'**eau	**beaucoup d'**eau
pas d'enfant	**peu d'**enfants	–	**beaucoup d'**enfants
pas de courage	**peu de** courage	**un peu de** courage	**beaucoup de** courage

• Notez la différence entre les emplois de **peu de** et **un peu de** :

peu d'eau	**un peu d'**eau
peu d'enfants	–
peu de courage	**un peu de** courage
peu d'argent	**un peu d'**argent
peu de fleurs	–
peu d'étudiants	–
peu de musique	**un peu de** musique

Un peu de ne s'emploie que rarement avec des noms désignant des <u>êtres</u> <u>dénombrables</u>.

Le sens de **un peu de** est plutôt *positif* (et signifie « une petite quantité ». Le locuteur met l'accent sur la présence effective) :

> Donnez-moi **un peu d'**eau, s'il vous plaît.
>
> Nous avons **un peu d'**argent de côté : nous partons en vacances.

Le sens de **peu de** est plutôt *négatif* (le locuteur oriente vers la quasi-absence). Observez :

> Ils gagnent **peu d'**argent. Pour moi, ils sont presque pauvres.

et :

> Ils ont **un peu d'**argent. Ils peuvent bien s'acheter une voiture !

• Notez les différences d'emploi entre **un peu de** et **quelques** :

> Ce soir, nous recevons **quelques** amis.
>
> **Quelques** étudiants sont absents, aujourd'hui.
>
> On peut fumer **quelques** cigarettes par jour, sans trop de danger.
>
> De temps en temps, on peut boire **un peu de** vin à table !
>
> Ayez **un peu de** patience, tout va s'arranger !

Quelques permet d'exprimer une quantité **comptable** limitée.

Un peu de permet d'exprimer une quantité **non comptable** limitée.

2. La quantification relative :

(−) ───► (+)

pas assez d'eau	**assez d'**eau	**trop d'**eau
pas assez d'enfants	**assez d'**enfants	**trop d'**enfants
pas assez de courage	**assez de** courage	**trop de** courage
pas assez d'argent	**assez d'**argent	**trop d'**argent

• Les quantificateurs **trop de** et **assez de** expriment un point de vue *subjectif* et *relatif*. Le locuteur peut, en effet, exprimer son **appréciation** sur une certaine quantité qu'il jauge par rapport à ses critères personnels :

> Il y a **trop d'**eau dans ce verre. (pour moi)
>
> Il y a **un peu trop de** fleurs dans ce bouquet. (à mon goût)

Il y a **beaucoup trop d'**étudiants dans ce cours. (à mon avis)

Il gagne **trop peu d'**argent pour faire vivre sa famille !

Tu gagnes **beaucoup trop peu d'**argent pour louer une chambre !

Dans cette tasse, il y a **assez de** café pour Marie.

Avec **trop de**, le locuteur indique un excès par rapport à une limite qu'il se fixe.

Avec **trop peu de**, la limite est franchie dans le sens du « moins ».

Avec **assez de**, le locuteur indique une limite qui est satisfaisante à son gré, mais qu'il ne veut pas dépasser.

• Pour les emplois de **tellement de** et **tant de**, se reporter au dossier 9, 2, les propositions consécutives, pp. 216-217.

■ Certains **moyens lexicaux** permettent de quantifier un substantif.

En voici quelques exemples :

1. Pour les noms dont on veut donner une vision non massive : une dizaine de, une douzaine de, des centaines de, des milliers de, un grand nombre de, un groupe de, une foule de, un tas de, etc.

Ils travaillent avec **une centaine** d'employés.

2. Pour les noms dont on veut donner une vision massive : un kilo de, une livre de, un litre de, une dose de, une bonne quantité de, un grand volume de, etc.

Pour travailler dans cette entreprise, il faut **une bonne dose** de courage !

• Le récipient ou le contenant peuvent indiquer la quantité : une bouteille de, un verre de, une tasse de, un pot de, une carafe de, un paquet de, une assiette de, un sac de, un sachet de, etc.

Je voudrais **une bouteille d'**eau, **un paquet de** lessive et **un sachet de** bonbons.

• En résumé, dès lors qu'il s'agit d'exprimer la notion de quantification, que celle-ci soit envisagée de façon positive ou négative, on observe **toujours** la présence du marqueur **de/d'** (avec ou sans contraction), **sauf** pour **un/une** (employés à la forme affirmative) et pour tous les emplois des **nombres**.

■ **La comparaison et la quantification.**

On peut comparer deux quantités :

1. Comparaison d'égalité : **autant de... que**

Ils prennent **autant de** médicaments **que** les Français.

2. Comparaison de supériorité : **plus de... que**

Ma mère a eu **plus d'**enfants **que** la vôtre.

Je fais **plus de** sport **que** vous.

3. Comparaison d'infériorité : **moins de... que**

Chez nous, on mange **moins de** pain **qu'**en France.

Autant de / plus de / moins de... que marquent la comparaison entre deux noms quantifiés :

> Ils achètent **plus de** riz **que de** blé.

• Entre deux quantités, la comparaison de supériorité ou d'infériorité peut se nuancer grâce à des modalisateurs comme : un peu, beaucoup, bien...

> Chez nous, on mange **beaucoup moins de** pain **qu'**en France.
> Les enfants ont **bien plus de** liberté **que** ceux de la génération précédente.

■ **Le superlatif et la quantification.**

Une quantité peut être appréciée superlativement, par rapport à un ensemble pris comme référence :

> Je vais vous présenter l'homme qui possède **le plus de** pâturages et **le plus de** chevaux de la région.
> C'est pourtant le propriétaire qui fait **le moins de** manières.

• On notera encore la présence de la préposition **de** devant le nom quantifié qui entre dans une structure comparative ou superlative.

■ La reprise du nom quantifié par le pronom **en**.

En est le pronom substitut d'un nom quantifié (cf. dossier 1, 1, p. 13 et dossier 2, 4, p. 42) :

> – Vous vendez **des lacets** ?
> – Je n'**en** ai pas pour le moment.
> – Vous avez **du cirage** ?
> – Il y **en** a de toutes les couleurs.
> – Il y a **une** couleur qui irait bien avec mes chaussures ?
> – J'**en** ai certainement **une** pour vous !

• Le pronom **en** reprend la notion de quantité. S'il s'agit d'un nom dénombrable déterminé par « un/une », la reprise par le pronom **en** demandera en écho l'emploi de **un / une**, ou d'un **nombre** approprié :

> – Est-ce qu'il y a un magasin de chaussures, par ici ?
> – Oui, il y **en** a **un** sur la place.
> – Et une banque ? Il y **en** a **une** dans le coin ?
> – Il y **en** a même **deux** ou **trois** !

• Les quantités reprises par le pronom **en** peuvent être précisées par un quantificateur :

> – Des magasins ? Il y **en** a **plusieurs** en bas de la ville.
> – Des cinémas, vous **en** avez **quelques-uns** avenue des Gobelins.
> – Du travail, vous **en** trouverez **très peu** dans cette petite ville.

• Si le locuteur le désire, la reprise pronominale peut ne pas être quantifiée, mais tout simplement déterminée spécifiquement par le pronom de reprise « le », « la », « les » :

> – Vous avez **des** chaussures de marche ?
> – Oui, vous **les** trouverez sur le rayon du bas.

On peut donc passer de la notion de quantité indéfinie à la notion de détermination spécifique. L'inverse est également vrai :

> – Vous avez encore **le** journal d'hier ?
> – Je n'**en** ai plus. J'ai tout vendu.

Évidemment, le référent n'est plus considéré de la même manière, puisqu'il y a passage d'un objet envisagé comme quantifié à la vision du même objet envisagé comme spécifiquement déterminé (ou inversement).

À PROPOS DU SAVOIR-FAIRE

▶ Aussi faut-il se méfier quand on dit, dans une classe de langue, que le pronom **en** reprend automatiquement tout nom marqué par un indéfini ou un partitif.

> – Vous avez **un** titre de transport ? **Une** carte orange ?
> – Je suis désolé, je **l**'ai oubliée chez moi.

En observant cet échange, on constate qu'« un titre de transport » ou « une carte orange » est immédiatement repris par un pronom personnel COD bien spécifique. Certes, on peut retrouver la transformation avec **en**, mais cela ne serait pas un moyen bien économique :

> – Vous avez **une carte orange** ?
> – Oui, j'**en** ai **une**.
> – Pouvez-vous me montrer **votre carte orange** ?
> – Je suis désolé, je **l**'ai oubliée chez moi.

Si ce dernier échange est effectivement tout à fait grammatical, il n'est guère approprié aux circonstances !

Dans la conversation quotidienne, il y a ellipse possible de certaines transformations intermédiaires, pour répondre aux exigences de l'économie de la parole.

Mais un apprenant, à qui on donne les règles formelles de la grammaire, hors contexte, peut les appliquer telles qu'on les lui a apprises et dire, pensant respecter la règle :

> – Vous avez **une** carte orange ?
> *– J'**en** ai oubliée **une**, chez moi.

Réponse qui est possible, à condition que l'apprenant ait une autre carte orange sur lui...

À force de « réciter » aux apprenants des règles, hors situation d'emploi, on peut les conduire à des erreurs tout à fait regrettables.

▶ On imagine les difficultés qu'ont les étrangers à maîtriser le système de quantification du français.

Ces difficultés sont accrues du fait que les grammaires et les enseignants ne sont pas toujours d'accord dans leurs explications.

Par exemple, certains distinguent deux catégories grammaticales : les partitifs et les indéfinis. Dans les partitifs, certains classent « du », « de la », « de l' » et « des », d'autres en excluent « des ». Certains parlent des partitifs en incluant aussi bien les déterminants comptables que non comptables. Enfin, le point de vue de chaque grammaire ou de chaque enseignant apporte des informations diverses et variées qui rendent cette question grammaticale très confuse.

C'est le cas, notamment, dans ces batteries d'exercices dont l'unique objectif est d'enseigner des formes aux apprenants étrangers, quand ceux-ci auraient avant tout besoin qu'on leur explicite du sens.

Il est fréquent de trouver, dans un exercice de grammaire traitant des partitifs, des mélanges aussi caricaturaux que :

1. Je veux ... omelette.
2. Je m'occupe ... omelette, occupe-toi ... salade.
3. Ne prends pas ... omelette, c'est mauvais pour ton foie.
4. On ne fait pas ... omelette, sans casser des œufs.
5. Tu te souviens ... omelette que j'ai faite lundi dernier ?
6. Donnez-moi encore ... omelette, s'il vous plaît.

En complétant l'exercice, on se rendra facilement compte que :
a. plusieurs réponses sont possibles, selon les circonstances et le contexte ;
b. dans certains cas, la notion de partitif est totalement inexistante (2 et 5) ;
c. il y a des problèmes d'ordre sémantique qui sont négligés, au seul bénéfice de la forme ou de l'homonymie.

Ce genre d'exercice est rédhibitoire dans l'enseignement/apprentissage d'une langue, à moins d'accepter les différentes occurrences possibles et d'en rendre compte sémantiquement.

• Avant d'enseigner certaines formes grammaticales, il est indispensable de réfléchir à ce qu'elles recouvrent sémantiquement. Ce sont des signes de la façon dont le français découpe la réalité.

La vision d'un être de l'univers peut être volontairement décrite comme massive, même si généralement cet être est le plus souvent considéré dans son aspect non massif. Ainsi, selon le contexte, on pourrait avoir :

(1) Qui vole **un** œuf, vole un bœuf.
(2) Il **n'**a pas volé **un** œuf, de sa vie !
(3) Tu peux acheter **des** œufs ? Une **demi-douzaine d'**œufs, s'il te plaît.
(4) Malheureusement, je **n'**ai **pas** trouvé **d'**œufs au marché !
(5) Il **n'**y avait **pas un** œuf à l'épicerie.
(6) Oh ! Tu as renversé **de l'**œuf sur ton pull !

Dans le dernier contexte, c'est la vision massive qui est choisie, alors que dans tous les autres cas, la vision non massive ou dénombrable est préférée.

Dans deux des contextes (2 et 5), on observe qu'à la forme négative, le quantificateur « un » ne subit pas la transformation en « de/d'», parce que c'est la fonction d'emphase ou de renforcement qui l'emporte. C'est une mise en focalisation que l'on peut retrouver dans des structures du type :

– Tu as mis des œufs dans ce gâteau ?
– Mais non, il n'y a pas **des** œufs dans ce gâteau ! Il n'y a que des blancs (d'œufs).

À l'oral, ces phrases sont dites avec un accent d'insistance très caractéristique mis sur le quantificateur « des ».

• On se rappellera, pour expliquer la différence entre massif et non massif, que l'être envisagé comme massif comporte toutes les propriétés reconnues à cet être. Quelle que soit la quantité de « massif » invoquée, c'est toujours globalement du « massif » : par exemple « une goutte d'eau », c'est toujours de l'eau (H_2O) ! Alors qu' « un morceau de tasse », ce n'est pas globalement « une tasse », c'est autre chose...

▶ Très longtemps dans l'apprentissage du français, on rencontre des erreurs concernant l'expression de la quantité :

*Il faut avoir patience.
*Un peu de l'huile.
*Beaucoup des couples ont peu des enfants.
*Il est nécessaire de faire enfants.
*Pour avoir assez du plaisir, il faut aimer la vie.
*Je ne mange pas viande.
*Si j'avais du argent, j'achèterais d'avion.
*La France consomme beaucoup les médicaments, deux fois les autres pays.
*Ils voudraient temps pour mieux travailler.
*Jacques fait plus sport que Pierre.
*Il y a aussi des crayons que des gommes.
*Il y a de plus de plus accidents.
*Avec plus assiduité que moi.
*Ce que donne le plus plaisir dans la vie.

Certaines de ces erreurs peuvent provenir de calques sur la langue maternelle. Beaucoup de langues ont recours au déterminant zéro pour évoquer la quantité non dénombrable (Allemands, Anglais, Slaves).
D'autres erreurs sont liées à l'apprentissage de la morphologie des quantificateurs (du, de l', de la) ou encore à des confusions phonétiques entre « de » et « des » que l'apprenant n'arrive pas à différencier, ce qui est le cas pour les hispanophones notamment.
Il est donc important de rechercher et de comprendre la raison de l'erreur, afin de proposer des exercices adéquats : correction « en écho », mais aussi exercices de systématisation et de réflexion sur les productions fautives.
Enfin, des erreurs sont dues à la confusion sémantique entre « beaucoup de » et « trop de », « un peu de » et « peu de », comme le prouvent les énoncés suivants :

*J'aime bien le métro parce qu'il donne trop de facilités.
*Il faut savoir rêver. Nous sommes trop occupés par nos études.
*Donc, il nous faut peu de relax, peu de rêves, peu de loisirs.

▶ Dans la comparaison des quantités, les apprenants oublient souvent la particule « de » :

*Les Français consomment plus les médicaments que les autres choses.

Parfois, ils emploient l'article « des » :

*J'ai plus des chemises que des pantalons.

Quand ils maîtrisent la forme comparative, ils continuent à mettre « des » après la conjonction « que » :

*J'ai autant de chemises que des pantalons.

L'affirmation et la négation

1. L'affirmation et la négation absolue

CE QU'IL FAUT SAVOIR

■ Une phrase peut être à la **forme affirmative** :

Je suis libraire.

Les parents travaillent.

Vous aimez lire.

ou à la **forme négative** :

Je **ne** suis **pas** libraire.

Les parents **ne** travaillent **pas**.

Vous **n'**aimez **pas** lire.

Pour marquer la négation absolue, on utilise **deux particules négatives**, **ne** et **pas**, placées avant et après le verbe :

Il **ne** travaille **pas**.

• Le **e** de la particule négative **ne** s'efface devant une voyelle (« y » et « en ») et devant un verbe commençant par une voyelle ou un « h » muet :

Il **n'**est **pas** libraire.

Elle **n'**habite **pas** à Paris.

Non, elle **n'**y habite **pas**.

Je **n'**ai **pas** la carte de séjour.

Vous **n'**êtes **pas** pharmacien ?

• Le présentateur **c'est** a pour forme négative **ce n'est pas**. Le présentateur **il y a** a pour forme négative **il n'y a pas**.

Ici, **ce n'est pas** la place du Palais Royal. **C'est** la place des Vosges.

Dans ce laboratoire, **il n'y a pas** dix chimistes, mais **il y a** trois médecins.

• À l'oral, et en registre de langue ordinaire, **ne** peut s'effacer complètement :

J'ai **pas** la carte de séjour.

Il a **pas** le téléphone.

Vous êtes **pas** français ?

• **Pas** peut s'employer seul devant un pronom tonique, un substantif, un adjectif, un adverbe :

– Qui veut venir travailler samedi ?

– **Pas** moi.

– Je peux prendre ta voiture ce soir ?
– **Pas** ce soir.

– Ils t'ont proposé de l'argent ?
– **Pas** de l'argent, des heures supplémentaires !

– Quand puis-je venir ?
– **Pas** demain, après-demain.

– Comment as-tu trouvé les Boli ?
– **Pas** désagréables du tout.

• En modalité interrogative, s'il y a une inversion, les particules négatives **ne** et **pas** encadrent l'inversion : **ne** *verbe + pronom personnel sujet* **pas**.

> **N'**avez-vous **pas** le téléphone ?
> **N'**est-elle **pas** française ?
> **Ne** travaillent-ils **pas** ?

• Attention, si le verbe est à un **temps composé** les particules négatives **ne** et **pas** encadrent l'*auxiliaire* :

> Elle **n'**est **pas** partie, elle est restée à Paris.
> Je **n'**ai **pas** visité le musée d'Orsay, mais j'ai vu l'exposition Barnes.
> Hier, ils **n'**ont **pas** acheté le journal, ils ont acheté le Pariscope.

• Un verbe à l'**infinitif** peut être à la forme négative. Dans ce cas, les deux particules négatives sont placées devant l'infinitif :

> **Ne pas** éteindre le chauffage.
> **Ne pas** ouvrir les fenêtres.
> Il a eu une amende pour **ne pas** avoir composté son billet. (1)
> Il a tout fait pour **ne pas** payer cette amende.

(1) Quand le verbe est à l'**infinitif passé**, les particules négatives peuvent aussi encadrer l'auxiliaire :

> Il a eu une amende pour **n'**avoir **pas** composté son billet.
> Elle a manqué son train pour **ne** s'être **pas** réveillée à l'heure.

■ **Oui, non, si.**

Pour répondre à une *question totale* (c'est-à-dire une question introduite par le morphème **est-ce que** ou par une simple intonation montante), on utilise :
– **oui**, pour confirmer : l'information demandée est **vraie** ;
– **non**, pour infirmer : l'information demandée est **fausse**.

> – Est-ce que c'est la tour Montparnasse ?
> – **Oui**, c'est bien ça.

> – C'est l'Arc de Triomphe ?
> – **Non**, c'est le Carrousel.

• Quand ce type de question est à la **forme négative**, on utilise pour répondre :
– **non**, pour confirmer : l'information demandée est **vraie** ;
– **si**, pour infirmer : l'information demandée est **fausse**.

> – Vous **n'**êtes **pas** français ?
> – **Non**, je suis italien.

– Vous **ne** travaillez **pas** ?
– **Si**, je travaille.

■ Non pas... ; et non pas...

Pour marquer une opposition, à caractère emphatique, on peut employer **non pas** :

Je fais, **non pas** du ski alpin, mais de la luge.
Ils habitent en Suède **et non pas** en Norvège.

■ N'est-ce pas ?

Pour vérifier l'exactitude d'une information, on utilise le morphème **n'est-ce pas ?** :

– Vous êtes français, **n'est-ce pas ?**
– **Non**, je suis italien !

– Marie Boli est chimiste, **n'est-ce pas ?**
– **Oui**, elle est chimiste.

L'information que l'on veut vérifier peut être à la forme négative :

– Vous **n'êtes pas** français, **n'est-ce pas ?**
– **Non**, je suis italien.

– Marie Boli **n'est pas** chimiste, **n'est-ce pas ?**
– **Si**, elle est bien chimiste, je vous assure !

• En langage ordinaire, **n'est-ce pas ?** peut se prononcer [spa ?]. Ce morphème interrogatif est aussi couramment remplacé par **hein ?**.

■ La négation absolue ne... ni... ni...

Les éléments négatifs **ni** et **ni** sont employés à la place de **pas** quand la négation doit porter sur au moins deux termes coordonnés dans la phrase.
Les particules négatives **ni... ni...** peuvent :

a. marquer les sujets coordonnés d'un verbe :

Ni Pierre **ni** Marie **ne** partiront en Chine, cette année.

b. porter sur :
– les compléments coordonnés d'un verbe :

Paul **n'**a pris **ni** le train, **ni** l'avion.
Nous **ne** faisons **ni** tennis, **ni** golf.
À cette soirée, je **n'**ai vu **ni** Pierre, **ni** Marie.
Ils **ne** vont **ni** au théâtre, **ni** au cinéma.

– les attributs coordonnés du sujet :

Marie **n'est ni** grande, **ni** petite, **ni** jeune, **ni** vieille.

– des infinitifs coordonnés :

Marie Boli **n'**aime **ni** danser, **ni** voyager.

Dans ces différents cas, seule la particule **ne** précède le verbe conjugué.
Il en est de même pour les verbes conjugués à un temps composé :

Hier, Pierre **n'**a **ni** dansé, **ni** chanté.

Lorsque cette négation s'applique à des verbes conjugués à un temps simple, on trouve soit la forme **ne... ni ne**, soit la forme renforcée (à valeur d'insistance) **ni ne... ni ne** :

Pierre **ne** danse **ni ne** chante.

Pierre **ni ne** danse **ni ne** chante.

■ La négation absolue **ne... pas..., non plus**.

Lorsque, dans une phrase à la forme négative, les verbes sur lesquels porte la négation sont coordonnés, il est possible d'utiliser la négation **ne... pas..., non plus**, de la façon suivante :

Ils **ne** vont **pas** au théâtre **et** ils **ne** vont **pas** au cinéma, **non plus**.

Marie Boli **n'**aime **pas** danser **et** elle **n'**aime **pas** voyager, **non plus**.

Non plus est un élément négatif de *renforcement* qui s'oppose, sémantiquement, à **aussi** (également) :

Ils vont au théâtre et ils vont au cinéma, **aussi**.

Non plus signifie qu'au moins deux noms ou deux verbes coordonnés sont, chacun, également niés :

Marie **n'**aime **pas** danser, Pierre **non plus**.

Elle **ne** fume **pas** et elle **ne** boit **pas, non plus**.

Cette année, je **n'**irai **pas** en Chine, Pierre et Marie **non plus**.

• Dans la conversation quotidienne, **non plus** et **aussi** permettent aux interlocuteurs de se confirmer réciproquement la similitude de leurs comportements ou de leurs attitudes (cf. dossier 2, 2, p. 27) :

– Elle n'aime pas danser.

– Moi **non plus**.

– J'adore rester chez moi.

– Moi **aussi**.

Quand les comportements et les attitudes des interlocuteurs sont opposés, la divergence s'exprime de la façon suivante :

– Je n'aime pas danser.

– **Moi si !**

– J'adore rester chez moi.

– **Pas moi !** (ou : moi pas !)

■ La négation à valeur temporelle absolue **ne... jamais**.

À la différence de **ne... pas**, cette négation a une valeur temporelle. Elle s'oppose, sémantiquement, à l'adverbe temporel absolu **toujours** :

Sous les tropiques, il **ne** neige **jamais**.

Ils **ne** prennent **jamais** d'alcool.

• **Jamais** peut s'employer seul :

– Il neige souvent ici ?

– **Jamais**.

• Il existe un **jamais** qui fonctionne comme adverbe de temps, mais qui n'est pas négatif :

C'est **la plus** gentille personne que j'aie **jamais** connue.

C'est **le plus** beau spectacle qu'ils aient **jamais** vu.

Cet adverbe est cooccurrent d'un superlatif.

À PROPOS DU SAVOIR-FAIRE

▶ L'apprentissage de la forme négative demande du temps. Les apprenants doivent d'abord se rappeler qu'il faut deux éléments négatifs. Au début, ils en oublient au moins un :

> *Je pas comprends, je pas finis, il ne vient.
> *Je pensais partir, mais il ne fut comme ça.

Ensuite, les deux particules sont liées, comme dans :

> *Je ne pas comprends, je ne pas finis.

Lorsque le système se met en place, l'apprenant, qui a compris la place des deux particules négatives par rapport au verbe, produira des énoncés du type :

> *J'ai ne compris pas, j'ai ne fini pas.
> *Je ne pars en Floride jamais.
> *Je me lève à cinq heures du matin jamais.
> *Je ne veux rester pas ici.

Enfin, une fois le système de base stabilisé, l'étudiant confondra ou accumulera les particules négatives :

> *Je jamais mange pas la viande.
> *Je ne jamais mange pas la viande.
> *Je ni mange, ni bois pas, etc.

Certaines de ces erreurs sont facilement corrigées, notamment si l'enseignant explique que la négation encadre le verbe conjugué et, qu'aux temps composés, c'est bien l'*auxiliaire* qui est le noyau verbal.

La correction « en écho » mais aussi de nombreux exercices systématiques en contexte aideront l'apprenant à mettre en place ces automatismes nécessaires.

▶ Dans l'expression d'une opinion, d'un sentiment ou d'un commentaire en français, les étrangers sont souvent très surpris de découvrir la fréquence d'emploi de la forme négative :

> Ce n'est pas mal !
> Ce n'est pas mauvais !
> Il ne fait pas chaud !
> Elle n'est pas laide !
> Ce n'est pas banal !
> Vous n'êtes pas sans savoir que...
> Je ne suis pas mécontent de constater que...
> Je ne trouve pas anormal qu'on désire être totalement informé.

Ces euphémismes sont une caractéristique des normes communicatives préférentielles dans notre culture, où les stratégies de minimisation et d'évitement jouent un rôle considérable dans l'interaction, pour préserver sa face et ne pas heurter celle d'autrui.

Ce phénomène communicatif peut être poussé jusqu'à l'absurde, comme cela se vérifie dans bien des prises de parole médiatiques :

> *Vous n'êtes pas sans ignorer que...

2. L'affirmation et la négation relative

■ La négation relative **ne... plus**.

À la différence de la négation absolue **ne... pas**, cette négation relative a une valeur temporelle.

À la différence de la négation à valeur temporelle absolue **ne... jamais**, la négation relative **ne... plus** présuppose une durée ayant une borne temporelle initiale dans le passé.

Observez la différence :

> Il **ne** fume **pas**. (C'est un non-fumeur.)

> Il **ne** fume **plus**. (Mais il a fumé, c'était même un gros fumeur.)

La négation relative **ne... plus** se comporte syntactiquement comme la négation absolue. C'est-à-dire que les deux particules encadrent le verbe conjugué ou son auxiliaire à un temps composé.

Dans la négation relative **ne... plus**, il y a une information de durée et une notion de rupture du comportement dans le passé.

On parle aussi de **présupposition**, parce que cette négation laisse entendre que l'état ou l'action « ont effectivement eu lieu » :

> Il **ne** travaille **plus**.

> (C'est donc qu'il travaillait avant.)

• Le **s** de la particule négative « plus » ne se prononce pas.

• Pour renforcer l'effet de continuité, la négation relative **ne... plus** peut se combiner avec **jamais** :

> Un jour, Marie est partie. Je **ne** l'ai **plus jamais** revue.

• La négation relative **ne... plus** s'oppose, sémantiquement, aux adverbes temporels **encore** et **toujours**, qui marquent la permanence d'un état ou d'une action par rapport à une borne temporelle dans le passé :

> – Ils habitent **toujours** à Lisbonne ?

> – Non, ils **n'**y habitent **plus**, depuis huit mois.

> – Elle travaille **encore** chez Peugeot ?

> – Non, elle **n'**y travaille **plus**.

• Il semblerait qu'il existe une légère nuance de sens entre **toujours** et **encore**, marquant la continuité ininterrompue.

Observez la légère différence :

> Marc est toujours célibataire.

> Marc est encore célibataire.

L'adverbe « toujours » semble plus neutre, alors que l'adverbe « encore » présuppose un « jugement » implicite. Le contexte et l'intonation jouent certainement un rôle important dans l'interprétation de ces nuances liées à la présupposition et à l'implicite.

• Il existe deux adverbes de temps « toujours » :

– un « toujours 1 » absolu, indiquant une fréquence maximum et qui s'oppose sémantiquement à « jamais » ;

– un « toujours 2 » relatif, indiquant la permanence d'un état ou d'une action habituelle, en relation avec le passé. Ce « toujours » a pour équivalent « encore ». Ces deux adverbes de temps ont pour négation « ne... plus ».

> Il n'a jamais habité Tokyo. Il a **toujours** vécu à Paris. (valeur absolue)
>
> Il dort **toujours** quand j'arrive. (valeur absolue)
>
> Il est **toujours** marié, mais il ne vit plus avec sa femme. (valeur relative)
>
> Il est midi et il dort **toujours**. (valeur relative)

■ Les négations relatives **pas toujours** et **toujours pas**.
L'adverbe négatif **pas toujours** exprime une faible fréquence et a pour équivalent « parfois » ou « de temps en temps ». C'est une des négations possibles de « toujours 1 » :

> Cet enfant n'est **pas toujours** sage. (Mais il l'est parfois.)

L'adverbe négatif **toujours pas** a pour équivalent « pas encore ». C'est une des négations possibles de « toujours 2 » :

> Pierre n'est **toujours pas** revenu de Cuba.

• **Toujours, pas toujours** et **toujours pas** peuvent fonctionner seuls, en pro-phrases :

> – Vous faites du sport ?
> – **Toujours !**
> – Moi, **pas toujours**.
> – Et lui, il fait enfin du sport ?
> – **Toujours pas.**

■ La négation relative **ne... pas encore**.
Cette forme négative signale que l'état ou l'action, exprimé par le verbe, n'est pas terminé ou n'a pas eu lieu pour l'instant. En outre, elle présuppose une intention potentielle de réalisation prochaine :

> – Vous avez visité la tour Eiffel ?
> – Pas encore. Je **n'**ai **pas encore** eu l'occasion de la visiter.
>
> – Ils sont mariés ?
> – Pas encore. Ils **ne** sont **pas encore** décidés.

• La négation relative **ne... pas encore** s'oppose, sémantiquement, à l'adverbe de temps **déjà** :

> – Vous avez **déjà** visité le Grand Louvre ?
> – Non, je **ne** l'ai **pas encore** visité.

• **Pas encore** peut s'employer seul :

> – Vous avez déjeuné ?
> – **Pas encore.**

• Observez la nuance de sens entre les deux phrases :

> Pierre n'est **pas encore** revenu de Cuba. (L'implicite est : il va sans doute revenir.)
>
> Pierre n'est **toujours pas** revenu de Cuba. (L'implicite est : on ne sait pas s'il reviendra.)

▶ Tous les termes de la négation relative posent des problèmes d'apprentissage.
Les élèves confondent des éléments ou créent des associations erronées :

> *Pas déjà. (pour « pas encore »)
> *Je ne pas fume plus.
> *Je ne plus fume.

Étant donné les différentes valeurs de « toujours » et « encore », il se produit souvent des télescopages de sens, du type :

> – Vous prenez encore des cours de français ?
> – * Pas encore. (Je n'en prends plus.)

Il se pourrait que certaines des erreurs qui se manifestent, lors de l'apprentissage de la forme négative, proviennent de la manière dont les élèves *mémorisent* les formes de la négation, *hors contexte*. À force de répéter les structures isolées : ne... pas, ne... jamais, ne... plus, ne... rien, ne... personne, ces formes sont automatiquement jointes dans les énoncés produits par les débutants. Il faut donc veiller à pratiquer ces structures *en contexte*, pour éviter toute fossilisation des erreurs.
Des erreurs proviennent de la confusion entre « toujours pas » et « pas toujours », entre « toujours 1 » et « toujours 2 », entre « ne... plus » et la structure comparative « ne... pas plus que » :

> *Chaque année, je ne retourne toujours dans mon pays.
> *Je ne suis toujours pas célibataire. J'ai une amie ici et là.
> *Je ne fume plus que toi. (Je ne fume pas plus que toi.)

3. L'affirmation/négation et les indéfinis

■ Les **indéfinis** de sens positif et de sens négatif.
Le système des indéfinis se différencie selon que l'on a affaire à des humains, des choses ou des lieux représentant des unités ou des ensembles (voir tableau page suivante).

■ Ces **indéfinis** peuvent fonctionner seuls, en réponse à une question :

> – Qui as-tu vu ?
> – **Personne**.

> – Qu'as-tu fait ?
> – **Rien**.

> – Où es-tu allé ?
> – **N'importe où**.

• Le pronom indéfini « nul/nulle » ne peut pas fonctionner tout seul :

> – Qui est venu ?
> – **Nul** n'est venu. (= personne)

Classe d'êtres	Représentation	Sens positif	Sens négatif
humains	unité	quelqu'un n'importe qui quiconque	personne personne
	ensemble	tout le monde tous/toutes chacun les uns, les autres certains, d'autres	personne aucun/aucune nul/nulle
choses	unité	quelque chose n'importe quoi	rien rien
	ensemble	tout tous/toutes	rien aucun/aucune
lieux	unité	quelque part n'importe où	nulle part nulle part
	ensemble	partout	nulle part

■ Parmi les pronoms indéfinis, certains peuvent fonctionner sans renvoyer à un élément du contexte ; ce sont les **nominaux** : quelqu'un, quelque chose, n'importe qui, quiconque, personne, rien, tout (inanimé), tout le monde, nul.

> Je suis entrée dans le hall et je n'ai vu **personne**.
> Mais **quelqu'un** m'a appelée et m'a dit **quelque chose**.

D'autres, les **représentants**, fonctionnent en référence avec un nom du contexte ou avec son substitut pronominal. Ils sont anaphoriques ou cataphoriques.

« Aucun, tous, toutes, n'importe lequel, les uns, les autres, certains, d'autres, chacun » sont des représentants :

> Je pensais retrouver des **amis**. **Les uns** et **les autres** étaient sortis. Je n'**en** ai rencontré **aucun**.
> Il n'a lu **aucun** des **livres** que je lui ai prêtés.
> Les **étudiants** étaient **tous** pressés. Ils sont **tous** partis précipitamment. **Certains** se sont mis à courir dans le couloir.

• Parmi les indéfinis représentants, certains peuvent jouer le rôle de nominaux, s'ils sont utilisés seuls, sans référence textuelle :

> À **chacun** sa **chacune**.
> **Les uns et les autres**. (titre d'un film)
> **Certains** l'aiment chaud. (titre d'un film)

■ Les **indéfinis** (humains et choses) peuvent être *sujets, attributs* ou *compléments* du verbe :

> J'ai vu **quelqu'un**.
> Ce n'est pas **n'importe qui**. C'est **quelqu'un** !
> **Quelqu'un** m'a dit **quelque chose**.
> Ne donne pas **n'importe quoi** à **n'importe qui**.

> **Quelque chose** bouge, ici.
> Il mange **n'importe quoi**.
> Ne parlez à **personne** de cette histoire.

• Le pronom indéfini « nul/nulle » ne s'emploie qu'en fonction sujet du verbe :
> **Nul** n'est prophète en son pays.
> **Nul** n'est supposé ignorer la loi.

« Nul/nulle » n'existe plus vraiment dans le langage moderne ordinaire, mais on le rencontre à l'occasion dans des proverbes et des dictons.

• Les indéfinis représentant un lieu sont compléments circonstanciels du verbe :
> Elle voyage **partout**.
> Installe-toi **quelque part**.
> Ne mets pas ce paquet **n'importe où** !

■ Les **indéfinis** de sens positif peuvent entrer dans des phrases affirmatives ou dans des phrases négatives :
> **Quelqu'un** n'est pas encore arrivé. = Il manque **quelqu'un**.
> **Quelque chose** ne tourne pas rond. = **Quelque chose** fonctionne mal.
> Il n'est pas parti **n'importe où**. = Il est parti **quelque part**.

• Dans les phrases à la forme négative, les deux particules négatives **ne... pas** sont obligatoirement présentes :
> On **ne** demande **pas** quelque chose à n'importe qui !
> **Ne** parle **pas** à quelqu'un que tu ne connais pas.

• En revanche, les indéfinis de sens négatif entrent nécessairement et exclusivement dans des phrases à la forme négative.
En fonction de complément du verbe, ils se substituent à la particule négative **pas** et sont donc placés après le verbe :
> Tu **n'**iras **nulle part**, cet été ?
> Marie **ne** mange **rien**.
> Je **ne** vois **personne**.

En fonction de sujet du verbe, ils se placent au début de la phrase et sont suivis de la particule négative **ne** :
> **Personne ne** viendra ce soir.
> **Rien ne** lui fait peur.

• S'il est vrai que les indéfinis de sens négatif se substituent à la particule négative **pas**, ils peuvent cependant se combiner avec les particules **jamais** et **plus**, ce qui souligne la différence entre la négation **ne... pas** et les négations à valeur temporelle **ne... jamais** et **ne... plus** :
> Je **ne** vois **jamais personne**.
> **Rien ne** va **plus**.
> **Personne n'**a **plus jamais** parlé de cette affaire.

On peut même trouver l'étrange combinaison suivante :
> **Non, personne n'**a **plus jamais rien** dit !

qui fait apparaître six éléments négatifs, dans une phrase ne contenant que huit mots...

• Lorsque le verbe est conjugué à un temps composé, **rien** se comporte comme toute particule négative et se place juste après l'auxiliaire :

Je **n'**ai **rien** vu, je **n'**ai **rien** entendu.

• Quant aux indéfinis, **personne** et **nulle part**, ils se placent juste après le participe passé du verbe à un temps composé :

Je **n'**ai vu **personne**, je **n'**ai entendu **personne**.

Elle **n'**est allée **nulle part**.

■ Comment différencier les emplois de **quelqu'un**, **n'importe qui** et **quiconque** ?

Comme P. Charaudeau l'explique dans sa *Grammaire du sens et de l'expression*, il existe une différence notoire dans les valeurs d'emploi de ces trois indéfinis :

1. Quelqu'un : dans l'esprit du locuteur, il y a bien un *référent unique et effectif*, mais il n'en révèle pas l'identité précise (volontairement ou pas).

Quelqu'un vous a téléphoné.

J'ai demandé mon chemin à **quelqu'un**.

2. N'importe qui : dans l'esprit du locuteur, il y a une *série de référents possibles et effectifs* dont chaque unité peut éventuellement convenir.

Je ne donne pas mon numéro de téléphone à **n'importe qui**.

N'importe qui n'entre pas dans ce salon.

3. Quiconque : dans l'esprit du locuteur, il n'y a *pas de référent effectivement envisagé*. Il n'y a que des virtualités ou des potentialités de référents.

Si **quiconque** ressuscitait, on le saurait.

Malheur à **quiconque** enfreindra cette loi.

De plus, au plan de la syntaxe, comme le montre l'exemple précédent, **quiconque** peut jouer le rôle d'un relatif :

Je donnerai à **quiconque** me demandera.

(À qui que ce soit **qui** me demandera.)

À PROPOS DU SAVOIR-FAIRE

▶ L'erreur la plus fréquente consiste à placer incorrectement les indéfinis, **personne** et **rien**, quand le verbe est à un temps composé :

*Je n'ai personne vu.

*Je n'ai vu rien.

Cette erreur pourrait être évitée, si l'enseignant faisait remarquer aux élèves ce phénomène syntactique.

Il arrive fréquemment que les apprenants omettent la particule négative **ne** :

*Personne est là.

*Rien bouge.

ou qu'ils utilisent la particule négative **pas** :

*Rien ne marche pas.

*Personne ne comprend pas.

*Personne n'est pas venu.

Beaucoup d'apprenants prennent en effet « personne » et « rien » pour des indéfinis positifs, au même titre que « quelqu'un » et « quelque chose ».

Il se pourrait aussi que cette erreur provienne d'une confusion avec le substantif « la personne ».

On trouve également des erreurs qui prouvent que l'apprenant ne saisit pas toujours le rôle nominal de l'indéfini **rien**, qu'il prend pour un « représentant » :

*Vous pouvez m'envoyer de l'argent parce que je n'en ai rien.

▶ Les pronoms indéfinis **tout, tous, toutes** sont souvent confondus et posent des problèmes de syntaxe :

1. Fonctionnement syntaxique de « tout » indéfini (rôle nominal) :

Vous savez **tout**.	**Tout** a disparu du buffet.
Il a **tout** pris.	Vous ne savez pas **tout**.
Elle fait **tout** à la maison.	On ne vous a pas **tout** dit.
Elles ont **tout** mangé.	**Tout** n'a pas été volé.

Il faudra d'abord distinguer la fonction sujet et la fonction COD de « tout ».

Quand le verbe est à un temps composé, les apprenants ont tendance à mettre le pronom indéfini neutre COD en fin d'énoncé et ils le prononcent « tou**s** » ou « tout**es** », comme s'il s'accordait en genre et en nombre :

*Il a pris tous/toutes. (Pour : il a tout pris.)

À cause de la prononciation, on peut penser que l'étudiant veut dire :

Il **les** a **tous** pris.
Il **les** a **toutes** prises.

Mais si l'apprenant veut effectivement dire « il a tout pris », il faudra lui rappeler que « tout » est neutre et que la consonne finale ne se prononce pas.

2. Fonctionnement de « tous » et « toutes » à valeur de représentants :

Je **les** connais **toutes**.
On **les** a **tous** lus.
Elle **les** a **toutes** cassées.
Ils ont **tous** pris l'autobus.
Elles ont **toutes** remercié leur hôte.
Tous sont partis.
Toutes m'ont remercié chaleureusement.

On comprendra facilement que l'emploi de « tous » et « toutes » donne bien des difficultés aux apprenants si l'on observe que, quelle que soit leur fonction grammaticale (sujet ou complément), ces pronoms indéfinis peuvent se placer après le verbe conjugué à un temps simple, mais après l'auxiliaire en cas de temps composé.

En fonction sujet, le pronom indéfini (tous/toutes) peut se placer aussi bien seul en tête de phrase qu'après le verbe conjugué, mais alors il est en cooccurrence avec un pronom sujet de troisième personne du pluriel (ils/elles).

En fonction COD, « tous » et « toutes » exigent toujours un pronom de reprise, « les ». Placé devant l'auxiliaire *avoir*, ce pronom de reprise implique l'accord du participe passé : cela n'est pas simple à maîtriser, même pour des francophones !

Il faut donc encourager les apprenants à observer des mini-corpus (comme ceux proposés en 1 et en 2) et à conceptualiser clairement les règles d'emploi pour qu'elles puissent, ensuite, être correctement appliquées, à l'oral et à l'écrit. C'est l'objectif de toute activité de découverte des règles.

Plus les apprenants participeront activement à la découverte des règles d'emploi et moins ils feront d'erreurs dans leur production.

4. L'affirmation et la négation exclusives

CE QU'IL FAUT SAVOIR

■ Le morphème **seulement** et le morphème **ne... que**, communément appelé « négation restrictive », permettent d'exprimer l'exception ou l'exclusivité :

> Je fais **seulement** du tennis.
> Ici, on **ne** mange **que** des plats chinois.
> Les voisins **n'**ont eu **qu'**un seul enfant.
> Marie **n'**aime **que** Pierre.

C'est-à-dire que, hormis l'élément à droite de la structure, *tout le reste est nié* en matière de sport, nourriture, famille, amour, etc. En d'autres termes, **seulement** et **ne... que** affirment l'existence ou la présence d'un cas d'exception.

Ces énoncés pourraient également se paraphraser de la façon suivante :

> Je ne fais aucun sport, **sauf** du tennis.
> Ici, la cuisine chinoise **exceptée**, il n'y a rien d'autre à manger.
> Ils n'ont pas d'enfants, **hormis** celui-là.
> Pierre **mis à part**, Marie n'aime personne.

En fait, dans ce type de discours, on *affirme* l'existence d'un élément, *tout en niant* l'ensemble des autres possibilités.

C'est pourquoi, selon le point de vue de l'interprétation, on devrait plutôt parler d'une **affirmation exclusive** que d'une **négation exclusive**.

■ **Seulement, ne... que** peuvent entrer dans une phrase à la forme négative :

> Je **ne** fais **pas que** du tennis.
> Ici, on **ne** mange **pas que** de la cuisine chinoise.
> Ils **n'**ont **pas qu'**un seul enfant.
> Marie **n'**aime **pas que** Pierre.

Dans ce cas, c'est l'exclusivité qui est *niée*, alors qu'est *affirmée* l'existence d'autres possibilités.

• Notez que le **e** de la particule **que** s'efface devant une voyelle.

• À l'oral, de registre familier, la particule **ne** peut s'effacer :

> J'aime **que** le chocolat. (Je n'aime pas les bonbons.)
> Elle mange **que** des fruits. (rien d'autre)

La particule **que** porte, alors, un accent d'insistance très caractéristique.

À PROPOS DU SAVOIR-FAIRE

▶ Au cours de l'apprentissage, on remarque que les apprenants éprouvent une certaine difficulté à placer correctement l'adverbe **seulement** après le verbe :

> *Je seulement bois du lait.

Ils oublient aussi le plus souvent d'actualiser le nom après la particule **que** :

> *Je ne fais que tennis.
>
> *Je ne bois que lait.

Il est donc utile de leur faire pratiquer la négation exclusive en veillant à l'emploi correct des déterminants exigés par la syntaxe et la sémantique :

n'aimer que ne prendre que ne regarder que …	+ le / la / l' / les +	nom à valeur générale ou nom lié à une expérience partagée
Pierre n'aime que la lecture. Il ne prend que le train. Il ne regarde que les films policiers.		
ne faire que ne prendre que n'avoir que …	+ du / de la / de l' +	nom non dénombrable ou nom abstrait
Marie ne fait que du tennis. Pierre ne prend que du café. Marie n'a que de l'amitié pour Serge Cormeaux.		
n'avoir que ne prendre que ne faire que …	+ un / une / des +	nom dénombrable
Je n'ai qu'un franc en poche. Nous ne prendrons que des légumes. Vous ne nous avez fait qu'une visite cette année.		

Des difficultés peuvent également se faire sentir en compréhension orale.

Il peut y avoir des erreurs d'interprétation entre **ne... pas** et **ne... que**.

Pour faciliter le décodage correct et éviter toute erreur de sens, l'enseignant peut faire faire des **activités de repérage auditif**, sur une série d'énoncés mettant en opposition **ne... pas** et **ne... que** :

A	B
1. Il ne mange pas de gâteaux.	1. Il ne mange que des gâteaux.
2. Elle ne prend que l'avion.	2. Elle ne prend pas l'avion.
3. Je n'ai pas de monnaie.	3. Je n'ai que de la monnaie.

Les apprenants notent sur leur cahier les énoncés qui correspondent à « seulement » ou « uniquement » : A2, B1, B3, etc.

Pendant les exercices oraux portant sur la négation exclusive, l'enseignant devrait aussi veiller à ce que les apprenants mettent bien un *accent d'insistance* sur la particule **que** :

> – Vous faites du basket ?
>
> – Non, je ne fais **que** du tennis, etc.

DOSSIER 5

L'interrogation
et la forme interrogative

1. L'interrogation totale et l'interrogation partielle

CE QU'IL FAUT SAVOIR

■ **Le point de vue de la communication.**
Dans la plupart des échanges verbaux, les interlocuteurs posent des questions :

1. Soit pour obtenir une information :
> Vous avez l'heure, s'il vous plaît ?
> Quelle heure est-il ?

2. Soit pour contrôler une information :
> Il est bien dix-sept heures, n'est-ce pas ?
> Vous avez dit douze heures ou deux heures ?

3. Soit pour demander un service, un conseil ou une explication :
> Pouvez-vous me prêter votre stylo, s'il vous plaît ?
> Comment est-ce qu'on peut réparer cette machine ?
> Vous savez à quoi servent ces deux manettes ?

4. Soit pour atténuer la force illocutoire d'un ordre, d'une menace, d'un reproche :
> Pouvez-vous me taper cette lettre ?
> Est-ce que tu vas finir par te taire ?
> Vous n'avez pas honte d'agir de cette manière ?

5. Soit pour des raisons stratégiques :
a. pour ménager la susceptibilité d'autrui :
> Chéri, quelle heure est-il ? (= Il est temps de rentrer.)

b. pour masquer ou voiler une assertion :
> Les gens n'ont-ils pas tendance à être égoïstes ? (= Les gens sont égoïstes.)

c. pour mettre en scène un discours oratoire :
> Alors, qu'en est-il de cette première hypothèse ?
> Quelle conclusion faut-il en tirer ?

6. Soit pour des raisons de rituel :
> – Comment allez-vous ?
> – Ça va ?

La modalité syntaxique de type interrogatif est donc profondément ancrée dans toute interaction verbale, au point que certains interactionnistes ont pu décrire la conversation comme une chaîne de questions/réponses, ce qui n'est pourtant pas toujours le cas.

Par exemple, la « question rhétorique », qui permet de masquer ou de voiler une assertion, ne demande qu'une réaction d'écoute mais pas de réponse verbale.

De plus, on constate bien souvent qu'une question n'est pas obligatoirement suivie d'une réponse.

Elle peut, en effet, donner lieu à une **autre question** ou à une **réplique** sur la question :

> – Vous n'avez pas de montre ?
> – Qu'est-ce que ça peut vous faire ?

> – Comment l'entendez-vous ?
> – Que voulez-vous dire par là ?

Parfois, l'interrogation peut être même considérée comme une réaction verbale, donc une sorte de « réponse », à une simple situation :

> Vous êtes allée chez le coiffeur ?

Elle peut être, enfin, motivée par un stimulus du type « Allô ? », à valeur interrogative :

> – Allô ?
> – Je suis bien chez Marie Boli ?

Quoi qu'il en soit, il est absolument évident que la question joue un rôle dialogique très dynamique dans toute interaction humaine.

■ Si du point de vue de la communication, il n'est pas certain que la question se distingue systématiquement de la réponse, du **point de vue de la syntaxe**, en revanche, les deux modalités sont clairement différenciées.

C'est, en effet, par une modalité de type déclaratif (affirmatif ou négatif), exclamatif ou impératif que s'exprime une réponse.

Observez la modalité syntaxique dans ces réponses possibles à la question « Vous avez l'heure ? » :

> Oui, il est exactement dix-sept heures.
> Non, je n'ai pas l'heure.
> Ma montre est arrêtée.
> Comme vous êtes nerveux ! Calmez-vous !

■ La modalité interrogative.

On distingue deux types de questions : la question totale et la question partielle (cf. dossier 2, p. 22).

1. La question totale ne demande de l'interlocuteur qu'une simple confirmation ou qu'une simple infirmation. Certains préfèrent l'appeler « question fermée », parce qu'elle contient à la fois le thème et le propos :

> Vous êtes étrangers ?
> Est-ce que vous êtes étrangers ?
> Êtes-vous étrangers ?
> Vous n'êtes pas français ?

2. La question partielle interroge sur le propos, indiqué par le sens du mot interrogatif employé :

> Qui avez-vous vu ?
>
> Comment s'appelle-t-il ?
>
> Où habite-t-il ?
>
> Que fait-il ?
>
> Quand devez-vous le revoir ?
>
> Pourquoi ne vous a-t-il pas accompagné ?

Ces questions sont dites aussi « questions ouvertes », parce qu'elles ne contiennent que le thème et qu'il faut donc attendre la réponse pour obtenir une information sur le propos.

■ Les questions peuvent être soit à la **forme affirmative,** soit à la **forme négative** :

> Êtes-vous arrivés à l'heure à l'aéroport ?
>
> Pourquoi vous a-t-il accompagné ?
>
> Est-ce que vous n'aviez pas perdu votre montre ?
>
> Qu'est-ce que vous n'avez pas apprécié ?
>
> Est-ce que vous n'êtes pas arrivés en retard ?
>
> Pourquoi ne vous a-t-il pas accompagné ?

■ Une question à la forme négative est appelée en grammaire traditionnelle une **interro-négative.**

■ **Syntaxe et intonation.**

À l'oral, les questions ont une intonation spécifique :

– l'intonation est montante, pour les questions sans morphème interrogatif :

> Tu viens ce soir ?
>
> Tu as demandé à tes parents de sortir ?

S'il y a plusieurs groupes rythmiques, le sommet de la courbe intonative et un accent d'insistance indiquent sur quel point d'information porte la question :

> Tu **viens,** ce soir ?
>
> Tu viens **ce soir** avec ta sœur ?
>
> Tu viens ce soir **avec ta sœur** ?
>
> Tu as **demandé** à tes parents de sortir ?
>
> Tu as demandé à tes **parents,** de sortir ?

– l'intonation est descendante, suivie d'une légère montée finale ou de la tenue de la dernière syllabe accentuée, pour les questions ayant un morphème interrogatif :

> Qui peut me donner l'heure ?
>
> Est-ce qu'il n'est pas l'heure de partir à l'aéroport ?
>
> Quand voulez-vous partir ?
>
> Comment voulez-vous que je le sache ?

■ Le morphème **est-ce que.**

Presque toutes les questions peuvent se construire avec le morphème **est-ce que** :

– la question totale :

> Est-ce que vous avez l'heure ?

Est-ce qu'il n'est pas l'heure de partir à l'aéroport ?
Est-ce que vous vous portez bien ?

– la question partielle :
Quand est-ce que vous partez ?
Où est-ce que vous allez ?
Comment est-ce qu'il faut faire ?
Combien est-ce que vous avez payé ?
Pourquoi est-ce que vous le rencontrez ?
Quelle adresse est-ce que vous lui avez donnée ?

• Le morphème « est-ce que » est **incompatible** avec un adjectif interrogatif (quel/quelle) **suivi du verbe « être »** :
Quel **est** le nom de votre enfant ?
Quels **sont** ses projets ?
Quelles **sont** ses qualifications ?

• Dans la conversation ordinaire, le morphème « est-ce que » s'efface la plupart du temps, mais cela ne change en rien la modalité interrogative :
Vous avez l'heure ?
Ce n'est pas l'heure de partir à l'aéroport ?
Quand vous partez ?
Où vous allez ?
Comment il faut faire ?
Combien vous avez payé ?
Pourquoi vous le rencontrez ?
Quelle adresse vous lui avez donnée ?

Le morphème interrogatif peut être aussi rejeté à la fin de la question :
Vous partez quand ?
Vous allez où ?
Vous parliez avec qui ?
Vous avez acheté quoi ?

Remarquez l'emploi de **quoi**, pronom interrogatif, en fin de question.
Normalement **quoi** ne s'utiliserait qu'après une préposition :
Avec quoi faut-il ouvrir cette boîte ?

Même si ce style d'interrogation, avec rejet du morphème interrogatif à la fin, peut paraître populaire à certains, il est si fréquent à l'oral qu'il doit être pris en compte dans l'enseignement/apprentissage du français langue étrangère, pour que les apprenants puissent comprendre le langage ordinaire, tel qu'il se parle.

■ L'inversion.

En registre de langue soutenu, à l'oral ou à l'écrit, la modalité interrogative donne lieu à une **inversion** ; c'est-à-dire que l'ordre des mots sur l'axe syntagmatique (sujet/verbe), propre à toute modalité déclarative, devient verbe/pronom personnel sujet :
Avez-vous l'heure ?
N'est-il pas l'heure de partir à l'aéroport ?

86

> Quand partez-vous ?
> Où allez-vous ?
> Qui devez-vous rencontrer ?
> Pourquoi faut-il que vous le voyiez ?
> Combien avez-vous payé ?
> Que désirez-vous faire ?
> Comment faut-il faire ?
> Quelle heure est-il ?
> Quel train devez-vous prendre ?

Comme ces exemples le montrent, l'inversion se réalise aussi bien pour les questions totales que pour les questions partielles.
Cependant :

1. La question totale est introduite par le verbe conjugué ou l'auxiliaire :

> Avez-vous monté mes bagages ?
> Les descendrez-vous plus tard ?

2. La question partielle est toujours introduite par le mot interrogatif, suivi de l'inversion :

> Quand avez-vous monté leurs bagages ?
> Quand les leur descendrez-vous ?

• On notera que le nœud verbal se déplace avec ses satellites (pronoms compléments, dits pronoms clitiques), qui restent bien devant le verbe conjugué :

> Ne les leur avez-vous pas données ?

■ La syntaxe interrogative **avec inversion** demande quelques précisions utiles :

1. Quand il s'agit d'une question totale, deux cas se présentent :

a. si le sujet du verbe est un pronom impersonnel, personnel ou démonstratif neutre, l'inversion se fait toujours avec ce pronom sujet :

> Est-il déjà dix-sept heures ?
> N'est-il pas l'heure de partir à l'aéroport ?
> Est-ce bien votre adresse ?
> N'ont-ils pas vérifié votre passeport ?
> M'avez-vous compris ?

b. si le sujet du verbe est un nom commun, un nom propre ou un autre type de pronom, il faudra faire appel à un **morphème de support** pour procéder à l'inversion :

> Pierre et Marie ont-**ils** pris l'avion ?
> Les enfants pleuraient-**ils** quand leurs parents sont partis ?
> Les parents étaient-**ils** inquiets ?
> Marie part-**elle** avec Pierre ?
> Quelqu'un pourrait-**il** m'aider ?
> Ceux-ci partiront-**ils** ?

2. Quand il s'agit d'une question partielle, si l'inversion est toujours possible avec un pronom personnel sujet, quelques réflexions s'imposent concernant l'inversion du nom propre ou du nom commun sujet, en fonction de la construction du verbe :

a. l'inversion peut se faire avec un nom propre ou un nom commun, sujet d'un verbe intransitif :

> Où sont descendus vos parents ?
> Quand repartent vos amis ?
> Comment s'est comporté Jacques ?

b. l'inversion peut se faire avec un nom propre ou un nom commun sujet d'un verbe transitif complexe, d'un verbe transitif indirect souple ou rigide (cf. dossier 2, p. 31) :

> À qui répond Jean ?
> À qui a téléphoné Marie ?
> À quoi ressemblait cette peinture ?
> De qui se souviennent les personnes âgées ?

c. l'inversion *doit* se faire avec le substantif sujet d'un verbe transitif direct (simple ou complexe) quand la question porte sur le COD inanimé :

> Que fait Pierre ?
> Qu'a décidé Marie ?
> Qu'ont critiqué les étudiants ?

Mais si le COD est un animé, comment pourrait-on interpréter, sans ambiguïté, sa fonction ? Est-il sujet ? Est-il complément ?
Observez la formulation des questions suivantes :

> Qui aime Pierre ?   Qui a critiqué l'étudiant ?
> Qui a invité Marie ?   Qui a dénoncé l'évêque ?

Ce cas d'ambiguïté flagrante ne concerne que le nom (propre ou commun) au singulier. Au pluriel, les noms en fonction sujet peuvent contourner l'ambiguïté, du fait que leur verbe sera nécessairement à la troisième personne du pluriel :

> Qui ont invité Marie et ses amis ?

Mais cela n'est vrai qu'à l'écrit.
À l'oral, ont pourrait toujours se demander *qui* fait *quoi*, puisque la différenciation singulier/pluriel n'est pas toujours audible :

> Qui avaient donc critiqué les étudiants ?

La difficulté relève des deux fonctions (sujet/COD) que peut éventuellement assumer le pronom interrogatif **qui**.
Pour lever cette ambiguïté, quant à la fonction grammaticale du mot interrogatif, il faut obligatoirement faire intervenir un **morphème de support** lors de l'inversion :

> Qui Jean aime-t-**il** ?
> Qui Marie a-t-**elle** invité ?

D'une façon générale, il est toujours possible d'utiliser un **morphème de support**, lors d'une inversion. Que ce morphème soit nécessaire ou non :

> Où vos parents sont-ils descendus ?
> À qui Marie a-t-elle téléphoné ?
> À quoi cette peinture ressemblait-elle ?

De qui les personnes âgées se souviennent-elles ?
Qui les étudiants ont-ils critiqué ?

Cependant, on se trouve devant une difficulté concernant cette fois le COD inanimé d'un verbe transitif direct simple ou complexe :

*Que les voleurs ont-ils pris ?

Cette forme est incorrecte. Ne sont acceptables que les formes suivantes :

Qu'ont pris les voleurs ?
Qu'est-ce que les voleurs ont pris ?

En conclusion de cette réflexion, il apparaît qu'en registre de langue soutenu, l'interrogation avec inversion est toujours possible avec un morphème de support, sauf dans le cas du pronom interrogatif **que**.

■ Lors d'une **inversion,** les désinences verbales des troisièmes personnes du singulier et du pluriel donnent lieu à une liaison en **t** :

Les élèves prennent-ils des cours particuliers ?
Pierre avait-il pensé à lui offrir des fleurs ?
À la fin du conte, Marie et Pierre décidèrent-ils de se marier ?

Lorsque la désinence du verbe est un **d**, celui-ci se prononce **t** devant le morphème de support :

L'élève prend-il des cours particuliers ?

Par analogie, entre le verbe et le pronom personnel sujet ou le morphème de support, se manifeste un « - **t** - » pour les verbes dont la désinence à la troisième personne est une voyelle :

Marie aime-**t**-elle Pierre ?
Pierre lui offre-**t**-il souvent des fleurs ?
L'élève a-**t**-il terminé son cours ?
Réussira-**t**-il ses études ?
A-**t**-il suffisamment travaillé ?

• L'inversion verbe/sujet avec présence du morphème de support caractérise non seulement la modalité interrogative, mais la plupart des inversions (après certains adverbes, notamment) :

Peut-être les voisins décidèrent-ils d'aider Marie.
Aussi Marie fut-elle capable de se tirer d'affaire.

• Cependant, dans les incises de dialogue, le morphème de support n'est pas employé :

« Merci », répondit Pierre.
« Quand partez-vous ? », demanda la voisine.
« Où m'emmenez-vous ? », murmura-t-elle.

• Le morphème de support n'est pas employé non plus dans l'inversion caractérisant, en registre de langue soutenu, les relatives quand le pronom relatif a une fonction de complément :

La bière que boit Paul n'est plus très fraîche.
Les élèves auxquels pense d'abord cet enseignant sont faibles.
La personne que préfère Marie ne téléphone pas très souvent.

▶ En début d'apprentissage, il est fréquent que les apprenants confondent « est-ce que » et « qu'est-ce que » :

*Qu'est-ce que vous partez ? .

*Est-ce que vous faites ?

On ne sera pas surpris que les anglophones confondent très souvent « où » et « qui » :

*Où est venu ?

*Où avez-vous invité ?

▶ Les questions partielles interrogeant sur les personnes ou les choses (pronoms interrogatifs **qui** et **que**), avec présence du morphème **est-ce que**, ont une syntaxe qu'il est indispensable d'analyser dans le cadre de l'enseignement du français langue étrangère.

Observez :

Qui est-ce **qui** vient dîner ce soir ?

Qu'est-ce **qui** fait ce bruit ?

Qui est-ce **que** vous avez rencontré ?

Qu'est-ce **que** vous regardez ?

En observant ces exemples, on constate que dans ces questions on a affaire d'une part au système des pronoms interrogatifs, d'autre part au système des pronoms relatifs.

Les deux systèmes gardent leurs caractéristiques spécifiques :

1. Il existe une différence **sémantique** entre les pronoms interrogatifs **qui** et **qu'** (que). Le pronom interrogatif **qui** interroge sur les êtres humains (NH+) et le pronom interrogatif **qu'** interroge sur les êtres non humains (NH–) :

Qui est-ce que vous avez rencontré ?

Qu'est-ce que vous regardez ?

Qui est-ce qui vient dîner ce soir ?

Qu'est-ce qui fait ce bruit ?

2. Il existe aussi une distinction **syntaxique** entre les pronoms relatifs **qui** et **que**. Le pronom relatif **qui** est sujet du verbe de la proposition relative et le pronom relatif **que** est COD du verbe de la proposition relative :

Qu'est-ce **qui** fait ce bruit ?

Qui est-ce **que** vous avez rencontré ?

Qui est-ce **qui** vient dîner ce soir ?

Qu'est-ce **que** vous avez fait ?

Dès lors, il n'est pas étonnant que ce double système pronominal combiné, interrogatif et relatif, pose d'énormes problèmes d'apprentissage aux étudiants étrangers.

D'autant plus que ce sont des **homophones** (mots ayant une même forme) qui répondent à des exigences d'une part sémantiques (**qui/qu'**) et d'autre part syntaxiques (**qui/que/qu'**).

C'est pourquoi la distinction sémantique (NH+/NH–) des pronoms interrogatifs **qui/qu'** déclenche, avec le système des pronoms relatifs **qui/que/qu'**, une analogie presque automatique qu'il est très difficile de corriger, surtout chez les étudiants latins :

> *Qui est-ce qui tu as invité ?
> *Qu'est-ce que tombe par terre ?

• Comme ce type de questionnement apparaît dès les débuts de l'apprentissage, il sera indispensable que l'enseignant soit conscient des difficultés qu'il représente. Non pas pour l'exclure de l'apprentissage, mais pour le faire pratiquer, à l'occasion par exemple :
– de jeux de devinettes :

> Qu'est-ce qui marche sans marcher ?
> Qu'est-ce qui est jaune et rond ?

– de questions sur les connaissances générales :

> Qui est-ce qui a inventé le morse ?
> Qui est-ce qui a découvert le virus du sida ?

– de questionnaires d'interviews :

> Qu'est-ce que vous faites le dimanche ?
> Qu'est-ce que vous aimez comme films ?

Lors de ces activités, l'accent sera mis sur l'opposition phonétique (position des lèvres) [kɛski] ↦ [kɛskə] ou [kiɛski] ↦ [kiɛskə].
Plus tard dans l'apprentissage, au cours de l'étude des pronoms relatifs, par exemple, l'enseignant pourra signaler explicitement aux apprenants le jeu homophonique de ces emplois combinés et faire comparer leurs valeurs sémantique et grammaticale totalement différentes.

2. L'interrogation indirecte et le discours indirect

CE QU'IL FAUT SAVOIR

■ Lors d'une intervention verbale, il n'est pas rare que le locuteur ait à insérer dans son propre discours des paroles lues ou entendues. C'est un aspect de la polyphonie de la parole. Plusieurs **voix**, plus ou moins distinctes les unes des autres, peuvent se faire entendre dans une énonciation et c'est le cas, notamment, dans le **discours indirect**, dont fait partie l'interrogation indirecte.

■ En syntaxe, on appelle « discours indirect », le fait d'utiliser un verbe **opérateur** (verbes du **dire**) pour introduire dans sa propre énonciation des paroles que l'on a entendues et que l'on désire rapporter.
Les verbes opérateurs de base – *dire, demander, se demander, répondre, répliquer, nier* – font référence à la **modalité syntaxique** directement employée par l'auteur des paroles que l'on veut rapporter :

1. « Dire », « répondre » et « répliquer » font référence à des paroles qui ont été énoncées en modalité déclarative (affirmative ou négative) :

> Il a dit qu'il avait manqué son avion.
> Il a répliqué qu'il n'était pas parti en retard.

2. « Nier » fait référence à une phrase déclarative à la forme négative :

> Il a nié qu'il était entré illégalement dans le pays.
>
> Il a nié être entré illégalement dans le pays.

3. « Demander », « se demander », « vouloir savoir » font référence à des paroles qui ont été énoncées en modalité interrogative :

> Je lui ai demandé ce qui lui était arrivé.
>
> Tout le monde voulait savoir s'il disait bien la vérité.

• D'autres verbes opérateurs feront plutôt référence aux **intentions de communication** de l'auteur des paroles ou aux effets perçus, et le plus souvent interprétés, par le rapporteur. Cela peut aboutir à un certain détournement du sens premier des paroles originales.

Observez et comparez les verbes opérateurs :

> (1) Il **a prétendu** qu'il avait perdu son passeport.
>
> (2) Il **a affirmé** qu'il avait perdu son passeport.
>
> (3) Il **a laissé entendre** qu'il avait perdu son passeport.
>
> (4) Il leur **a fait croire** qu'il avait perdu son passeport.
>
> (5) Il **a déclaré** qu'il avait perdu son passeport.
>
> (6) Il **a soutenu** qu'il avait perdu son passeport.
>
> (7) Il **s'est inquiété** de ce qu'était devenu son passeport.
>
> (8) Il **a supposé** qu'il avait perdu son passeport.

■ Au **discours indirect,** on peut trouver :

1. Soit des paroles originales directement citées et mises *entre guillemets.* Les deux voix sont alors bien distinctes :

> J'ai dit : « J'ai manqué mon avion. »
>
> Il a demandé : « Où est votre billet. »
>
> J'ai rétorqué : « Qu'est-ce que ça peut vous faire ? »
>
> I'm fait : « Il est où ton passeport ? »

À l'oral, et en registre de langue familier, ce type de discours indirect est relativement fréquent. On assiste à une sorte de mise en scène de l'autre voix. L'auteur original est pour ainsi dire convoqué pour réitérer ses paroles, ici et maintenant.

Une différence de hauteur musicale et une rupture caractéristique de la courbe intonative séparent clairement le verbe opérateur des paroles citées.

2. Soit des paroles originales transposées : personne, temps, indicateur spatio-temporel vont s'équilibrer en fonction du verbe opérateur et de sa construction. Les deux voix doivent rester relativement distinctes l'une de l'autre, pour éviter toute ambiguïté d'interprétation :

a. le verbe opérateur se construit avec **que.**

C'est le cas lorsque l'on rapporte au discours indirect une *phrase déclarative* :

> Je leur ai dit **que** j'avais manqué mon avion.
>
> Ils m'ont dit **que** je devrais partir le lendemain matin, au plus tard.

b. le verbe opérateur se construit avec **si.**

Cette construction signale le passage à l'interrogation indirecte d'une *question totale* :

> Il m'a demandé **si** j'avais fait exprès de manquer mon avion.

Elle a voulu savoir **si** je resterais encore longtemps dans le pays.
Enfin, tout le monde s'est demandé **si** je n'avais pas volontairement manqué mon avion !
Je vous demande **si** vous ne trouvez pas cet interrogatoire bizarre.

c. le verbe opérateur est suivi du mot interrogatif de la *question partielle* :
Ils ont voulu savoir **quand** je partirais.
On m'a demandé **où** j'avais laissé mes bagages.
Je me suis demandé **pourquoi** ils étaient si soupçonneux.
Je leur ai demandé **qui** les avait prévenus.

d. le verbe opérateur est suivi de **ce que** ou **ce qui**.
La question partielle, au discours direct, commençait par « que » ou « qu'est-ce que/qu'est-ce qui » :
Ils ont voulu savoir **ce qui** était arrivé.
Elle a demandé **ce que** je désirais faire.
Je lui ai demandé **ce qu'**elle en pensait.

e. le verbe opérateur est suivi de la préposition **de** + **infinitif**.
On rapporte alors une *phrase à l'impératif* ou une interrogation totale à valeur de *demande de permission* (cf. *infra* 3, p. 96) :
Je leur ai dit **de m'écouter** et **de comprendre** ma situation.
Ils m'ont demandé **de partir** dès le lendemain matin.
Je leur ai demandé **de rester** dans le pays jusqu'à midi.
Ils m'ont conseillé **de ne pas insister**.

Quand il s'agit de rapporter une *phrase à l'impératif*, le verbe opérateur peut être suivi de **que** + **subjonctif** :
J'ai demandé **qu'**ils m'**écoutent** et qu'ils comprennent ma situation.
Ils ont exigé **que** je **parte** dès le lendemain matin.
Je leur ai demandé **qu'**ils me **prêtent** de l'argent.

Notez que dans ce cas, le destinataire des verbes « dire » et « demander » peut souvent s'effacer parce qu'il devient alors redondant.

3. Soit des paroles originales transposées et catégoriquement intégrées dans l'énonciation du rapporteur. Les deux voix ne sont plus distinctes l'une de l'autre, on a alors affaire au **discours indirect libre** qui se caractérise par l'*effacement du verbe opérateur*. C'est pourquoi les paroles originales peuvent être imperceptiblement fondues dans le discours du rapporteur (un narrateur, le plus souvent) :

Sur une chaise en paille fort peu confortable, le suspect n° 1, Pierre Maussin, réfléchissait. Il n'avait pas l'air disposé à répondre à la question que lui avait posée quelques instants auparavant le juge Marchand ; mais celui-ci était patient : il attendrait le temps qu'il faudrait !

« Il attendrait le temps qu'il faudrait ! » est au discours indirect libre.
Le juge a probablement dit : « J'attendrai le temps qu'il faudra », mais ses paroles sont rapportées sans verbe opérateur, de sorte qu'elles semblent « phagocytées » par le discours narratif qui se les approprie.

Le discours indirect libre est fréquemment employé en littérature. Gustave Flaubert en a fait, par exemple, un élément caractéristique du style de *Madame Bovary*.

■ La concordance des temps au discours indirect.

Le verbe opérateur est souvent à un temps du passé, ce qui est normal puisqu'il fait référence à un événement antérieur.

• Le fait que le verbe opérateur soit au passé va influer sur le temps des verbes du discours direct (cf. dossier 8, 4, pp. 169-170) :

Au discours direct, les verbes sont :	*Au discours indirect,* les verbes seront :
1. au présent de l'indicatif	→ à l'imparfait
2. au passé composé	→ au plus-que-parfait
3. au futur simple	→ au conditionnel présent

Cette transposition temporelle que subissent les verbes du discours direct, lorsqu'ils entrent dans un discours indirect, est appelée la **concordance des temps**.

Aucune transposition temporelle n'a lieu si les verbes du discours direct sont déjà à l'imparfait ou au plus-que-parfait :

– *discours direct :*

> J'étais parti en retard de chez moi parce que je ne retrouvais plus mon passeport.

– *discours indirect :*

> Je leur ai expliqué que j'étais parti en retard de chez moi parce que je ne retrouvais plus mon passeport.

■ D'autres transpositions grammaticales sont également attendues dans le passage au discours indirect. Les **pronoms personnels de l'interaction** (je/vous/tu) peuvent s'inverser (tu/vous/je) ou subir un glissement vers la troisième personne (il/elle) et tous les **embrayeurs** spatio-temporels peuvent perdre leur statut d' « instances du discours ».

Observez :

> (1) Qu'est-ce que vous faites **ici** ?
> (2) Je ne fais rien de mal !
> (3) Pourquoi m'arrêtez-vous ?
> (4) Je suis parti en retard **ce matin** et j'ai manqué mon avion.
> (5) Je prendrai l'avion de **demain matin**.

Pour rapporter, **quelques jours plus tard**, ces paroles entendues dans un aéroport, on doit procéder à des transformations linguistiques.

Observez :

> (1') Ils lui ont demandé ce qu'il faisait **là, à l'aéroport**.
> (2') Il a dit qu'il ne faisait rien de mal.
> (3') Il leur a demandé pourquoi ils l'arrêtaient.
> (4') Il leur a expliqué qu'il avait manqué son avion ce **matin-là** parce qu'il était parti en retard à l'aéroport.
> (5') Il leur a affirmé qu'il prendrait l'avion du **lendemain matin**.

Si c'est le voyageur malchanceux qui, **quelques jours plus tard**, rapporte ses propres paroles :

(1") Ils m'ont demandé ce que je faisais **là, à l'aéroport**.

(2") Je leur ai dit que je ne faisais rien de mal.

(3") Je leur ai demandé pourquoi ils m'arrêtaient.

(4") Je leur ai expliqué que j'avais manqué mon avion le **matin même**.

(5") Je leur ai affirmé que je prendrais l'avion du **lendemain matin**.

Si c'est l'agent de police qui interroge à nouveau le voyageur, **quelques heures après l'arrestation**, mais cette fois au commissariat :

(1''') Je vous ai demandé ce que vous faisiez **là-bas, à l'aéroport**.

(2''') Vous m'avez dit que vous ne faisiez rien de mal.

(3''') Vous m'avez demandé pourquoi je vous arrêtais.

(4''') Vous m'avez expliqué que **ce matin** vous aviez manqué votre avion.

(5''') Vous m'avez affirmé que vous prendriez l'avion **demain matin**.

À PROPOS DU SAVOIR-FAIRE

▶ On a l'habitude, dans les classes de français langue étrangère, de passer beaucoup de temps à l'enseignement/apprentissage du discours indirect.

En français, cette situation de communication est en effet très fréquente dans la conversation ordinaire, dans les médias (presse et télévision) et en littérature.

Il est donc utile de travailler en classe le passage au discours indirect, à condition que les circonstances de ce type de discours soient bien respectées.

Il ne faut pas, en revanche, choisir cette activité dans le seul but de procéder à de simples exercices de substitution paradigmatique et de transformation syntagmatique.

Certes, ces activités permettent effectivement aux apprenants de s'exercer à l'emploi des pronoms personnels, des temps du verbe, des indicateurs spatio-temporels, mais il faut que la situation de communication soit toujours bien appropriée. On ne transpose pas systématiquement au discours indirect tout un dialogue. Il faut tenir compte des circonstances.

Ces activités qui consistent à mettre au discours indirect seront d'autant plus efficaces en classe qu'elles entrent dans un cadre « dramatico-ludique ».

Par exemple, « témoignage et confrontation des témoins à la suite d'un événement » ou encore « mise en scène d'un journal télévisé » ou enfin « rédaction d'un article de journal ».

▶ Les élèves doivent apprendre à distinguer progressivement les transformations propres :

– aux phrases déclaratives ;

– aux questions totales ;

– aux questions partielles ;

– aux phrases à l'impératif.

C'est-à-dire :

1. employer le verbe opérateur qui convient, selon la modalité syntaxique de la phrase à transformer ;

2. utiliser correctement « si » ou le mot interrogatif adéquat ;

3. ensuite, apprendre à transformer en « ce que » et « ce qui » les questions partielles commençant par « que » ou « qu'est-ce que/qu'est-ce qui » ;

4. transposer en « de » + infinitif, des phrases impératives et des questions totales à valeur de *demande de permission* ;

5. enfin, maîtriser la concordance des temps au discours indirect.

Dans les productions des apprenants débutants, on trouvera des erreurs du type :

> *Il dit que « je ne comprends pas bien le français ».
> *Il a dit il ne comprend pas bien le français.
> *Il a dit que « sortez ».
> *Il a dit de sortez.
> *Il a demandé que si elle part ?
> *Il a demandé que elle fait.

Ces erreurs soulignent la complexité de la mise en place du discours indirect en général et de l'interrogation indirecte en particulier.

▶ Dans les articles de journaux choisis pour une activité de compréhension écrite, l'enseignant pensera à faire relever les verbes opérateurs dont le sémantisme vise soit les intentions de l'auteur, soit l'interprétation du rapporteur.

Il y a, en effet, tout un travail d'apprentissage à faire sur l'emploi en discours des verbes opérateurs, parce qu'ils sont à la fois semblables d'un point de vue syntaxique mais très dissemblables d'un point de vue sémantique (cf. « dire » et « prétendre », p. 92).

3. La polysémie du verbe « demander »

CE QU'IL FAUT SAVOIR

■ « Demander » permet avant tout de mettre au discours indirect une *question* que l'on veut rapporter :

> Je leur ai demandé quelle heure il était.
> Ils m'ont demandé quand je quittais le pays.
> Elle m'a demandé si j'avais retrouvé mon passeport.

■ « Demander » permet également de transposer au discours indirect :
> – des *ordres/conseils* énoncés au mode impératif ;
> – des *autorisations/permissions* demandées ;
> – une *volonté* ou un *souhait* ferme.

Observez :

      (1) Il m'a demandé de me taire et de l'attendre.
      (2) Je leur ai demandé de me reconduire à l'aéroport.
      (3) Je leur ai demandé de sortir et même de partir.
      (4) Je leur ai demandé si je pouvais sortir et même partir.
      (5) Je leur ai demandé qu'ils sortent et même qu'ils partent.
      (6) J'ai demandé que mon passeport me soit rendu.
      (7) Elle a demandé que son fils puisse partir avant midi.
      (8) J'ai demandé à pouvoir au moins parler à mon avocat.
      (9) Ils ont demandé à être présents à la confrontation.
      (10) J'ai demandé à ce que mon avocat soit également présent.
      (11) Mon avocat a demandé que la confrontation soit enregistrée.

Ce corpus d'exemples montre que :

1. *Demander de* + *infinitif* donne lieu :
– soit à la transposition d'un ordre/conseil, sans ambiguïté possible (1) et (2) ;
– soit à la transposition d'un ordre/conseil ou d'une demande de permission (3).

      (3') Sortez et partez maintenant.
      (3") Je peux sortir, je peux partir, maintenant ?

Hors contexte, l'ambiguïté n'est pas levée.

2. *Demander si* + *indicatif* s'emploie pour lever l'ambiguïté dans la transposition au discours indirect d'une demande de permission (4).

3. *Demander que* + *subjonctif* s'emploie :
– pour éviter toute ambiguïté dans la transposition d'un ordre/conseil (5) et (6) ;
– pour transposer une demande d'autorisation concernant non pas le demandeur mais un <u>autre être</u>. C'est-à-dire que les sujets des deux verbes ne sont pas coréférentiels (7).

4. *Demander à* + *infinitif* permet :
– la transposition d'une demande d'autorisation concernant le demandeur lui-même. Les sujets des deux verbes sont coréférentiels (8) ;
– la transposition d'une volonté ou d'un souhait ferme. Cette construction n'est possible qu'en cas de sujets coréférentiels (9).

5. *Demander à ce que* + *subjonctif* et/ou *demander que* + *subjonctif* sont utilisés pour transposer au discours indirect le souhait ou la volonté ferme d'un <u>être</u> portant sur un <u>autre être</u>. C'est-à-dire que les sujets ne sont pas coréférentiels (10) et (11).

À PROPOS DU SAVOIR-FAIRE

▶ Les différentes valeurs sémantiques du verbe **demander** seront étudiées peu à peu, au fur et à mesure du travail progressif sur le discours indirect. Quand toutes les constructions de **demander** auront été pratiquées, au cours d'activités variées, sur une certaine période, l'enseignant pourra procéder à un regroupement et proposer aux étudiants une réflexion sur les différentes valeurs pragmatiques et fonctionnelles de ce verbe dont voici les principales manifestations :

1. Une demande d'information ou une demande de permission, sous forme de question totale :

> J'ai demandé **si** Pierre venait ce soir.
> J'ai demandé **si** je pouvais sortir.

2. Une demande d'information sous forme de question partielle :

> J'ai demandé **ce que** nous ferions cet été.

3. Une autorisation ou une permission demandée pour soi-même :

> J'ai demandé **de** partir de bonne heure.

4. Une autorisation ou une permission demandée pour un <u>autre être</u> :

> J'ai demandé **qu'**elle **sorte** de l'école de bonne heure.

5. Un ordre/conseil donné à quelqu'un :

> Je lui ai demandé **de** sortir.
> J'ai demandé **qu'**il **sorte**.

6. Une volonté ou un désir exprimé pour soi-même :

> J'ai demandé **à** voir le directeur.

7. Une volonté ou un désir exprimé sur un <u>autre être</u> :

> J'ai demandé **à ce que** le directeur **soit** présent.
> J'ai demandé **que** le directeur **soit** présent.

La qualification

1. L'opération de qualification

■ Il existe différentes manières de **qualifier** les êtres :

1. Par leur interdépendance naturelle, sociale ou constitutive, avec un autre être (le complément du nom, N1 de N2) :

> Regardez, voici le fils de Pierre !
> Vous connaissez les enfants du pharmacien ?
> La porte de la pharmacie est encore cassée !

2. Par leurs caractéristiques naturelles, sociales, constitutives, physiques ou morales (l'adjectif qualificatif) :

> Elle est anglaise. Elle est grande et blonde.
> Elle est sympathique et très attachante.
> Elle a les yeux verts.
> C'est une nouvelle étudiante ?

3. Par leur dépendance à un autre être qui les particularise ou les caractérise (la construction N1 de n2, où « de n2 » a une valeur qualificative) :

> Il travaille dans une raffinerie de pétrole.
> Elle a acheté un magasin de vêtements.
> Ici, on ne vend que des vêtements de coton.
> Nous voulons des meubles de salon.

4. Par une détermination spécifiante (la subordonnée relative) :

> C'est un pharmacien qui n'est pas très prudent !
> J'ai rencontré une jeune fille qui vient de Glasgow.
> Elle travaille dans une entreprise que tu connais bien.
> Celle où j'ai travaillé ?

L'opération de qualification se manifeste en syntaxe par des expansions qui déterminent le nom de façon plus ou moins spécifique.
Observez la manifestation en syntaxe de l'opération de qualification :

> Un enfant.
> Le fils du pharmacien.
> Le petit enfant blond et dégourdi dont le père est pharmacien.
> L'enfant qui a cassé la porte d'entrée de la pharmacie.
> Une superbe porte en verre dépoli.

2. La détermination du nom par le complément du nom

■ En syntaxe, un **nom** actualisé peut avoir une expansion et ainsi former un **groupe nominal.**

Cette expansion permet de caractériser, de qualifier l'être représenté par le nom et de le spécifier parmi tous ceux de sa classe.

L'expansion du **nom** peut être un **autre nom** : c'est le **complément du nom.**

■ Le complément du nom est un **nom propre** :

> C'est la voiture **de** Pierre.
> Voilà le laboratoire **de** Marie Boli.
> Ce sont les enfants **de** Monsieur Rivière.
> Où est le passeport **d'**Anne Rivière ?

La préposition **de** permet d'établir une relation entre deux noms. Ici, il s'agit d'une **relation d'interdépendance** :

> Pierre a une voiture → la voiture **de** Pierre → **sa** voiture.

• Notez que le **e** de la préposition **de** s'efface devant une voyelle ou un « h » muet.

■ Le complément du nom est un **nom commun.**

La forme de la relation d'interdépendance est plus complexe, car les noms communs doivent être **actualisés** dans le discours (cf. dossier 3, pp. 43-44).

Observez les énoncés suivants, il y a un **article défini** après la préposition **de** :

> Quel est le nom **de la** mère ?
> Quel est l'âge **de l'**enfant ?
> Quelle est l'adresse **des** parents ?
> Quel est **le** prénom **du** père ?

Si le complément du nom est au **masculin** ou au **pluriel**, il se produit une contraction entre la préposition **de** et l'article défini **le** ou **les** :

de + le → du ; de + les → des.

> **Le** prénom **du** père.
> **L'**adresse **des** étudiantes.
> **Les** parents **des** étudiants.

• Grâce à la préposition **de**, on peut établir toute une série d'expansions du nom (effet « tables gigognes ») :

> C'est la fille **du** frère **du** pharmacien **du** quartier.
> Voici la voiture **de la** mère **de l'**amie **de** Pierre.
> Ce sont les passeports **des** étudiants **de l'**université **de** Caen.

• La relation d'interdépendance dénote souvent une notion d'appartenance ou de possession. Par transposition, on peut donc aboutir à un déterminant de « dépendance » marqué par le possessif (cf. dossier 3, 5, p. 56) :

> L'université de Caen : **son** université.
> Les étudiants de l'université de Caen : **ses** étudiants.

Les passeports des étudiants de l'université de Caen : **leurs** passeports.

Le complément de nom est une expansion complète déterminant un nom. Les déterminants possessifs en sont des substituts utilisés pour une économie de moyens.

À PROPOS DU SAVOIR-FAIRE

▶ La relation d'interdépendance s'étudie en début d'apprentissage et pose surtout le problème de l'emploi correct des contractions **du** et **des**.

Mais, pour certains apprenants, la syntaxe du groupe nominal N1 de N2 est d'autant plus difficile à maîtriser que, dans leur langue maternelle, l'ordre des mots de cette relation d'interdépendance est N2 + N1 (my mother's [N2] sister [N1] = la sœur [N1] de ma mère [N2]).

D'où, parfois, de réelles difficultés de communication, lors de l'apprentissage. Cela concerne plusieurs groupes linguistiques dont les Anglo-saxons, les Hongrois, les Turcs (çocukun [N2] kitabi [N1] = le livre [N1] de l'enfant [N2]), etc. :

*Ce ne sont Thierry meubles.

*Où est étudiant passeport ?

En revanche, pour les apprenants de langues latines, notre relation d'interdépendance, marquée par le complément du nom, possède une construction syntactique équivalente à celle de leur langue maternelle (la madre del estudiante = la mère de l'étudiant).

Bien sûr, on remarquera la difficulté qu'ont presque tous les apprenants à prononcer le **u** de **du**. Il faudra montrer à l'apprenant que le **u** français est aussi aigu que le **i** et presqu'aussi antérieur.

Pour aider l'apprenant à articuler correctement ce **u**, certains enseignants passent par le **i** (antérieur, aigu et délabialisé), puis amènent l'apprenant à labialiser (lèvres arrondies) ce **i** qui devient dès lors un **u**.

Cela est une méthode pratique, mais il ne faudra pas, pour autant, oublier de faire faire aux apprenants des exercices de **discrimination auditive** opposant le **ou** de « doux », au **u** de « dur ». Il faut avant tout que l'apprenant étranger **entende** le son **u** et le distingue nettement de **i** et de **ou**, avant qu'il ne puisse le prononcer correctement.

3. La détermination du nom par l'adjectif qualificatif

CE QU'IL FAUT SAVOIR

■ Si l'expansion du nom peut être un autre nom (cf. *supra* 2, p. 100), elle peut aussi être un **adjectif qualificatif** qui caractérise le nom commun et participe à la détermination du nom par une opération de **qualification** :

Vous avez une amie **française** très **sympathique**.

Je connais un étudiant **anglais** très **intelligent**.

Les adjectifs « française, anglais, sympathique, intelligent », qualifient et caractérisent les noms « amie » et « étudiant ».

■ Les adjectifs qualificatifs reçoivent le **genre** et le **nombre** du nom auquel ils se rapportent :

> Vous avez des ami**es** français**es** très sympathique**s**.
> Je connais une étudiant**e** anglais**e** très intelligent**e**.
> Il y a beaucoup d'étudiant**s** intelligent**s** et travailleur**s**.

■ **Le genre des adjectifs qualificatifs.**

On distingue plusieurs catégories d'adjectifs selon leur accord en **genre** avec un nom au féminin :

1. Les adjectifs **épicènes** (ayant une forme unique pour les deux genres).
Ils ne changent pas. Ils présentent la même forme au masculin et au féminin.
Ils se terminent toujours par un **e** :

aimable, agréable, adorable, confortable, désagréable, brave, jeune, pauvre, riche, timide, maigre, propre, etc.	magnifique, unique, pratique, logique, politique, dynamique, diabolique, difficile, sensible, facile, économique, sympathique, précaire, etc.

> Il est agréable et serviable.
> Elle est agréable et serviable.

• Notez les terminaisons épicènes **ique, ile, ble, pre, able, aire, etc.**

2. Les adjectifs dont le féminin se distingue du masculin par la présence d'un **e** final :
a. Sans changement de prononciation entre les deux genres :

Masculin :	**Féminin :**
il est sûr	elle est sûre
il est poli	elle est polie
il est joli	elle est jolie
il est âgé	elle est âgée
il est divorcé	elle est divorcée
il est marié	elle est mariée
il est génial	elle est géniale
il est espagnol	elle est espagnole

• Notez le cas particulier suivant, où la **prononciation** est la même aux deux genres, mais où apparaît un **accent grave** au féminin :

Masculin :	**Féminin :**
il est fier	elle est fière
il est cher	elle est chère
il est amer	elle est amère

b. Avec changement de prononciation entre les deux genres :

Masculin :	**Féminin :**
il est petit	elle est petite
il est grand	elle est grande
il est fort	elle est forte
il est anglais	elle est anglaise

il est français	elle est française
il est normand	elle est normande
il est intelligent	elle est intelligente
il est danois	elle est danoise

• Phonétiquement, le masculin a une terminaison **vocalique** (on ne prononce pas la consonne graphique finale). Le féminin est **consonantique**. La présence du **e** final déclenche la prononciation de la consonne graphique finale :

Masculin :	**Féminin :**
grand [ã]	grande [ãd]
petit [i]	petite [it]
etc.	etc.

• Si la consonne graphique finale de l'adjectif au masculin est un **s**, la présence du **e** au féminin déclenche la prononciation [z] :

Masculin :	**Féminin :**
danois [wa]	danoise [waz]
français [ɛ]	française [ɛz]
anglais [ɛ]	anglaise [ɛz]
etc.	etc.

• Si l'adjectif masculin se termine par une **voyelle nasale**, cette voyelle nasale sera **dénasalisée** au féminin et on entendra la finale consonantique [n] :

Masculin :	**Féminin :**
plein [ɛ̃]	pleine [ɛn]
américain	américaine
africain	africaine
marocain	marocaine
certain	certaine
coquin [ɛ̃]	coquine [in]
argentin	argentine
mesquin	mesquine
etc.	etc.

3. Les adjectifs dont le féminin demande un **redoublement** de la consonne graphique finale avant le « e » :

Masculin :	**Féminin :**
moyen	moyenne
italien	italienne
européen	européenne
bon	bonne
mignon	mignonne
gros	grosse
gras	grasse
etc.	etc.

• Phonétiquement, les voyelles nasales finales du masculin, [ɛ̃], [ɔ̃], se dénasalisent au féminin :

Masculin :	**Féminin :**
européen [ɛ̃]	européenne [ɛn]
bon [ɔ̃]	bonne [ɔn]

103

4. Les adjectifs dont les terminaisons phonétiques et graphiques changent plus radicalement devant le **e** du féminin :

Masculin :	Féminin :
léger	légère
particulier	particulière
heureux	heureuse
travailleur	travailleuse
moqueur	moqueuse
doux	douce
frais	fraîche
nouveau	nouvelle
vieux	vieille
long	longue
vif	vive
agressif	agressive
négatif	négative
mou	molle
fou	folle
beau	belle

• Notez, malgré tout, qu'il existe une certaine régularité dans les changements de terminaison :

Masculin :	Féminin :
...eur	...euse
...eux	...euse
...er	...ère
...if	...ive
...eau	...elle
...au	...elle
...ou	...olle

• Phonétiquement, on constate que, si au masculin, la voyelle finale prononcée est **fermée** (léger), elle a tendance à s'ouvrir au féminin (légère) :

Masculin :	Féminin :
...[e]	...[ɛ]
particuli**er**	particuli**ère**
lég**er**	lég**ère**

Au contraire, si la voyelle finale du masculin est **ouverte**, elle pourra se fermer au féminin :

Masculin :	Féminin :
...[œr]	...[øz]
trich**eur**	trich**euse**
moqu**eur**	moqu**euse**

Cependant, si la voyelle finale du masculin est un son [ø] fermé, la voyelle du féminin sera également fermée, sous l'influence de la consonne finale [z] :

Masculin :	Féminin :
...[ø]	...[øz]
heur**eux**	heur**euse**
délici**eux**	délici**euse**

■ Les adjectifs qualificatifs s'accordent en **nombre** avec le nom qu'ils qualifient, c'est-à-dire qu'ils prennent soit la marque du **singulier**, soit celle du **pluriel** selon le nom auquel ils se rapportent :

Ce jeune garçon est malade.

Ces jeune**s** garçon**s** sont malade**s**.

Cette gentille petite fille est fatiguée.

Ces gentille**s** petite**s** fille**s** sont fatiguée**s**.

Comme les noms communs, les adjectifs qualificatifs prennent un **s** au pluriel, sauf s'ils se terminent déjà par un **s** ou un **x** au singulier :

Ces enfants sont heur**eux**.

Ce petit garçon, lui, n'est pas heur**eux**.

Si l'adjectif qualificatif se termine par **eau**, il prend un **x** au pluriel :

Ils sont beau**x** ces tableaux modernes.

Certains adjectifs qualificatifs se terminant en **al** font leur masculin pluriel en **aux** :

Au Centre nation**al** de recherches, nous avons beaucoup d'étudiants orient**aux** et quelques professeurs occident**aux**.

Le féminin singulier des adjectifs en **al** prend un **e**. Le féminin pluriel se termine en **es** :

Demain, ce sera la fête national**e**.

Il y a des élections national**es**, régional**es** et départemental**es**.

Le féminin singulier des adjectifs en **el** redouble le **l** devant le **e** :

Une fête traditionn**elle**.

■ **Cas où l'adjectif doit rester au neutre.**

Cette forme est identique à celle de l'adjectif au masculin singulier :

1. L'adjectif qualifie un *pronom indéfini* :

J'ai mangé **quelque chose de** très **bon**.

Ils n'ont **rien** trouvé **de beau** dans ce magasin.

Il n'y a **rien d'intéressant** au cinéma.

Elle voudrait voir **quelque chose d'amusant**.

Connaissez-vous **quelqu'un de sérieux** pour ce travail ?

Il a rencontré **quelqu'un de** très **intelligent**.

C'est **quelque chose de vieux** ou **de neuf** ?

Les adjectifs qualifiant ces pronoms indéfinis restent au neutre, même si le locuteur a en pensée une référence au féminin.

On notera la présence de la préposition **de** entre le pronom indéfini et l'adjectif qualificatif :

quelqu'un		bon
quelque chose	**de**	mauvais
rien		beau

2. L'adjectif qualifie un *nom inanimé* et/ou *toute une idée* précédemment exprimés, repris par un pronom démonstratif neutre :

– J'ai acheté une encyclopédie.

– Une encyclopédie ? Ah, c'est **intéressant**.

– Mes employées sont excessivement fatiguées.

– Ce n'est pas **étonnant** !

3. L'adjectif qualifie un *nom à valeur générique*, repris par un pronom démonstratif neutre. Observez le fonctionnement de ces pronoms de reprise et leurs constructions :

> (1) – Les enfants, c'est bruyant, en général.
>
> (2) – Écoutez, un enfant, ça ne peut pas toujours rester tranquille !
>
> (3) – Ça, c'est évident ! Cela dit, ils sont très calmes, vos enfants.
>
> (4) – Ce n'est pas vrai ! Ça dépend des jours...

En (1), le nom à valeur générique, « les enfants », est repris par **c'**. L'adjectif qualificatif reste neutre.

En (2), **ça** reprend un nom à valeur générique, « un enfant » – en langage soutenu, on aurait plutôt **cela**. L'adjectif reste neutre.

En (3), **ça** et **c'** reprennent toute l'idée précédente : un enfant ne peut pas toujours rester tranquille. L'adjectif qualificatif reste neutre.

Il en est de même pour « cela dit » qui reprend « c'est évident ».

En (4), **ce** reprend l'assertion précédente : vos enfants sont très calmes. L'adjectif reste neutre.

On remarquera enfin, en (3), que si le nom est employé dans son sens spécifique (vos enfants), le pronom de reprise est nécessairement le pronom personnel de 3ᵉ personne (ils) et l'adjectif (calmes) s'accorde alors en genre et en nombre.

4. L'adjectif reste également au neutre, si le pronom démonstratif neutre sert de *sujet grammatical apparent* à l'énoncé dont le sujet réel est un infinitif :

> – C'est **amusant** de voyager.
>
> – Oui, mais c'est **fatigant** de porter vos bagages.

La construction **c'est + adjectif neutre + de + infinitif** est très fréquemment employée dans le langage quotidien.

En langue plus soutenue, et à l'écrit notamment, on aura de préférence :

> Voyager est **amusant**.
>
> Il est **amusant** de voyager.

Le **il** est ici un impersonnel. L'adjectif qui le qualifie reste donc au neutre.

5. L'adjectif qualifie une situation désignée par un pronom démonstratif neutre à *valeur déictique* :

> Des touristes en train d'admirer les chutes du Niagara :
>
> – Comme c'est **beau** ! Comme c'est **imposant** !
>
> – Oui, c'est effectivement **grandiose**.
>
> Deux personnes devant la tour Eiffel :
>
> – Vous avez vu comme la tour Eiffel est **belle** ?
>
> – Oui. C'est **beau**, c'est **merveilleux**.

• Concernant l'emploi de **c'est + adjectif neutre**, on veillera à ne pas confondre cette structure avec le présentateur **c'est + nom actualisé** (cf. dossier 1, 1, pp. 14-15).

• Dans une opération de qualification, le pronom démonstratif neutre de reprise peut se présenter sous les formes **c', ce, ça** ou **ceci, cela** :

a. C' s'emploie devant les formes *est* et *était* du verbe *être* (à tous les registres) :

> C'était merveilleux.

b. Ce s'emploie devant une consonne (au registre de langue soutenu) :

Ce fut fatigant. Ce n'était pas amusant.

Ce peut être dangereux. Ce doit être interdit.

La forme **ce** n'apparaît pas devant les verbes d'état « sembler, paraître, devenir », mais elle s'utilise devant les verbes modaux « pouvoir » et « devoir ».

c. Ça, forme réduite de « cela », s'emploie en langage ordinaire :

– devant une consonne :

Ça sera intéressant. Ça paraît plutôt amusant.

Ça semble facile. Ça peut être drôle.

– devant une voyelle (sauf devant *est* et *était*) :

Ça a été très difficile. Ça a semblé impossible.

Ça a l'air incompréhensible.

d. Ceci et **cela**, de registre soutenu, peuvent se trouver devant une voyelle ou une consonne :

Ceci est très beau, cela serait fort laid.

Ceci devient impossible, cela paraît indécent.

À PROPOS DU SAVOIR-FAIRE

▶ Les apprenants étrangers, quand ils ont saisi le système du genre en français, commettent les erreurs suivantes :

*La tour Eiffel, c'est quelque chose grande.

*La grippe, c'est quelque chose mauvaise.

*Notre-Dame, c'est belle.

Comme ces indéfinis et le morphème « c'est » sont très pratiques pour donner des définitions, les apprenants en ont souvent besoin. Il faut donc leur montrer le plus rapidement possible comment fonctionnent ces structures.

On profitera d'une activité où les apprenants doivent donner leur sentiment ou leur opinion, pour mettre au point le fonctionnement de ces deux structures syntactiques :

– Comment trouvez-vous l'île Saint-Louis ?

– C'est charmant ! C'est petit, c'est beau...

– Vous savez ce que c'est la mousse au chocolat ?

– C'est quelque chose de très bon.

Les jeux de définitions (« trouvez le mot qui correspond à la définition ») sont utiles pour la fixation de ces structures particulières où l'adjectif ne doit pas s'accorder avec le nom qu'il qualifie, mais avec le pronom démonstratif neutre de reprise (pour la différenciation des emplois de **c'est** et **il est**, se reporter au dossier 1, 1, pp. 14-15 et au dossier 2, 1, pp. 24-25).

CE QU'IL FAUT SAVOIR

■ La **place** des adjectifs qualificatifs et leurs **fonctions grammaticales** :

1. L'adjectif qualificatif peut être placé directement à côté du nom qu'il qualifie. Il a alors la fonction grammaticale d'**épithète** :

Une très **gentille petite** étudiante **suédoise**.

2. L'adjectif qualificatif peut aussi avoir la fonction d'**attribut** du sujet, s'il en est séparé par le verbe **être** ou un de ses équivalents sémantiques :

> Ce garçon devient **sérieux**.
> Cette étudiante est **suédoise**.
> Elle a l'air **fâchée**. (Dans l'acception : « Elle **est** fâchée, sûrement. »)
> Ces problèmes semblent **difficiles**.

3. L'adjectif qualificatif peut être **mis en apposition**. Il est alors **séparé** du nom qu'il qualifie, par une **virgule** à l'écrit, par une **marque prosodique** à l'oral :

> Fatigué, énervé et malheureux, l'enfant ne voulait pas se coucher.
> Les parents, habitués à ces scènes quotidiennes, ne remarquaient pas la gêne de leurs invités.

• Notez que l'adjectif, mis en apposition, peut **précéder** ou **suivre** le nom qu'il qualifie.

• On constate que l'**apposition** est le plus souvent une réduction de moyens linguistiques, puisqu'elle fait l'économie d'une proposition relative explicative ou d'une proposition subordonnée causale :

> **Parce qu'**il était fatigué, énervé et malheureux, l'enfant ne dormait pas.
> Les parents, **qui** étaient habitués à ces scènes quotidiennes...

■ La **place** de l'*adjectif épithète* dans le groupe nominal.

On peut distinguer différentes catégories d'adjectifs, selon qu'ils se placent avant ou après le nom commun qu'ils qualifient :

1. Les adjectifs habituellement placés **devant** le nom. Ils sont peu nombreux mais leur emploi est très fréquent :

> petit – grand – jeune – vieux – gros – gentil – beau – joli – bon – long – mauvais – etc.

• Certains de ces adjectifs donnent lieu à des « lexies », c'est-à-dire à des noms composés ayant une signification spécifique définie dans les dictionnaires :

> Une **jeune fille** ne devient pas toujours une **vieille fille** !
> Un **grand-père** et une **grand-mère** ont des **petits-enfants**.
> Un **bon**homme, une **bonne** femme et une **sage**-femme.

• Le fait de déplacer ces adjectifs **après le nom** peut produire un **changement de sens** :

> Un grand homme – un homme grand.
> Une brave femme – une femme brave.

On constate que la postposition de ces adjectifs leur donne un sens littéral, alors que leur antéposition entraîne une signification plutôt figurée. D'où des jeux de mots du type : « un grand homme peut être de petite taille » et « tous les braves gens ne sont pas des personnes très braves devant le danger. »

2. Les adjectifs toujours placés **après** le nom sont appelés adjectifs « spécifiques », « relationnels » ou « classifiants ». Ils ont en commun le fait d'attribuer une **caractéristique objective** au nom qu'ils qualifient :

> Une décision **gouvernementale** (relevant du gouvernement).
> Des élections **législatives** (relevant de la législation).

Une découverte **scientifique** (relevant de la science).
Un passeport **étranger** (classé comme non français).

D'un point de vue objectif, il ne peut y avoir de contestation sur le sens spécifique de ces adjectifs. Ils forment, avec le nom qu'ils qualifient, une classe précise : dans la classe « décision », je peux extraire un type de décision dite « décision gouvernementale » qui ne sera pas confondue avec, par exemple, une « décision départementale ».

On ne peut pas, habituellement, utiliser le modalisateur d'appréciation absolue **très** devant ces adjectifs spécifiques en fonction épithète :

*Il a un passeport **très** étranger. (?)
*C'est une ressortissante de nationalité **très** française. (?)

• Les adjectifs désignant la **nationalité**, les **formes** géométriques et les **couleurs** sont toujours placés après le nom :

Une décision gouvernementale **allemande**.
Des élections législatives **italiennes**.
Une découverte scientifique **française**.

Ce deuxième adjectif, marquant ici la nationalité, détermine le groupe nominal spécifique (composé d'un nom et d'un adjectif relationnel). C'est la **découverte scientifique** qui est française, et non pas n'importe quelle autre découverte. De même pour :

Un colis postal **rectangulaire**.
Un tissu indien **jaune** et **bleu**.

• Les participes passés employés comme adjectifs sont placés en dernière position après le nom ou le groupe nominal qu'ils qualifient :

Chronique d'une mort **annoncée**.
Une grande décision économique européenne **attendue**.

• Ainsi, parmi les adjectifs toujours placés après le nom, il existe une **hiérarchie de places**.

Le plus spécifique (c'est-à-dire l'adjectif relationnel, issu d'un substantif) occupe la première place et l'ensemble peut alors recevoir une détermination plus fine venant d'adjectifs classifiants (marquant la nationalité, la forme ou la couleur). C'est, encore, l'effet « tables gigognes » du groupe nominal.

3. Les adjectifs qualificatifs de type **appréciatif**, donc **subjectif**, qui peuvent se placer avant ou après le nom ou le groupe nominal spécifique :

Une **incompréhensible** décision.
Une décision **incompréhensible**.
Une décision gouvernementale **incompréhensible**.
Une **incompréhensible** décision gouvernementale.

• Placés **devant** le nom ou le groupe nominal, ces adjectifs appréciatifs auraient une charge affective plus forte. Quoi qu'il en soit, l'adjectif appréciatif, s'il est postposé au nom, se trouvera toujours placé **après** les adjectifs spécifiques :

Des peintures cubistes **impressionnantes**.
Une découverte scientifique **étonnante**.

• L'**antéposition** des adjectifs **au pluriel** provoque une transformation de l'**article indéfini pluriel** : **des** devient **de** ou **d'**, pour des raisons d'euphonie :

D'impressionnantes peintures cubistes.

De remarquables chefs-d'œuvre flamands.

De très **beaux** objets artistiques.

Mais, on dira et on écrira :

Des chefs-d'œuvre flamands **remarquables**.

À PROPOS DU SAVOIR-FAIRE

▶ Les activités de caractérisation et de description sont très nombreuses dans les manuels d'apprentissage. C'est en les pratiquant que l'apprenant fixera peu à peu en mémoire les mécanismes morphosyntaxiques concernant l'adjectif.

L'étude du genre et du nombre des adjectifs se fait *progressivement* au niveau 1 de l'apprentissage, au moment où doivent se mettre en place toutes les règles (orales et écrites) de la morphologie du groupe nominal.

L'étude systématique de la place des adjectifs concerne la syntaxe et se fait plus tardivement, en fin de niveau 1 et au niveau 2.

Pour les étudiants n'ayant pas de genre dans leur langue maternelle, on ne sera pas surpris de la difficulté qu'ils ont à s'approprier ce système.

Ceux, dont la langue n'applique pas la catégorie du nombre aux adjectifs, feront longtemps des erreurs à l'écrit même s'ils connaissent bien les règles du français.

On aura intérêt, en début d'apprentissage, à exploiter la différence masculin/féminin des adjectifs dans des activités d'opposition phonétique : il est français/elle est française ; il est anglais/elle est anglaise, etc. Ces oppositions peuvent donner lieu à un exercice de phonétique « question/réponse » du type : Pierre est anglais ? Non, c'est sa femme qui est anglaise. Marie est française ? Non, c'est son mari qui est français, etc.

Ces exercices ont pour avantage de fixer les oppositions en mémoire et de favoriser, de façon ludique, la mise en place de ces automatismes morphologiques.

Au niveau 2, c'est par la lecture, l'observation et le repérage que les apprenants commenceront à comprendre, d'abord la postposition des adjectifs relationnels, classifiants ou spécifiants, et ensuite la place plus souple des adjectifs appréciatifs.

On trouvera dans les *Exercices de grammaire–perfectionnement* (© Hatier-Didier, 1988) des activités utiles pour l'apprentissage de ce point de grammaire.

CE QU'IL FAUT SAVOIR

■ L'adjectif qualificatif et le **degré d'intensité** de l'appréciation.

Le locuteur peut apprécier, en plus ou en moins, la qualité attribuée au nom :

— Marie Boli est **sympathique**.

— Elle est même **très sympathique**.

— Pourtant, il y a des gens qui la trouvent **peu sympathique** !

Ces degrés d'intensité sont toujours étroitement liés au point de vue ou à la vision subjective du locuteur.

Les degrés d'intensité sont placés *devant* l'adjectif qu'ils déterminent.

■ **Valeurs et emplois des degrés d'intensité :**

1. Degré d'intensité dite « absolue » : **très** et **peu**.

Très et **peu** marquent des degrés d'intensité extrêmes : l'intensité forte (très) et l'intensité faible (peu).

Ce travail est : peu fatigant ⧠ / très fatigant ⧠

Pour l'analyse de la différence entre peu et un peu, voir dossier 3, p. 63.

2. Degré d'intensité relative : **assez, trop, tellement, si**.

a. Assez marque l'intensité moyenne ou adéquate à une situation, selon les critères du locuteur :

   – Ta maison est grande ?

   – Oui, **assez** grande.

   – La mienne est **assez** grande pour loger dix personnes.

b. Trop marque une intensité excessive, la limite que le locuteur a fixée est dépassée :

   Cette maison est **trop** grande pour nous deux.

c. Tellement et **si** marquent une intensité telle, pour le locuteur, qu'elle implique une conséquence (cf. dossier 9, 2, pp. 216-217) :

   – Cette propriété normande est **si** belle ! On devrait l'acheter.

   – Oui, mais elle est **tellement** chère ! Ce ne serait pas raisonnable.

■ **Combinaisons de modalisateurs** dans l'appréciation d'une qualité exprimée par l'adjectif :

1. Le degré excessif **trop** peut être encore augmenté par un adverbe qui renforce l'appréciation :

   – C'est une personne **beaucoup trop** gentille.

   – Oui, elle est **bien trop** gentille.

   – Alors, elle est peut-être **un peu trop** gentille, pour être honnête !

2. Le degré minimum **peu** peut être encore diminué par un adverbe qui *atténue* et qui peut même *minimiser* l'appréciation jusqu'à l'excès dans l'intensité faible :

   – Vous avez tort ! En fait, elle est **assez peu** gentille.

   – Oui, elle est **bien peu** gentille et **très peu** serviable.

   – Pour ma part, je la trouve **trop peu** sincère pour lui faire confiance.

   – Je dirais même plus, elle est **beaucoup trop peu** sincère pour que quiconque lui fasse confiance.

3. Assez est modalisable par l'adverbe **bien** :

   Cette maison est **bien assez** grande pour deux personnes !

4. Très n'est modalisable que par lui-même, il peut se doubler et même se tripler pour augmenter l'intensité :

   Elle est **très très** sympathique !

   C'était **très très très** amusant !

5. Tellement et **si** ne sont pas modalisables, quoique « tellement » puisse parfois se redoubler sous l'effet d'une très forte émotion, comme cela est attesté à l'oral :

> Il est **tellement** mais **tellement** idiot !

■ Certains **mots à valeur adverbiale** peuvent aussi modifier le degré d'intensité de l'appréciation :

> Marie Boli est **un petit peu** fatiguée en ce moment.
> D'habitude, elle est **tout à fait** charmante.
> Vous ne seriez pas **un tout petit peu** envieux de son succès ?
> En ce moment, elle est **toute** triste, **tout** amère !

• **Petit**, dans « un petit peu » et « un tout petit peu », est invariable. **Tout** devient **toute** devant un adjectif féminin commençant par une consonne.

• La négation inverse le sens de l'appréciation :

> Ces enfants **ne** sont **pas très** gentils.
> Je **ne** les trouve **pas trop** méchants.
> Ils **ne** sont **pas assez** polis.
> Pourtant, ils **ne** sont **pas si** mal élevés.
> Ces légumes **ne** sont **pas tout à fait assez** cuits.

• Les adverbes en **-ment** permettent de nuancer l'appréciation à volonté :

> Elle est **excessivement** fatiguée en ce moment.
> Il se trouve **terriblement** intelligent.
> Je suis **horriblement** bavarde !
> C'est **affreusement** ennuyeux !
> C'est **absolument** génial !

• En langage ordinaire « moderne », **super** et **extra** indiquent un degré fort d'intensité :

> C'est superbon ! C'est extra-fin.

■ **L'adjectif qualificatif et la comparaison.**

Il est possible d'établir des *différences* ou des *ressemblances* entre les caractéristiques physiques et morales de deux êtres, ou d'un même être, à deux époques ou dans deux lieux différents.

La comparaison permet de signaler :

– *l'égalité :*

> Jean est aussi jeune que Marie Boli. Ils ont 30 ans tous les deux.

– *la supériorité :*

> Pour ce travail, je trouve Marie plus intelligente que Jean. Les résultats de Marie sont plus brillants ici qu'à l'université.

– *l'infériorité :*

> Mais Marie est moins sympathique que lui. En effet, elle est moins chaleureuse qu'autrefois.

• Les deux marqueurs de la comparaison encadrent l'adjectif :

> Marie est **plus** intelligente **que** lui.

• Pour les adjectifs **bon** et **mauvais**, le comparatif de supériorité a une forme synthétique : « meilleur(e) » et « pire ».

> Cette soupe est **meilleure** que celle d'hier.
> Le thé est **meilleur** que la tisane.
> Les poires sont **meilleures** que les pommes.
> La soupe d'hier était **pire** que celle d'aujourd'hui.

Bien que « pire » soit exigé par la norme, on peut entendre :

> *Cette soupe est plus mauvaise que celle d'hier.

• Après la particule **que** (ou **qu'**) de la comparaison, on peut employer :
– un nom commun ou un nom propre qui peuvent être remplacés par un pronom personnel de forme tonique :

> Marie est moins sympathique que son cousin.
> Elle est plus intelligente que Jean.
> Il est plus fort qu'elle ou moi.

– des indicateurs de lieu, de temps et des constructions prépositionnelles de sens variés :

> C'est plus joli ici qu'ailleurs.
> Pierre est moins à l'aise que l'an dernier.
> Je trouve le thé meilleur avec du citron qu'avec du lait.

– un adjectif, lorsque ce sont deux qualités du même être qui sont comparées :

> Jean est aussi beau qu'intelligent.

– une phrase complète :

> Marie est aussi généreuse que **l'**étaient ses parents.
> Marie est plus intelligente qu'elle **n'**est sympathique.
> Jean est moins beau que **ne l'**était son père à cet âge.
> Les Boli sont plus mondains que **ne le** sont les Durand.

Ces tournures font apparaître, dans la seconde partie de la comparaison, soit **ne**, soit **le**, soit **ne le**. De plus, on note que l'inversion sujet/verbe est possible et même recommandée en registre de langue soutenu, lorsque la comparaison concerne deux êtres différents.
Le **ne**, dit « explétif », apparaît devant le second verbe d'une comparaison de supériorité ou d'infériorité :

> Jean est plus travailleur qu'il **n'**est intelligent.

Toutefois, l'explétif peut s'effacer si le verbe de la principale est à la forme négative ou interrogative :

> Marie n'est pas plus travailleuse qu'elle est intelligente.

Le pronom neutre **le** s'emploie comme substitut de la qualité sur laquelle porte la comparaison :

> Marie est aussi généreuse que **l'**étaient ses parents.
> (Marie est aussi **généreuse** que ses parents étaient **généreux**.)

Les deux morphèmes **ne le** peuvent être combinés devant le second verbe d'une comparaison de supériorité ou d'infériorité :

> Jean est plus travailleur qu'il **ne l'**était dans sa jeunesse.
> Marie est moins fougueuse que **ne l'**est son frère jumeau.
> Marie est plus généreuse que **ne l'**étaient ses parents.

• En contexte ou en situation de communication, les <u>êtres</u> comparés peuvent être également représentés par des pronoms démonstratif ou possessif :

> L'appartement de droite est plus grand que **celui** de gauche.
> Vraiment ? **Celui-ci** est plus grand que **celui-là** ?
> En tout cas, **celui-ci** est moins grand que **le mien**.
> **Le vôtre** est plus grand que **ça** ?

• En contexte ou en situation de communication, deux <u>êtres</u> comparés peuvent être désignés par « l'un » et « l'autre » :

> Devant deux voitures :
> Elles sont **aussi** puissantes **l'une** que **l'autre**.

> Devant deux comédiens à la télévision :
> – Ils ne sont **pas moins** beaux **l'un** que **l'autre**.
> – En tout cas, **l'un** et **l'autre** sont **aussi** bons comédiens.

> Devant deux jumeaux :
> – **L'un** est légèrement plus petit que **l'autre**.

• En situation de communication, on a aussi très souvent une comparaison tronquée :

> – Marie n'a que 30 ans.
> – Jean est **moins** jeune ou **plus** jeune ?
> – Ils sont presque **aussi** jeunes, je crois.

• La comparaison se combine avec la négation :

> – Marie **n'est pas aussi** sympathique **que** Jean.
> – Elle **n'est pas plus** intelligente **que** lui.
> – Je pense que Jean **n'est pas moins** jeune **qu'**elle.

• La comparaison se combine avec les modalisateurs « un peu, beaucoup, bien... » :

> – Vous êtes **beaucoup plus** grand que votre frère ?
> – Non, il est peut-être **un peu moins** grand que moi.
> – En effet, vous êtes **un tout petit peu plus** grand que lui.
> – En tout cas, nous sommes **bien plus** grands que notre père.

■ **Le superlatif et les adjectifs.**

Il équivaut au degré d'intensité maximum ou minimum dans un ensemble pris comme référence :

> C'est **la meilleure** étudiante de la classe.
> C'est **la plus** jolie et **la plus** intelligente de nos élèves.
> C'est **la moins** bruyante de tous.
> Ce sont **les meilleures** années de notre vie.

• Le superlatif comporte un article qui spécifie la qualité unique :

> C'est **la** fille **la plus** intelligente du lycée.
> C'est **le** film **le moins** intéressant **de** l'année.

Notez que l'ensemble de référence est précédé de la préposition **de**.

• L'adjectif **bon** a un superlatif synthétique : **le/la meilleur(e)**.

L'adjectif **mauvais** fait **le/la pire** au superlatif. Cette dernière forme est souvent concurrencée par « le/la plus mauvais(e) ».

Il existe aussi une forme synthétique concurrente pour **le plus petit** :
>C'est **le moindre** mal.
>C'est **la moindre** des choses !

• On se référera au dossier 8, 6, p. 191 pour ce qui est de l'emploi du subjonctif avec un superlatif :
>C'est le plus beau film que j'aie jamais vu !
>C'est la plus gentille fille qui soit.

• Il existe aussi un superlatif relatif. Il signifie que la personne ou la chose dont on parle n'est pas la seule à être qualifiée au degré d'intensité maximum ou minimum :
>C'est **une de mes** meilleures amies.
>Je vous emmène voir **un des** plus beaux films de l'année.
>C'est **l'une des pires** aventures de ma vie.

À PROPOS DU SAVOIR-FAIRE

▶ En général, les apprenants confondent **très** et **trop**, mais aussi **très** et **beaucoup** :
>* Paris, c'est trop beau.
>* La tour Eiffel, c'est trop haut.
>* Vous avez les yeux trop noirs et la peau trop brune.
>* Il est beaucoup content pour son studio.
>* Elle est beaucoup nerveuse.

Pour éviter la première confusion, on peut parler d'appréciation absolue (très) et d'appréciation relative (trop).
Mais le plus simple est peut-être d'expliquer que « trop » est toujours fonction de la personne qui donne son appréciation et que pour cette personne, le résultat est toujours négatif :
>Ce café est trop fort **pour** moi.
>Elle habite trop loin **pour que** j'aille la voir.
>Cette musique est trop bruyante **pour** les voisins.
>Elle est trop belle **pour** lui.

Quant à l'emploi de « beaucoup », on signalera aux apprenants que « beaucoup » ne s'utilise pas devant un adjectif.
Les apprenants ont aussi de la difficulté à comprendre le sens inversé de l'intensité dans une phrase négative :
>Elle n'est pas tellement jolie.
>Il n'est pas assez généreux.
>Tu n'es pas peu fier.

Évidemment, la tendance culturelle qu'ont les Français à employer des euphémismes pour apprécier les qualités, peut dérouter les apprenants (cf. dossier 4, 1, p. 73) :
>Elle n'est pas si mal… Elle n'est pas laide du tout…
>Il ne fait pas si mauvais, aujourd'hui…
>Il ne fait pas tellement chaud.

Aussi l'enseignant devra-t-il **paraphraser ces tournures**, pour s'assurer que les apprenants ne font pas de contresens.

▶ Voici un corpus d'erreurs relevées dans des copies et concernant le degré, la comparaison et le superlatif de l'adjectif :

*Jacques est plus grand de moi.
*Un jeune homme plus jeune de moi de sept ans.
*Le plus bien danseur.
*Ils sont plus beaux qu'elles moches. (?)
*La peinture italienne, c'est trop beau.
*Je suis le plus content avec moi que tous. (?)
*La température est beaucoup froid en hiver.
*Je suis intelligent aussi que elle.
*Il est autant grand comme moi.

Ces erreurs montrent que les difficultés d'apprentissage concernent le *choix* des modalisateurs de l'adjectif ainsi que la *syntaxe* de la comparaison.

4. La qualification par un deuxième nom

CE QU'IL FAUT SAVOIR

■ Un nom commun actualisé (N1) peut aussi recevoir une **qualification** grâce à une expansion nominale qui vient le caractériser (n2).

C'est une construction **N1 de n2**, où N1 représente un premier nom commun auquel n2, deuxième nom commun, apporte une *détermination de type adjectival* :

Une tasse de café.   Un habit de soirée.
Un paquet de cigarettes.   Une photo d'identité.

• Il faut tout de suite constater que le deuxième nom (n2) **n'est actualisé ni par un article, ni par un déterminant démonstratif ou possessif.** Ce phénomène lui ôte en quelque sorte son pouvoir de substantif et le range parmi les qualifiants. C'est un apport qualificatif au premier nom.

• Il faut bien se garder de confondre cette structure de type qualificatif avec la construction marquant l'interdépendance ou la dépendance, et pour laquelle les deux noms sont toujours **tous les deux** actualisés (cf. *supra* 2, p. 100).

• D'une façon générale, dans un groupe nominal, on considérera avec beaucoup de circonspection les noms qui ne sont pas actualisés. Ce ne sont alors que **virtuellement** des substantifs.

■ **Emplois et valeurs du n2 qualifiant.**
Les emplois et valeurs de l'expansion nominale dépendent de la **préposition** employée devant n2.

• La préposition est **de + n2** :

1. L'expansion nominale déterminante et qualifiante peut marquer la **provenance** (« le lieu d'origine ») :

Des chansons et des danses de Grèce.
Des fromages de Hollande.

Des vins de France.
Des bouteilles de Bourgogne ou de Bordeaux.
Des produits d'Alsace.
Un jambon de Parme ou de Bayonne.
Une ville de province.
Un clair de lune.

Il est possible d'employer un adjectif équivalent à la place du n2, quand cet adjectif existe :

Des vins français et des fromages hollandais.
Des chansons et des danses grecques.
Une ville provinciale.
Un rayon lunaire.

2. L'expansion nominale déterminante et qualifiante peut marquer la **spécificité** de N1 (« spécial pour un certain emploi »), pour la distinguer des autres classes possibles auxquelles pourrait appartenir N1 :

Une photo d'identité.
Une photo de mariage.
Une carte de parti politique.
Une carte de séjour.
Un numéro de Sécurité sociale.
Un numéro de téléphone.
Une photo de groupe et une photo de famille.
Une salle de bain.
Une salle de classe.
Un dictionnaire d'allemand et une grammaire de turc.
Une voiture de livraison ou une voiture de tourisme.

3. L'expansion nominale déterminante et qualifiante peut marquer le **contenu actuel** de N1 (« rempli de ») :

Une tasse de café.
Un verre de bière.
Une boîte de cirage.
Un pot de cosmétique.

4. L'expansion nominale déterminante et qualifiante peut indiquer une **occasion spéciale** (« à l'occasion de ») :

Des œufs de Pâques.
Des cadeaux de Noël.
La fête de Pâques.
La fête de Noël.
Des chaussures et des vêtements de fête.
Un air de fête pour un jour de fête.
Une crème de jour ou une crème de nuit.

5. L'expansion nominale déterminante et qualifiante peut désigner la **matière** dont est fait l'être que désigne N1 (« construit ou fait de ») :

Des bottes de cuir.
Un collier de pierres précieuses.
Des lunettes d'écaille.
Des gants de peau.
Un manteau de pure laine vierge.

Une maison de pierre et une grille de fer forgé.
Un revêtement de plâtre.
Une confiture de fraises.

6. L'expansion nominale déterminante et qualifiante peut indiquer le **lieu d'usage prévu** pour N1 (« utilisé dans ») :

Des ustensiles de cuisine.
Une table de restaurant.
Des meubles de salon.
Des vêtements de travail.

Des lunettes de soleil.
Une serviette de table.
Une lampe de bureau.
Une musique de chambre.

• La préposition est **à + n2** :

1. L'expansion nominale déterminante et qualifiante peut marquer la **fonction prévue** pour N1 (« qui sert à mettre ») :

Une tasse à café.
Un verre à vin.
Une assiette à soupe.
Une armoire à linge.
Un plateau à fromages.

Une tasse à thé.
Un verre à eau.
Un couteau à pain.
Un couvert à poisson.
Une coupe à champagne.

(Dans une tasse à café, on peut éventuellement servir du thé… et cette tasse de thé peut être aussi servie dans une vraie tasse à thé…)

2. L'expansion nominale déterminante et qualifiante peut aussi indiquer le **moyen de fonctionnement** de N1 (« qui fonctionne avec ») :

Un moulin à vent.
Un stylo à encre.
Des patins à roulettes.
Un moteur à essence.

Une machine à vapeur.
Une lampe à pétrole.
Une scie à main.
Un moulin à eau.

3. L'expansion nominale peut également nommer le **support prévu** pour l'être désigné par N1 (« à mettre sur ») :

Un sac à main.
Du vernis à ongles.
Un sac à dos.

4. L'expansion nominale déterminante et qualifiante peut **décrire** la forme, les dessins d'un objet (« qui présente telle ou telle forme ») :

Un pantalon à pinces.
Des chaussures à talon.
Une jupe à carreaux.

Un pull à col roulé.
Un tissu à fleurs.
Une robe à pois.

5. Cas particulier où l'expansion nominale déterminante et qualifiante est **actualisée** et signale :

– un ingrédient indispensable à la fabrication de l'objet (« fait avec des… ») :

Une tarte aux poires.
Une soupe à l'oignon.
Des crêpes au citron.

Un lapin à la moutarde.
Une escalope à la crème.
Un gâteau au chocolat.

– la manière dont est conçu un plat (« à la manière de… ») :

Poisson à la provençale.
Étouffée à la parisienne.

Escalope à la normande.
Sauce à la bordelaise.

• La préposition est **en + n 2** :

L'expansion nominale déterminante et qualifiante décrit la **matière** qui a servi à la fabrication d'un objet (« fait avec... »). Cette expansion nominale est en concurrence avec la construction **N1 de n2** :

Un tailleur en laine	Une grille en fer forgé
Un verre en cristal	Des couverts en argent
Un verre de cristal	Des couverts d'argent.

À PROPOS DU SAVOIR-FAIRE

▶ Les apprenants étrangers ont du mal à distinguer la construction adjectivale N1 de n2 du complément de nom N1 de N2. Ils peuvent dire indifféremment :

> *Une tasse du thé.
> *Un salon du thé.
> *Il a cassé la tasse du thé. (?)
> *La préfecture de la Police.
> *Le drapeau de République turque.
> *Son père maison.
> *Vêtements femme ou vêtements de la femme.
> *Illustration de les livres.
> *La physiologie d'humain.

• Entre ces deux constructions qui déterminent un nom, on pourra aider les apprenants à faire la différence en soulignant, pour chaque cas rencontré, soit la valeur d'appartenance de N1, et donc la valeur de possesseur de N2 (Elle regarde les vêtements de la belle femme. → ses vêtements), soit la valeur qualifiante de n2 (Dans ce magasin, il y a des vêtements de femme. → des vêtements féminins).

Évidemment, ce double système met du temps à se mettre en place, et il n'est pas toujours facile pour l'enseignant d'expliquer clairement la différence. Observez ces deux énoncés :

> Il travaille dans l'**industrie du pétrole**.
> Il dirige les **raffineries de pétrole de Dallas**.

Pour expliquer la différence entre ces deux constructions, il faut pouvoir faire comprendre : d'une part que le pétrole possède une industrie – son industrie – et, d'autre part, qu'il existe toutes sortes de raffineries, dont les raffineries pétrolières.

En d'autres termes, cela signifie que dans le cas du complément de nom, N2 est, au plan sémantique, le substantif possesseur, alors que dans la construction adjectivale, n2 n'est plus que le qualifiant de N1, qui lui est le substantif essentiel du groupe nominal.

▶ Il peut arriver que des apprenants confondent la relation d'*appartenance* N1 de N2 avec une relation de *provenance* du type :

> La reine **d'**Angleterre.
> Le roi **d'**Espagne.
> Le président **du** Portugal.
> Le roi **du** Maroc.
> Les rois **de** France et **de** Navarre.

Dans ces exemples, la différence de construction *du/de* peut se rapprocher de celle que l'on rencontre dans :

> Elle vient **d'**Angleterre.
> Il vient **d'**Espagne.
> Il vient **du** Portugal.
> Il vient **du** Maroc ou **de** France.

Construction pour laquelle il n'y a pas d'article devant les noms de pays féminins ni devant ceux commençant par une voyelle ou un « h » muet.
Si l'on voulait réellement marquer la relation d'appartenance, on devrait avoir :

> Le président de la France. (Signifiant que la France a **son** président.)
> Le gouvernement de la Turquie. (Signifiant que la Turquie a **son** gouvernement.)

5. La détermination par les relatives

■ Les **propositions relatives** ont une valeur adjectivale et déterminent donc le nom. Comme l'adjectif, elles permettent d'intégrer à l'intérieur de la phrase des informations complémentaires, à propos d'un <u>être</u> :

> Le laboratoire **où travaille Marie Boli** se trouve en banlieue.

■ Les grammaires parlent de relatives **déterminatives** et les différencient des relatives **appositives** à valeur explicative ou à valeur de commentaire :

> Le médecin **qui était en vacances** a dû rentrer de toute urgence.

Dans cet exemple, la relative est une déterminative parce qu'elle donne une sorte de qualification au nom : il s'agit d'un **médecin vacancier** et non pas de n'importe quel autre médecin.

> Le médecin, **qui était en vacances**, refusa de répondre au téléphone.

Dans ce deuxième exemple, la relative appositive explique la raison pour laquelle le médecin ne voulait pas répondre au téléphone : c'est **parce qu'il était en vacances.**

> Ce médecin, **que j'aime bien par ailleurs**, me semble parfois imprudent.

Dans ce troisième exemple, la relative appositive équivaut à un commentaire supplémentaire sur le médecin.
La relative appositive est séparée de son antécédent, à l'écrit par une virgule, à l'oral par une différence de hauteur musicale, et elle peut être souvent transformée en proposition causale :

> Parce qu'il était en vacances, le médecin refusa de répondre au téléphone.

■ Les propositions relatives, qu'elles soient déterminatives ou appositives, sont introduites par des **pronoms relatifs** qui représentent et reprennent un nom précédent, appelé l'**antécédent** : dans l'exemple précédent, le pronom relatif **qui** reprend le nom **médecin**. Les pronoms relatifs ont donc une valeur anaphorique : ils participent à la cohésion textuelle.

Aussi faut-il éviter des constructions ambiguës du type :

> Le garçon de la femme de ménage **qui** vient tous les matins est malade.

Hors contexte, si l'on sait bien qui est malade, on ne peut pas savoir à coup sûr si c'est le garçon qui vient tous les matins ou si c'est sa mère...

■ Le pronom relatif a un **antécédent** qu'il a pour rôle de représenter.

Cet antécédent peut être un nom, un pronom démonstratif, un indéfini désignant des <u>êtres</u> animés ou inanimés.

Les pronoms personnels toniques ou les pronoms possessifs peuvent être également antécédents, dans le cas des relatives non déterminatives.

Ce n'est que dans de rares cas qu'un pronom relatif n'a pas d'antécédent. Dans les proverbes, par exemple :

> **Qui** dort dîne.
> **Qui** veut voyager loin ménage sa monture.

Mais habituellement, on aura un antécédent :

> **Celui qui** veut voyager loin doit ménager sa monture.
> **Une personne qui** veut voyager loin doit ménager sa monture.
> **L'appareil qui** fonctionne mal sera réparé immédiatement.
> **Quelque chose qui** ne coûte pas cher et **qui** marche bien.

■ Le pronom relatif **simple** (qui/que/où/dont) est invariable en genre et en nombre. Le pronom relatif **complexe** s'accorde en genre et en nombre avec son antécédent :

> L'employé sur **qui** je comptais a quitté le pays.
> L'employé sur **lequel** je comptais a quitté le pays.
> La secrétaire sur **qui** je comptais a quitté le pays.
> La secrétaire sur **laquelle** je comptais a quitté le pays.
> Les machines avec **lesquelles** je travaille sont en panne.
> L'appareil sur **lequel** je comptais est tombé en panne.

Si l'antécédent est un *inanimé* (appareil), on emploie obligatoirement un **relatif complexe** après une préposition.

Avec les *animés*, le choix du relatif simple ou complexe après une préposition est plus libre, bien que le relatif simple soit plus habituellement utilisé.

■ Les pronoms relatifs occupent toutes les **fonctions grammaticales** du nom.

• La forme du pronom relatif simple dépend uniquement de sa fonction grammaticale.

• La forme du pronom relatif complexe dépend du genre et du nombre de son antécédent.

Antécédent	Formes du relatif	Fonctions grammaticales
nom/pronom animé/inanimé masculin/féminin singulier/pluriel	qui	sujet du verbe
	que	complément d'objet direct et attribut
	dont	1. complément du nom 2. complément prépositionnel d'un verbe régi par **de** 3. complément d'un adjectif régi par **de**
nom inanimé adverbes : là/là-bas	où/d'où/par où	complément de lieu
nom/pronom animé masculin/féminin singulier/pluriel	à qui	1. complément indirect/destinataire 2. complément prépositionnel d'un verbe régi par **à**
	sur qui/avec qui/ pour qui/de qui, etc.	complément prépositionnel d'un verbe régi par les prépositions **sur, avec, pour, de, etc.**
nom/pronom animé/inanimé — masculin singulier / féminin singulier / masculin pluriel / féminin pluriel	auquel à laquelle auxquels auxquelles	1. complément indirect/destinataire 2. complément prépositionnel d'un verbe régi par **à**
masculin singulier / féminin singulier / masculin pluriel / féminin pluriel	pour lequel avec laquelle dans lesquels par lesquelles	complément prépositionnel d'un verbe régi par les prépositions **pour, avec, dans, par, sur, etc.**
nom/pronom animé/inanimé	duquel de laquelle desquels desquelles	1. complément d'une locution prépositionnelle (en face de…) 2. complément d'un nom introduit par les prépositions **avec, par, etc.** « Le type avec la femme **duquel** tu travailles a encore écrit. » ↓ *forme obligatoire*
pronom démonstratif neutre : ce/cela	avec quoi à quoi sur quoi par quoi	complément indirect/prépositionnel d'un verbe régi par les prépositions **avec, à, sur, par, etc.**
indéfinis inanimés : rien, quelque chose		

- Voici quelques exemples des fonctions grammaticales du pronom relatif :

Tu as mis une robe **qui** te va très bien.

Jacques a rencontré une femme **qui** te ressemblait.

Quelqu'un **qui** me ressemble ? Est-ce possible ?

La robe **que** tu as mise te va très bien !

La femme **que** j'ai rencontrée te ressemblait.

Jacques a revu les gens **dont** la maison est à vendre.

Tu sais, celle **dont** tu admires tant le jardin est à vendre.

Les gens **dont** Jacques m'a parlé vendent leur maison.

Un jour, tu auras la maison **dont** tu as rêvé cette nuit !

L'employé **dont** elle était si contente quitte le pays.

Ils vendent la maison **dont** ils étaient si fiers.

La Grèce, c'est là **où** j'ai passé toutes mes vacances.

J'ai cassé la boîte **où** tu mettais tes souvenirs de vacances.

Voici Marie Boli **à qui** j'ai vendu mon appartement.

L'employé **à qui** je tenais tant quitte le pays.

Tiens ! Ce sont des gens **avec qui** Jacques travaille.

La télématique est une invention **à laquelle** il doit la vie.

Il a cassé le vase étrusque **auquel** je tenais tant.

Voici la liste des amis **auxquels** j'ai pensé pour la fête.

Enfin des machines **sur lesquelles** on peut compter !

Le jeune homme **près de qui** tu étais assise est norvégien.

Celui **près duquel** se trouve Annie est suédois.

La maison **en face de laquelle** habite Pierre est à vendre.

Le type avec la femme **duquel** tu travailles a encore écrit.

De longues vacances, c'est ce **à quoi** je pense !

Attention ! C'est vraiment quelque chose **à quoi** elle tient !

Il n'y a rien **à quoi** je tienne vraiment.

À PROPOS DU SAVOIR-FAIRE

▶ L'ensemble des erreurs que l'on rencontre montre que les apprenants ont du mal à maîtriser les trois rôles indissociables du pronom relatif français :

1. sa fonction syntactique (sujet ou complément dans la proposition relative) ;

2. son rôle de reprise (valeur anaphorique) de l'antécédent ;

3. son rôle de subordonnant (enchâssement d'une phrase subordonnée dans une phrase principale).

- L'erreur la plus fréquente consiste à confondre la fonction syntactique « que » et « qui » :

*Les étudiants qui j'écoute sont français.

*J'achète les livres que sont bon marché.

*C'est un film que se passe dans les années 50.

*Ce qu'est la différence entre mon avis et ton avis est le sens du mot la vie.

*Cette anxiété est l'unique chose que permettait à moi de agir.

*Nous allons chez la nourrice qui mon fils adore.

*Ce que donne le plus plaisir dans la vie, c'est apprendre une profession qu'on intéresse.

*Ce que me plaît cette semaine est à aller au musée.
*Le plaisir est un mot qu'il présente beaucoup de difficultés.
*Qu'est-ce que m'offre le plus plaisir ?
*Je vais voir un film qu'il me plaît.
*Je sors avec les amis qui j'aime beaucoup.

Les apprenants étrangers se construisent souvent un système grammatical fautif du type : on utilise **qui** avec les noms humains, on utilise **que** avec les noms inanimés.

Il se pourrait que cette règle intermédiaire provienne de l'explication reçue en classe. En effet, pour faire la distinction « qui/que », l'enseignant se sert des termes « sujet » et « objet » – termes auxquels l'apprenant n'attribue pas le sens métalinguistique, mais le sens lexical premier (sujet = une personne ; objet = une chose).

Pour éviter cette interprétation, qui ne manque pas d'originalité mais qui n'en est pas moins fausse, l'enseignant devrait bien préciser qu'il s'agit du sujet grammatical du verbe et du complément d'objet direct, ou COD, du verbe.

Certains enseignants donnent parfois le système suivant pour distinguer les deux fonctions « qui/que » :
– **qui** est suivi d'un verbe conjugué (la femme qui chante s'appelle Barbara) ;
– **que** est suivi d'un nom ou d'un pronom personnel sujet (la chambre que Marie a louée est très petite – la chambre que j'ai trouvée est très grande).

Cette explication fonctionne en syntaxe élémentaire, mais elle peut être très rapidement cause d'erreurs.

Dans un énoncé d'exercice comme : « La bière ... boit Paul n'est pas assez fraîche », l'apprenant inscrira le pronom relatif « qui », parce qu'il applique la règle proposée par le professeur.

Et dans l'énoncé suivant : « Prêtez-moi le livre ... vous a fait rire », confondant les fonctions du pronom personnel « vous », il complétera par « que ».

• Une autre erreur consiste à ignorer le rôle de reprise du pronom relatif, rôle qui sera donné à un pronom personnel. Par exemple :

> *Tu ne peux pas choisir l'homme que tu veux te marier avec lui.
> *Il y a une piscine au milieu du jardin qui on trouve des rosiers au bord d'elle.
> *J'ai fini par demander des informations sur elle d'un homme qu'elle travaille avec lui.

• Autre erreur rencontrée, celle qui consiste à ne donner au pronom relatif que son rôle de reprise, équivalent à « il/elle ». L'apprenant ne semble pas savoir que le pronom relatif a aussi un rôle de subordonnant :

> *Cette personne qui est allée à l'opéra pour écouter la Traviata. Puis elle est entrée au drugstore pour acheter le disque.
> *Il s'étend sur le bord de la rivière ensuite qui s'expose au soleil.

Il faut donc éviter d'enseigner les relatives dans des phrases tronquées du type :

> L'homme que j'aime.
> La femme qui est là.
> L'enfant dont je parle.

En revanche, on s'efforcera de présenter des phrases complètes :

> L'homme **que j'aime** est un génie.
> La femme **qui est là** s'appelle Marie Boli.
> L'enfant **dont je parle** fait du violon.

▶ Si l'enseignant insiste plutôt sur la *valeur sémantique* (déterminante et qualifiante) de la relative et sur ses *emplois en contexte*, il est probable que les
apprenants saisiront mieux à quoi sert cette structure. Ils trouveront alors plus
facilement la forme qui convient au sens à véhiculer.

Il faut éviter de ne s'en tenir qu'aux formes et se garder d'oublier, qu'en langue
étrangère, la démarche d'apprentissage est essentiellement onomasiologique
(du sens vers la forme).

Ajoutons que les exercices lacunaires (exercices à trous) hors contexte n'en-
couragent ni à rechercher du « sens », ni à réfléchir sur la structure.

• Sémantisme et contexte concernent, dans le cas de la proposition relative, la
caractérisation d'un être.

La petite annonce, par exemple, est un lieu discursif propice à la caractérisation, donc à une première approche des relatives déterminatives :

> 75 : J.H. 25 ans, aim. voy., ép. J.F. aim. enf. et vie dom.

Certes, pour déchiffrer cette petite annonce, l'apprenant n'aura pas besoin de
relatives, mais s'il veut faire part du sens véhiculé, alors il utilisera en contexte les relatives nécessaires :

> C'est un jeune homme qui habite à Paris, qui a 25 ans et qui aime
> voyager. Il voudrait épouser une jeune fille qui aime les enfants
> et que la vie domestique intéresse.

Des extraits de l'*Officiel des spectacles* ou de *Télérama* sont aussi susceptibles
d'être de bons canevas pour l'emploi des pronoms relatifs.

L'histoire « drôle » est un type de discours où les pronoms relatifs ont aussi une
forte récurrence.

• D'une manière générale, l'enseignant doit rechercher, avant de proposer un
exercice de son invention, les types de discours où se manifestent « naturellement » les éléments grammaticaux qu'il veut faire acquérir aux apprenants.
C'est un effort qui va dans le sens de l'approche communicative et qui tiendra
compte de « ce que parler veut dire ».

CE QU'IL FAUT SAVOIR

■ **Les relatives et le mode indicatif ou subjonctif** (cf. dossier 8, 6, p. 191).
Lorsqu'une relative est de type explicatif (valeur causale), elle est suivie d'un
verbe à l'indicatif :

> Les apprenants, qui n'avaient pas compris la consigne, se deman-
> daient comment il fallait réaliser l'exercice.
> (Parce qu'ils n'avaient pas compris, ils ne pouvaient pas réaliser
> l'exercice.)

Dans les relatives déterminatives, il peut y avoir un doute quant à l'existence
même du référent. Celui-ci peut être uniquement virtuel. Dès lors, ce sera le
mode subjonctif qui rendra compte de ce doute existentiel.

Observez et comparez la différence de sens entre les deux énoncés :

> (1) Cet étudiant cherche un enseignant qui connaisse et parle le turc.
>
> (2) Cet étudiant cherche un enseignant qui connaît et parle le turc.

En (1), l'existence d'un tel enseignant est virtuelle. Peut-être que, dans cette école, aucun enseignant ne connaît ni ne parle la langue turque ?

En (2), l'étudiant sait qu'il y a un enseignant qui connaît et parle le turc dans cette école. Mais il a, malheureusement, oublié son nom. Sa seule manière de caractériser l'enseignant qu'il cherche consiste à dire qu'il s'agit d'une personne qui connaît la langue turque.

Dans une proposition relative, on peut donc trouver le mode subjonctif si l'existence du référent est aléatoire.

C'est une manifestation très concrète de la fonction du subjonctif : la création d'un univers virtuel, possible mais peut-être irréel (cf. dossier 8, 6, p. 187).

■ La proposition relative et son équivalent le **participe présent**.

Le participe présent peut jouer le rôle d'une relative déterminative :

> Je cherche un étudiant **désirant** louer ma chambre pendant les vacances.
>
> J'aimerais rencontrer un Italien **acceptant** de m'enseigner sa langue.
>
> Je cherche désespérément un étudiant **ayant** une chambre à partager.
>
> J'aimerais trouver un chauffeur **désirant** partir avec moi en Grèce.
>
> J'ai trouvé un partenaire **ne craignant** pas de jouer avec une débutante.

Ces participes présents peuvent être paraphrasés par une relative déterminative :

> Un étudiant **qui désire** louer une chambre.
>
> Un Italien **qui accepte** de m'enseigner sa langue.
>
> Un étudiant **qui ait** une chambre à partager.
>
> Un partenaire de tennis **qui ne craint pas** de jouer avec une débutante.

À PROPOS DU SAVOIR-FAIRE

▶ Au cours de l'apprentissage des relatives, il sera judicieux de faire comprendre aux étudiants cette équivalence entre déterminative relative et participe présent. On pourra, par exemple, proposer un **exercice de transformation** : des énoncés au participe présent devront être récrits en employant une relative. Ou inversement, des relatives seront récrites en utilisant le participe présent.

Seules les relatives en **qui** sont susceptibles d'avoir pour équivalent un participe présent.

Le participe présent apparaît comme un moyen économique pour éviter une déterminative relative. On le rencontre notamment dans les types de discours administratifs, dans la presse ou dans la correspondance.

La situation dans l'espace

1. La localisation dans l'espace

CE QU'IL FAUT SAVOIR

■ C'est toujours de son point de vue que le locuteur indique la **place** des <u>êtres</u> ou des procès dans l'**espace**.

Le locuteur peut décider de situer <u>êtres</u> et procès, soit par rapport à lui-même, soit par rapport à une autre référence.

■ Les adverbes et locutions adverbiales de lieu qui répondent à la question **où ? :**

1. Ici, là, là-bas et là-haut :

a. Sur le lieu de l'énonciation :

– **ici** indique le lieu où se trouve le locuteur et fait toujours partie des instances de l'énonciation. Il a une valeur **déictique** :

> **Je** me trouve bien **ici**.

– **là** indique aussi le lieu où se trouve le locuteur (**là 1**) et fonctionne comme **ici :**

> Pose le courrier **là,** sur ma table.
> Qu'est-ce que tu fais **là** (ici).
> Viens **là** (ici).

Quand **ici** et **là** sont utilisés pour marquer deux points de la sphère du locuteur, **ici** indique le point le plus proche de lui :

> Ne mets pas le courrier **là,** mets-le **ici,** près de moi.

Pour indiquer la présence ou l'absence d'un <u>être</u> dans le lieu où se trouve le locuteur ou son interlocuteur, on utilise plutôt **là :**

> – Paul, tu es **là ?**
> – Oui, je suis dans la salle de bains.

> – Allô, Marie est **là,** s'il vous plaît ?
> – Non, elle n'est pas **là,** elle est sortie.

– **là-bas** désigne un lieu plus ou moins éloigné du locuteur :

> Regarde **là-bas,** tu vois Montmartre ?

– **là-haut** ajoute à l'éloignement la notion d'élévation :

> – Regarde **là-haut,** tu vois ce petit point brillant ?
> – Oui, c'est un avion.

• Dans la conversation ordinaire, ces adverbes de lieu sont souvent accompagnés d'un geste précis :

– **ici** + index pointé vers le sol :

> J'habite **ici**.

– **là 1** + geste du menton indiquant le lieu très proche dont on parle + geste de la main pointant vers cet endroit :

> Mets le courrier **là**.

– **là-bas** + geste du bras étendu désignant une direction éloignée et/ou visage et regard indiquant dans cette direction :

> La tour Eiffel est **là-bas**.

– **là-haut** + geste du bras étendu désignant un point élevé et/ou visage et regard tournés dans cette direction :

> J'aperçois une toile d'araignée **là-haut**.

Il existe aussi un geste de l'index retourné, pointant par de petits mouvements saccadés vers soi, pour inciter quelqu'un à se rapprocher :

> Viens **ici** !

b. En dehors du lieu de l'énonciation :

Quand ils ne font pas partie des instances de l'énonciation, **là (là 2)**, **là-bas** et **là-haut** servent à reprendre un nom de lieu mentionné dans le contexte. Ils jouent alors un rôle **anaphorique** :

> Marie travaille dans un nouveau bureau, beaucoup plus grand. **Là**, au moins, elle a de la place.
>
> Mes enfants vivent en Birmanie. La vie n'est pas facile, **là-bas**.
>
> « Mon enfant, ma sœur,
> Songe à la douceur
> D'aller là-bas vivre ensemble !
> [...] **Là**, tout n'est qu'ordre et beauté... »
> Ch. Baudelaire, l'*Invitation au voyage*.

Ce sont **là 2** et **là-bas** qui sont utilisés pour la transposition de **ici** dans le discours rapporté, lorsque la référence du lieu d'énonciation change :

> Marie écrit à Pierre de Rome : « Je me plais beaucoup **ici** ».
>
> Pierre raconte à ses amis parisiens : « Marie est à Rome. Elle dit qu'elle se plaît beaucoup **là-bas** ».

2. Ailleurs réfère à un lieu autre que celui où se trouvent le locuteur et ses interlocuteurs :

> Si vous n'êtes pas bien ici, vous pouvez aller **ailleurs** !

3. À droite, à gauche, tout droit, en face, devant, derrière, en haut, en bas, au-dessus, dessus, au-dessous, en dessous, dessous indiquent des directions et des positions :

a. Par rapport au lieu de l'énonciation :

> Regardez **en face**.
>
> Tournez **à droite**. Ne tournez pas **à gauche** !
>
> Montez **derrière**, je reste **devant**.
>
> Ici, vous êtes au quatrième étage. Le cinquième est **en haut**, le troisième est **en bas**.
>
> **Au-dessus** vit un jeune couple ; **en dessous**, l'appartement n'est pas encore occupé.

b. Par rapport à un élément fixe du contexte :

> Montez l'escalier. **En haut** vous trouverez un couloir. Au bout du couloir, il faut tourner **à droite**, vous trouverez une porte.

La porte était fermée. Ils ont bien regardé et ils ont aperçu une petite ouverture **au-dessus.** Alors ils ont approché une table et sont montés **dessus** pour atteindre l'ouverture.

On voit, par ces exemples, la différence entre **au-dessus,** qui exprime une sur-élévation par rapport à la référence et **dessus** qui indique une superposition par rapport à la référence.

On ne perçoit pas toujours la même distinction de sens entre **en dessous, au-dessous** et **dessous** qui peuvent souvent être employés de la même façon :

Ils ont soulevé une grosse dalle et ont découvert les bijoux et l'argenterie qui avaient été cachés **dessous** (ou : **en dessous/au-dessous**).

4. Par terre signifie « au niveau du sol ». Cette locution adverbiale exprime donc en soi la référence de la position : le sol.

Ne jetez pas vos papiers de bonbons **par terre !**

5. Au milieu, au centre indiquent, de façon plus ou moins imagée, une place centrale par rapport à une surface, à une circonférence, à un volume, exprimés dans le contexte :

Sur cette photo de famille, le père est **au milieu.**

Dans une montre, les aiguilles sont fixées **au centre.**

6. Dehors, dedans marquent l'extériorité et l'intériorité :
a. Par rapport au lieu où se trouvent les interlocuteurs :

Ne restez pas jouer **dedans,** allez jouer **dehors.**

Dans cet emploi, ces adverbes sont en opposition sémantique et signifient « dans les murs » et « à l'air libre ».

b. Par rapport à une autre référence du contexte :
Dans cet emploi, on trouvera plutôt les formes **en dehors** et **dedans** :

– Vous habitez Lyon même ?

– Non, j'habite **en dehors,** à Écully.

– Où sont les papiers ? Sur la commode ?

– Non, **dedans.** (dans un des tiroirs)

7. Les indéfinis représentant un lieu quelconque ou une absence de lieu, **partout, quelque part, n'importe où** et **nulle part** (cf. dossier 4, 3, p. 78), sont des circonstants du verbe :

Avec leur camping-car, ils peuvent aller **partout.**

Ma voiture est stationnée **quelque part,** dans la rue.

Dans cette petite ville, on peut stationner **n'importe où.**

Je cherche mon permis de conduire **partout,** mais je ne le trouve **nulle part.**

■ Les prépositions de lieu.

Elles indiquent des positions ou mouvements d'un <u>être</u> par rapport à une référence. Syntaxiquement, elles précèdent le nom marquant cette référence :

1. Chez et **à** indiquent la position dans un lieu ou le mouvement vers un lieu :
a. Chez est suivi d'un nom propre, d'un nom commun ou d'un pronom tonique désignant une **personne :**

Ici, vous êtes **chez** Marie Boli.

Passez **chez** le boulanger.

Venez **chez** moi.

b. À est suivi d'un nom de ville ou d'un nom commun désignant un lieu :

Ici, vous êtes **à** Paris.

Je vais **à la** banque.

Passez **à la** boulangerie.

Venez **à la** maison, samedi soir.

Ils partent **à la** campagne.

2. Au et aux :

Si le nom commun désignant un lieu est au masculin, il y a contraction entre la préposition de lieu **à** et l'article défini masculin **le : à + le → au.** Il en est de même entre **à** et **les : à + les → aux.**

Montez **au** premier étage.

Entrez **au** salon.

Venez **au** Gymnase-club.

Partez **aux** Antilles ou aux États-Unis.

Passez **aux** renseignements.

Au et **aux** sont placés devant les noms de pays qui sont au masculin ou au pluriel :

Au Togo, **au** Brésil, **au** Maroc.

Aux Açores, **aux** Philippines, **aux** Baléares.

3. En :

Quand les noms de pays sont au féminin ou qu'ils commencent par une voyelle ou un « h » muet, la préposition de lieu (avec ou sans mouvement) est alors **en :**

Je travaille **en** France.

Ils sont **en** Allemagne.

Elles partent **en** Grande-Bretagne.

Il est né **en** Iran mais il vit **en** Irlande.

Cet été, je vais **en** Italie.

Marie Boli est partie **en** Argentine.

Si la référence locative est prise au sens générique, c'est-à-dire qu'elle indique un type de lieu général, on utilise **en** (et non pas **dans**) :

Elle habite **en** ville.

L'air est plus sain **en** montagne.

La vie **en** banlieue n'est pas simple.

Les élèves s'ennuient souvent **en** classe.

Ici, on se croirait **en** prison.

Comparez maintenant avec des emplois de **dans** marquant un lieu de référence bien spécifique :

Elle habite **dans** une ville surpeuplée.

Dans la montagne où j'habite, l'air n'est pas pollué.

J'habite **dans** la banlieue nord de Paris.

Dans ma classe, les élèves ne s'ennuient pas.
Dans la prison de la Santé, il n'y a que des hommes.

4. Dans signifie « à l'intérieur de » et s'emploie pour localiser un objet dans un **espace circonscrit. Dans** s'utilise pour marquer un lieu déterminé spécifiquement (avec ou sans mouvement) :

Ils travaillent **dans** la région.
J'habite **dans** le pays depuis cinq ans.
Ils ont un chalet **dans** les Pyrénées.
Ils descendent **dans** la vallée tous les jours.
Beaucoup de touristes viennent **dans** cette ville.
J'ai beaucoup d'amis **dans** la banlieue parisienne.
Il n'y a pas d'électricité **dans** la maison.
Il n'y a rien **dans** cette pièce.

• **Dans la rue** marque aussi bien la position spécifique que la position générique :

C'est un clochard, il a toujours vécu **dans la rue.** (valeur générique)
Regarde **dans la rue,** il y a un clochard. (valeur spécifique)

5. À côté de, près de, loin de, au fond de, en face de, à gauche de, à droite de, en haut de, en bas de, autour de, le long de, au-dessus de, en dessous de... sont des locutions prépositives marquant l'emplacement ou le déplacement d'un être par rapport à un autre :

Le salon est **au fond du** couloir.
Assieds-toi **à côté de** moi.
La poste est **près de** l'église.
Paris est très **loin des** Seychelles.
La mairie est **en bas du** village.
Le bureau est **en haut de** l'escalier B.
La station de taxi est **en face de la** gare.
Il se promène **autour de la** maison.
J'aime marcher **le long de la** rivière.

• **Devant** et **derrière ne sont pas suivis** de la préposition **de** :

Il y a un jardin **derrière** la maison.
Mets cette chaise **devant** la fenêtre.

• Toute **locution prépositive** construite avec la préposition **de** subit la contraction **du** devant un nom masculin, et **des** devant un nom au pluriel :

Ils habitent **en face du** cinéma.
Attends-moi **à côté du** supermarché.
Je travaille **près des** Champs-Élysées.
L'Europe est **loin des** États-Unis.

• Après toute préposition ou locution prépositive, c'est le **pronom tonique** qui sera utilisé :

Installe-toi à côté de **lui** et en face d'**elle**.
Il restera près de **toi**. Nous ne serons pas loin d'**eux**.

6. Sur et **sous, au-dessus de, en dessous de** marquent la position d'un objet par rapport à un plan. Position de supériorité, avec superposition pour **sur** et surélévation pour **au-dessus de** ; position d'infériorité pour **sous** et **en dessous de** :

> Le journal est **sur** la table.
> Il n'y a rien **sous** la table.
> Le bateau vogue **sur** l'océan.
> Il y a des embouteillages **sur** l'autoroute.
> Un aéroglisseur vogue **au-dessus de** l'eau.
> Un sous-marin navigue **en dessous de** la surface de l'eau.
> Un hélicoptère vole **au-dessus de** la ville.

7. Par indique un lieu que l'on doit traverser pour se rendre à destination :

> Pour aller à Nice, passez **par** Lyon.
> Montez **par** là.

8. De marque la provenance, l'origine ou le point de départ :

> Ils arrivent **du** Chili ou **du** Venezuela.
> Elle vient **de la** campagne.
> Tu reviens **du** Japon ou **des** États-Unis ?
> **D'**ici à là-bas, il y a bien deux kilomètres.
> Vous n'êtes pas **d'**ici ?
> Nous partirons **de** Lorient.

• Pour marquer la provenance, l'article défini s'efface devant les noms de pays du genre féminin ou devant les noms de pays de genre masculin commençant par une voyelle ou un « h » muet :

> Ils arrivent **d'**Argentine ou **de** Turquie.
> Vous revenez **d'**Italie ou **d'**Allemagne ?
> J'arrive **de** Grande-Bretagne.
> Il est originaire **d'**Allemagne ou **de** Pologne.
> Ils viennent **d'**Iran.

9. De... à... marquent la distance comprise entre deux villes :

> **De** Paris **à** Brest, il y a environ 500 kilomètres.

10. Vers, du côté de, aux environs de... donnent la direction ou la localisation, sans précision exacte :

> Elle descend **vers** les Pyrénées.
> Ils habitent **vers** Dijon.
> Tu vas **vers** Montparnasse ?
> Ils ont une villa **du côté de** Saint-Malo.
> Je pars **du côté du** Mont-Saint-Michel.

11. Pour indique une destination et ne s'utilise qu'avec quelques verbes de départ comme « partir, se mettre en route » :

> Ils partent **pour** Londres ou **pour** Glasgow.

12. Entre... et... localisent un objet situé, plus ou moins à égale distance, entre deux points :

> Ils habitent **entre** Paris **et** Le Mans.
> **Entre** ici **et** là-bas, il y a un petit village.

13. Jusqu'à signale le point d'arrivée :

> Vous marchez **jusqu'à** la gare.
> Ils vont à pied **jusqu'au** jardin du Luxembourg.
> Il y a cent kilomètres **jusqu'à** Chartres.
> Elle est allée **jusqu'aux** Seychelles.

À PROPOS DU SAVOIR-FAIRE

▶ Des difficultés d'apprentissage, fréquentes, surgissent dans l'emploi des prépositions et de l'article devant les noms de pays et de villes.

• Parfois les apprenants n'emploient ni préposition ni article :

> *Elle origine Turquie.
> *Cet été, je vais Pologne.

• Il y a souvent confusion entre **à** et **en**, **au**, **dans** :

> *Ils habitent en Paris.
> *Je vais en New York.
> *On va au Lyon.
> *Ils sont au Montpellier.
> *Je vais à la Suède.
> *Il étude dans Grande-Bretagne.
> *Elle est née à Canada au Toronto.

• Les apprenants utilisent régulièrement l'article défini après la préposition **de** marquant la provenance, pour indiquer un pays de genre féminin ou commençant par une voyelle :

> *Je viens de la Turquie.
> *Il arrive de l'Italie.

• On trouve souvent **en** pour **dans** devant des noms qui ne sont pas des lieux matériels :

> *J'ai des satisfactions en mon travail, en mes recherches.
> *J'ai fait quelques tentatives en le champ de l'illustration.
> *J'ai quelques problèmes en ma famille.

• On constatera également que les apprenants ont tendance à ajouter la préposition **de** après **devant/derrière**, par analogie avec **en face de** et **à côté de** :

> *Je suis derrière de toi et devant de lui.
> *Hier, j'étais derrière de lui.

• Enfin, on note, de la part des apprenants grecs, une difficulté de prononciation pour **chez** qui peut provoquer une confusion entre **c'est** et **chez**. Il est alors utile d'insister sur la forte labialisation du [ʃ] et sur la position légèrement rétroflexe de la pointe de la langue au cours de l'émission de cette consonne « chuintante ».

■ Les pronoms adverbiaux **en** et **y**.

Les pronoms **en** et **y** (cf. dossier 2, 4, p. 37) permettent de reprendre un circonstant de lieu : d'où l'on vient, où l'on va, où l'on se trouve.

> – Vous partez **aux Seychelles** ?
> – Oui, nous **y** allons avec toute la famille.

> – Les Durand reviennent **de la Réunion** ?
> – Non, ils n'**en** reviennent pas, ils **y** vont.

> – Ils habitent à **Paris** ?
> – Ils **y** travaillent, mais ils n'**y** habitent pas.

En permet la reprise du nom d'un lieu d'où l'on vient, la *provenance*.
Y permet la reprise du nom d'un lieu où l'on va, la *destination,* et indique aussi le lieu où l'on se situe, la *localisation sans mouvement*.

■ Les pronoms relatifs **où, dans lequel, sur laquelle...** indiquent une position ou un mouvement :

– **où** est le pronom relatif simple (cf. dossier 6, 5, p. 122) :

> La région **où** je suis né est située à l'ouest de la France.
> Vous connaissez l'endroit **où** est né Chateaubriand ?
> « La chambre **où** ma mère m'infligea la vie », écrivait-il.
> Là **où** je vais, vous ne pouvez pas venir.

On trouve aussi « d'où » et « par où » :

> Le pays **d'où** il vient est en pleine révolution.
> Nous n'avons pas pu visiter les villes par **où** nous sommes passés.

– **dans lequel, dans laquelle, dans lesquels** et **dans lesquelles,** pronoms relatifs complexes, peuvent être utilisés à la place de **où** pour indiquer un lieu circonscrit :

> Je cherche le laboratoire **dans lequel** travaille Marie Boli.
> Elle a cassé la tasse **dans laquelle** tu prenais ton thé.
> La poche **dans laquelle** je mets mes clés est percée.
> Je t'expédie un paquet **dans lequel** tu trouveras trois romans.

Les pronoms relatifs se combinent avec toutes les prépositions de lieu :

> Vous avez pris le bateau **sur lequel** j'étais parti moi aussi.
> La ville **par laquelle** je suis passé était en fête.

À PROPOS DU SAVOIR-FAIRE

▶ Pour les apprenants, la difficulté consiste à choisir la bonne préposition **par/sur/dans** et à faire l'accord correct en genre et en nombre du relatif complexe avec son antécédent :

> *La table dans laquel j'étudie...
> *Le lit sur laquel je couche...
> *Le jardin sur quoi on joue du foot...

• Le français utilise « où » au lieu de « quand » dans des expressions comme « au moment où, à l'heure où, le jour où, etc. »
Les apprenants étrangers auront du mal à s'habituer à cet emploi de « où » dans des expressions temporelles (cf. dossier 8, 3, p. 162).

2. Quelques verbes de déplacement dans l'espace

■ Le verbe **aller**.

– Le verbe **aller 1**, dans son sens « se déplacer vers un lieu », est généralement suivi des prépositions **à, chez**. Il peut aussi être suivi des prépositions **dans, par** ou de toute autre préposition :

> Il va **à** la boulangerie.
> Ils vont **chez** le boulanger.
> Nous allons **au** marché.
> Je vais **chez** le coiffeur.
> Cet hiver, les Boli sont allés **dans** les Vosges.
> Ils sont allés **par** là.

– Le verbe **aller 2**, impliquant un mouvement finalisé par une action spécifique, est suivi d'un infinitif et n'a pas de préposition :

> Va chercher du pain.
> Allez prendre l'autobus sur la place de la gare.
> Je vais me coucher, il est tard.
> Allez lui demander conseil.

– Le verbe **aller 3** entre dans la composition du futur analytique ou « futur proche ». Il a une valeur de « semi-auxiliaire » et est directement suivi d'un infinitif :

> Ils vont sortir à 20 heures.
> Ce soir, elles vont préparer un dîner en leur honneur.

(Se référer au dossier 8, 4, p. 167 et 5, p. 181.)

▶ Au cours de l'apprentissage, on constate que beaucoup d'étrangers confondent ces divers emplois du verbe « aller ».

C'est-à-dire que le plus souvent, ils mettront une préposition « à » entre « aller » et l'infinitif :

> *Je vais à travailler.
> *Je vais à partir.

On rencontre aussi des erreurs de prépositions, après le verbe « aller » :

> *Je vais au chez mes amis.
> *Je vais dans université.

Au cours du niveau 1, les apprenants devront donc mettre en place ce double système syntaxique :

> aller + préposition + lieu ≠ aller + simple infinitif.

Les exercices systématiques **en situation** peuvent aider à la mise en place de ce double système, mais on pourra aussi faire avec profit des « analyses d'erreurs », à partir d'un corpus recueilli dans les productions orales ou écrites des apprenants.

■ Le verbe **venir.**

Il fait partie du « ici/maintenant » du locuteur. **Venir** est donc inscrit dans les instances de l'énonciation.

Seul le territoire occupé par le locuteur (je) est concerné, dans une phrase comme :

> Venez me voir.

Ceux qui ont l'intention d'aller vers ce territoire (sans invitation) devraient dire ou écrire :

> Nous irons vous voir bientôt.

Une phrase comme :

> *Nous venons chez vous demain.

serait donc incorrecte, puisque le locuteur ne se trouve pas, au moment de son énonciation, dans le territoire de la personne à qui il parle.

Cependant, à l'occasion d'une invitation ou d'une prise de rendez-vous, notamment par téléphone, il est possible pour la personne invitée de dire :

> D'accord, je viendrai ce soir chez vous à 20 heures.

En ce cas, cet invité se projette mentalement chez son invitant et se représente mentalement sur le territoire de ce dernier.

Les deux interlocuteurs se donnent donc mentalement le même point de référence spatiale.

En revanche, le locuteur qui invite chez lui ne doit pas dire :

> *Allez chez moi.

Au moment où on entre physiquement dans le territoire d'autrui on peut utiliser **venir,** puisque les interlocuteurs ont, à ce moment-là, le même point de référence spatiale, c'est-à-dire le même « ici » :

> Je viens chez vous pour vous demander un conseil.
>
> Je venais vous rapporter ce que vous m'aviez prêté.
>
> Demain, je viendrai te retrouver ici à 17 heures.

■ Les verbes **revenir** et **retourner.**

– Le verbe **revenir** peut être utilisé par une personne qui est sur le point de quitter un lieu et qui s'y réfère, alors qu' elle s'y trouve encore (c'est encore son « ici ») :

> Attends-moi, je reviens tout de suite.
>
> Aujourd'hui, je pars de Paris, mais j'y reviendrai bientôt.
>
> Je me trouve bien chez vous, je reviendrai vous voir bientôt.
>
> Nous reviendrons, ici, l'été prochain.

Tout locuteur peut, de chez lui, renouveler une invitation à des personnes présentes ou physiquement absentes (par communication téléphonique ou par lettre) en leur disant :

> Revenez nous voir bientôt, nous vous attendons.

L'invité peut répondre oralement, parce qu'il se projette mentalement au même point de référence spatiale :

> D'accord je reviendrai bientôt.

– Le verbe **retourner** peut être employé par une personne qui se trouve **ailleurs** que dans le lieu auquel elle fait référence :

J'ai beaucoup aimé Belle-Ile-en mer, j'y retournerai un jour.

En ce moment, nous passons nos vacances à Crozon, nous retournerons à Paris (chez nous) à la fin du mois.

J'ai fini mes études à Paris, je retourne/rentre dans mon pays.

Les Durand sont retournés au Canada, d'où ils sont originaires.

■ Les verbes **entrer** et **rentrer.**

– Le verbe **entrer** s'emploie pour tout mouvement de l'extérieur vers l'intérieur :

Entrez donc, je suis contente de vous revoir.

Je suis entrée dans un magasin et j'ai acheté ça.

– Le verbe **rentrer** implique une réitération, un mouvement vers le point de départ conçu comme l'« intérieur » :

Allô ? Non, Marie n'est pas là, elle rentrera tard ce soir.

Mes études à Paris sont finies, je rentre dans mon pays.

Les Durand, mes amis canadiens, sont rentrés au Canada.

À PROPOS DU SAVOIR-FAIRE

▶ Si ces verbes sont mentionnés, c'est que les étudiants étrangers les confondent très souvent.

En effet, la différence de sens entre « revenir », « retourner » et « rentrer » est très difficile à saisir.

Il est donc indispensable que l'enseignant éclaircisse ces significations, en employant si possible des graphiques.

Attention : l'emploi de ces verbes exige de savoir clairement où se situent dans l'espace les locuteurs, au moment de l'énonciation.

Il s'agit de savoir aussi si la communication entre les interlocuteurs se fait face à face (donc dans le même « ici »), par téléphone (ce qui peut autoriser un « ici » mentalement commun) ou par écrit (les interlocuteurs ont nécessairement deux « ici » distincts) :

1. Il est chez lui, où il veut faire venir des amis :

Venez chez moi. (son « ici »)

2. Il accepte par téléphone une invitation chez quelqu'un :

Je viendrai vers 20 heures. (projection mentale dans le « ici » de l'invitant)

J'irai vous voir et j'arriverai vers 20 heures. (distinction est faite entre le « ici » du locuteur et le « ici » de l'invitant)

3. Il se propose de rendre visite à des amis et cela sans invitation préalable :

J'irai vous voir chez vous lundi. J'arriverai vers 20 heures.

4. Il est chez lui ou n'importe où, mais s'apprête à partir :

Je reviendrai.

5. Il entre de nouveau chez lui ou chez quelqu'un d'autre, après une absence :

Je suis revenu.

6. Il est ailleurs (n'importe où) et considère un départ en direction de son lieu d'origine :

> Je retourne ou je rentre dans mon pays.

7. Il est chez lui ou n'importe où, sauf dans le lieu auquel il fait maintenant référence :

> Je retournerai avec plaisir dans ce charmant village.

CE QU'IL FAUT SAVOIR

■ Le verbe **arriver**.

Il exprime l'*aboutissement* d'un déplacement vers un lieu.

Aussi ce verbe pourrait-il être considéré comme le **résultatif** des verbes de déplacement dans l'espace : on se déplace dans l'intention d'atteindre un but. « Arriver » marquerait le résultat de tout déplacement (aller, venir, etc.).

Cette interprétation est suggérée par une certaine erreur fréquemment commise par des apprenants étrangers :

> *Je suis venu en France depuis trois jours.

Ce qui est attendu, normalement, serait :

> Je suis arrivé(e) en France depuis trois jours.

« Venir » n'exprime pas un état résultatif de type continu comme le fait, par exemple, un verbe comme « se marier », dont l'état résultatif est « être marié ». L'état résultatif de « venir » serait tout simplement « être arrivé ».

Le verbe « venir » est pourtant bien perfectif puisqu'il rentre dans une construction comme :

> Je suis venu chez vous **en** dix minutes.

Mais une fois l'aboutissement exprimé par ce verbe, l'état qui s'ensuit ou en découle serait « être arrivé ».

D'où la raison pour laquelle la forme accomplie de « venir » ne supporte pas la construction avec « depuis », exprimant un état résultatif continu.

« Arriver » s'emploie habituellement avec des circonstants de temps ou de lieu :

> Venez me voir. Je vous attends.
>
> Vous pouvez arriver **samedi vers 17 heures**.
>
> Il est arrivé **à Amsterdam jeudi dernier**.

Si l'expression « *arrivez chez moi » est peu probable en français correct, il est pourtant possible d'avoir :

> Venez chez moi et si possible arrivez **avant la nuit**.

■ **Les verbes intransitifs exprimant le passage d'un lieu à un autre.**

Un nombre limité de verbes intransitifs et perfectifs indiquent le passage d'un lieu à un autre, avec transformation d'état de l'agent qui est également le sujet grammatical du verbe :

naître	devenir	monter	entrer
venir	sortir	descendre	retourner
apparaître	partir	tomber	rentrer
arriver	aller	revenir	mourir

Ces verbes (et souvent leurs dérivés et leur **contraire sémantique** comme « rester » et « demeurer ») se conjuguent, aux temps composés, avec l'auxiliaire *être* (cf. dossier 8, 8, p. 204).

Dans les grammaires, on les appelle habituellement « verbes de déplacement », mais cette appellation n'est pas assez précise pour l'enseignement du français langue étrangère.

En effet, « marcher, courir, nager, voyager » sont aussi des verbes intransitifs de déplacement, cependant ils se conjuguent avec l'auxiliaire *avoir* et, de plus, ils sont imperfectifs.

Ce qui caractérise les verbes conjugués avec *être,* c'est qu'ils signalent un **passage d'un lieu à un autre avec transformation du sujet-agent :**

– « naître » consiste à « passer » d'un état à un autre, avec changement pour le sujet-agent ;

– « mourir » est le « passage » d'un état de vie à un état de mort ;

– « sortir, partir, aller, venir, rentrer, retourner, revenir » sont des procès qui dénotent une transformation du sujet-agent qui était là et qui ne l'est plus, ou qui n'était pas là mais qui est maintenant présent.

En outre, au passé composé, ces verbes intransitifs et perfectifs indiquent clairement un **résultat :**

> Je suis descendue. → C'est que je ne suis plus en haut, mais en bas.
>
> Je suis tombée. → C'est que je suis passée de la position verticale à une position plutôt horizontale.
>
> Il est allé au marché. → C'est qu'il n'est pas ici pour le moment : il est absent.
>
> Elle est revenue. → C'est qu'elle est maintenant ici.

Au passé composé, les autres verbes de déplacement ne signalent aucun résultat, ni aucun changement, ni aucune transformation de l'agent-sujet :

> J'ai couru. → Signale que l'action est accomplie (sans résultat particulier).
>
> Il a voyagé. → Indique une action accomplie (sans résultat particulier).

• Il est vrai que « rester » et « demeurer » sont des verbes intransitifs et imperfectifs, mais qu'ils se conjuguent avec l'auxiliaire *être* alors qu'ils ne signalent aucun passage d'un lieu à un autre, ni aucun résultat.

Cette particularité s'explique, comme cela a été mentionné plus haut, par le fait que ces deux verbes constituent les contraires sémantiques des verbes de passage d'un lieu à un autre.

• L'**aspect résultatif** de ces procès, marquant le passage d'un lieu à un autre, fait que l'on peut trouver parfois un groupe nominal directement issu de leur participe passé :

> Un nouveau-né.
>
> Un mort.
>
> Un de parti, dix de retrouvés.
>
> Les nouveaux venus.
>
> Les nouveaux arrivés.

De même que l'on peut trouver un substantif à partir du résultat de la passivation des verbes transitifs :

> Un pendu, un mordu, un tondu…

▶ Les apprenants étrangers s'habituent très difficilement à utiliser correctement l'auxiliaire *être* pour les temps composés des verbes indiquant le passage d'un lieu à un autre, avec transformation ou changement pour l'agent-sujet du verbe.

L'enseignant trouvera très souvent dans de très bonnes copies :

       *Nous avons venu vous dire...

       *J'ai allé aux États-Unis.

       *Ils ont parti aux sports d'hiver en février.

       *J'ai sorti avec mes amis au théâtre.

Cette erreur proviendrait peut-être du fait que les apprenants n'ont pas reçu l'explication nécessaire concernant les verbes exprimant le **passage d'un lieu à un autre.**

Quand on leur parle de verbes de mouvement ou de verbes de déplacement, cela ne suffit pas à leur information grammaticale pour différencier les emplois des auxiliaires *être* et *avoir* avec des verbes comme « partir » ou « aller » et « courir » ou « marcher ».

La situation dans le temps et la vision du procès

1. Les indicateurs de temps liés à l'énonciation

■ Parmi les nombreuses marques linguistiques se référant au temps, il faut d'abord distinguer celles qui sont en rapport étroit avec le moment de l'énonciation.

Ces « instances temporelles de l'énonciation » dépendent du locuteur et de sa situation dans le temps.

Quand le narrateur de *L'Étranger* de Camus, écrit : « Hier, maman est morte », le marqueur temporel **hier** ne coïncide pas avec le « hier » du lecteur, ni avec le mien au moment où j'écris ces lignes.

Tout énonciateur, au moment de son énonciation, possède son **aujourd'hui,** son **maintenant,** son **hier** et son **demain.** Ce sont les « instances du discours ». Roman Jakobson les appelle les « embrayeurs du discours » :

      – Qu'avez-vous fait **hier** soir ?
      – **Hier** soir ? J'ai reçu des amis.

■ La liste des **embrayeurs temporels** est relativement longue :

maintenant	en ce moment	cette semaine	cette année
aujourd'hui	à la minute	ce matin	l'année dernière
hier	à l'instant	ce soir	l'année prochaine
demain	tout à l'heure	cette nuit	ce mois-ci
lundi	lundi dernier	lundi prochain	mardi, etc.

• Tout embrayeur nécessite une transformation, dès lors qu'il est rapporté dans une situation temporelle à laquelle il ne coïncide plus :

maintenant	→	à ce moment-là
aujourd'hui	→	ce jour-là
hier	→	la veille
demain	→	le lendemain
ce soir	→	ce soir-là
le mois prochain	→	le mois suivant
le mois dernier	→	le mois précédent
l'année prochaine	→	l'année suivante
l'année dernière	→	l'année précédente
lundi	→	ce lundi-là

Observez et comparez :

Instances du discours : samedi 13 janvier 1996, 11 heures du matin.

Qu'est-ce que vous avez fait **hier soir** ?

Discours rapporté quelques jours plus tard :

Je lui ai demandé ce qu'il avait fait **la veille au soir.**

■ D'autres **indicateurs temporels** expriment également un lien temporel bien réel entre le locuteur-énonciateur et les états ou actions dont il parle :

Il y a huit jours, mon frère s'est marié.

Il est marié **depuis** huit jours.

Ça fait huit jours **qu'**il est marié.

Il y a huit jours **qu'**il est marié.

Il reviendra de voyage de noces **dans** une semaine.

■ **Il y a** et **dans** indiquent deux points, l'un dans le passé et l'autre dans le futur du locuteur. Ils ont une valeur ponctuelle :

locuteur

il y a   ici et maintenant   dans

Il y a et **dans** sont suivis :

– de l'expression d'une durée chiffrée :

Il y a douze mois.

Dans trois mois.

– d'une expression de durée moins précise :

Il y a longtemps.

Dans quelque temps.

Dans une phrase avec « il y a » le verbe est au passé :

Elle s'est mariée il y a trois mois.

Il y a trois mois exactement, elle se mariait.

Dans le 2e exemple, l'imparfait a une valeur « dramatique » : on revoit la personne « en train de se marier », trois mois plus tôt.

Dans une phrase avec « dans » le verbe est soit au futur, soit au présent :

Il reviendra dans huit jours.

Dans huit jours, il revient.

Dans le 2e exemple, le présent a une valeur d'actualité imminente : on se projette dans l'avenir et l'on voit la personne « en train de revenir ».

• **Il y a** ne peut pas être suivi d'un passé simple car ce temps appartient à l'histoire et non au discours.

En d'autres termes, cela signifie que le passé simple est incompatible avec les instances de l'énonciation.

Comme l'expliquait Émile Benveniste, il ne peut y avoir le moindre lien temporel entre celui qui parle « ici et maintenant » (discours) et le temps de l'histoire (époque révolue et mise à distance par rapport au locuteur).

• **Il y a** et **dans** subissent la transformation suivante au discours rapporté au passé :

Il y a 8 jours → 8 jours plus tôt. (auparavant/avant)

Dans 8 jours → 8 jours plus tard. (après)
> J'ai vendu ma voiture, il y a 8 jours.
> Il a expliqué qu'il avait vendu sa voiture huit jours plus tôt (auparavant).

> Je pars dans dix jours.
> Il a annoncé qu'il partait dix jours plus tard.

■ Depuis, il y a... que et ça fait... que.

Ces indicateurs temporels se construisent avec une durée chiffrée :
> Il est parti **depuis** trois jours.
> **Il y a** trois jours **qu'**il est parti.
> **Ça fait** trois jours **qu'**il est parti.

Ils se construisent aussi avec les adverbes de temps « longtemps, peu de temps, etc. » qui dénotent une durée :
> **Il y a** longtemps **qu'**elle attend une promotion.

• **Depuis** peut être également suivi d'une date fixe ou d'un nom exprimant un événement :
> Il est parti **depuis** dimanche dernier.
> J'ai une bourse d'études **depuis** 1995.
> Elle ne travaille plus **depuis** son mariage.
> Ils sont au chômage **depuis** leur accident.

Deux visions peuvent être obtenues grâce à « depuis » : le point de départ et la durée.

Point de départ :

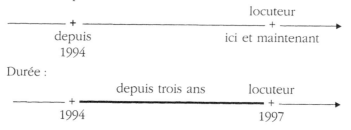

• D'une manière générale, un énoncé contenant « depuis », « il y a... que » et « ça fait... que » indique qu'un état ou une action continue au moment de l'énonciation. Ces indicateurs ont une valeur durative. C'est pourquoi on trouve l'indicatif présent dans ces constructions :
> Il travaille depuis cinq ans.
> Ça fait cinq ans qu'il travaille.
> Il y a cinq ans qu'il travaille.

Cependant, l'état ou l'action peut être à l'aspect « résultatif » – c'est-à-dire être la conséquence logique d'une action accomplie dans le passé :
> Il y a trois jours qu'il est arrivé.
> Ça fait trois jours que j'ai vendu ma maison.
> Elle est mariée depuis une semaine.

Les actions « arriver », « vendre » et « se marier » ont eu lieu dans le passé. Elles ont un résultat qui dure actuellement : le fait d'être arrivé, le fait d'être marié et le fait d'être vendu.

Dans ces cas, on peut trouver avec les indicateurs de temps « depuis », « il y a... que » et « ça fait... que » des verbes au passé composé (aspect résultatif).

Remarque : il est à noter que, dans la plupart des cas, les aspects accompli et résultatif ont exactement la même forme en français. Pourtant, certains verbes pronominaux comme « se marier, s'endormir, se coiffer, etc. » ont une forme légèrement différente à l'aspect résultatif (cf. *infra* 5, p. 175).

> Ils **se sont mariés** en 1994. (aspect accompli – passé composé)
> Il y a trois ans qu'ils **sont mariés**. (aspect résultatif – valeur adjectivale [?])

• Dans les constructions avec « depuis », « il y a... que » et « ça fait... que », seuls les verbes *perfectifs* (c'est-à-dire ceux dont le sémantisme exprime l'aboutissement de l'action) sont employés au passé composé (aspect résultatif). Les verbes *imperfectifs* sont au présent de l'indicatif.
Observez le fonctionnement de ces deux types de verbes avec les indicateurs temporels « depuis », « il y a... que » et « ça fait... que » :

Perfectifs :	Imperfectifs :
trouver	chercher
mourir	souffrir
naître	vivre
tomber	courir
partir	marcher
arriver	habiter
sortir	travailler
s'endormir, etc.	dormir, etc.

> Il y a trois heures qu'elles **ont trouvé** la solution.

Mais :

> Il y a trois heures qu'ils **cherchent** la solution.

Toutefois, les verbes imperfectifs, au *passé composé de forme négative,* peuvent être employés avec ces trois indicateurs temporels :

> (1) Il y a trois jours qu'ils n'ont pas dormi.
> (2) Ils n'ont pas travaillé depuis 1994.
> (3) Ça fait dix ans qu'elle n'a pas vu ses parents.

Comme on peut le constater, au passé composé de forme négative, ces constructions *présupposent* une continuité dans le présent :

> (1) Ils ne dorment pas.
> (2) Ils ne travaillent pas.
> (3) Elle ne les voit pas.

• Lorsqu'il y a déplacement de la référence temporelle dans le passé ou le futur du locuteur, les indicateurs temporels « il y a... que » et « ça fait... que » sont utilisés à l'imparfait ou au futur et ne sont donc plus en rapport avec le moment de l'énonciation (cf. *infra* 4, p. 169) :

> Quand je l'ai rencontré ce jour-là, **il y avait** trois jours **qu'**il n'avait pas dormi.
>
> **Il y aura** seulement trois jours **qu'**il sera installé à Paris, quand il commencera à travailler.

À PROPOS DU SAVOIR-FAIRE

▶ Se situer dans le temps est indispensable à tout locuteur, même s'il est débutant dans l'apprentissage de la langue. Dès lors, il semble étonnant que les enseignants de langues étrangères soient si souvent réticents à un enseignement précoce des trois époques (passée/présente/future). Certes, un enseignement linéaire de la grammaire peut, par exemple, avoir des avantages quant à la fixation du temps présent, avant que ne soient abordés les temps composés. Mais ce choix pédagogique s'oppose nécessairement à une approche communicative de l'enseignement/apprentissage des langues. Le sujet parlant doit avoir accès aux moyens linguistiques qui lui permettent d'exprimer son vécu. Ce vécu est nécessairement inscrit dans les trois époques.

C'est en s'exerçant à se dire et à se raconter que l'apprenant mettra peu à peu en place le système des temps et des indicateurs temporels de la langue qu'il apprend. Les enseignants estiment parfois que l'apprentissage doit se faire de façon cloisonnée : d'abord le système de l'indicatif présent, ensuite le système du futur, puis celui de l'imparfait et du passé composé, avant d'aboutir au mode subjonctif. Ce découpage pédagogique ne se justifie pas si l'on se donne pour objectif d'aider les apprenants à comprendre et à prendre la parole en langue étrangère. Une exposition simultanée aux trois époques est donc nécessaire dès le début de l'apprentissage. La progression se fera « en tache d'huile », ou « en spirale », pour éviter un cloisonnement réducteur qui rend impossible toute communication quotidienne.

▶ Parfois, les règles données sont trop généralisantes. Par exemple, celle qui consiste à dire que « depuis », « il y a... que » et « ça fait... que » se construisent avec le présent.

Pour éviter des généralisations hâtives, il faut être bien conscient des nuances nécessaires à apporter entre « temps-époque » (passé-composé/présent), « aspects » (accompli/résultatif) et surtout valeur perfective ou imperfective des verbes :

> Ça fait deux jours que j'**étudie** le français ici. (verbe imperfectif)
> Il y a huit jours que je **suis arrivée** en France. (verbe perfectif)
> J'**ai trouvé** un appartement depuis trois jours. (verbe perfectif)
> J'**ai fini** mon travail depuis trois jours. (verbe perfectif)

Par suite des règles trop générales données en début d'apprentissage, les apprenants produiront des phrases du type :

> *Il y a huit jours que j'arrive en France.
> *Je trouve un appartement depuis trois jours.
> *Il y a huit jours que je finis mon travail.

Ce type d'erreurs peut provenir d'un enseignement qui s'appuie trop sur les règles formelles (grammaire traditionnelle), sans tenir compte des règles sémantiques (valeur d'emploi des temps).

▶ On veillera tout particulièrement à ce que les apprenants distinguent clairement les indicateurs « il y a » (à valeur ponctuelle) et « il y a... que » (à valeur durative).

145

▶ Parfois, les apprenants confondent « en ce moment » et « à ce moment-là », « demain » et « le lendemain », « hier » et « la veille », « le mois dernier » et « le dernier mois » :

> *J'habite à Paris depuis le dernier mois.
> *Il est difficile de travailler à ce moment.
> *Je viendrai à ce temps-là.
> *À ce moment, il prend plusieurs médicaments.
> *On part aujourd'hui, on doit quitter ceux qui partent le lendemain.
> *Demain, j'allais au Mont-Saint-Michel. (Le lendemain, je suis allé...)
> *Si je ne me couchais pas trop tard la nuit dernière. (la veille)
> *C'est à cause du fête qu'elle est allée le soir dernier. (hier soir)
> *J'arrive le dimanche prochain.

Ce genre d'erreurs prouve qu'il est indispensable de travailler les différences d'emploi et de valeur des embrayeurs du discours et des autres indicateurs de temps.

Pour systématiser ces emplois spécifiques, l'enseignant peut, par exemple, proposer une bande dessinée *datée* où les personnages parlent de leur « ici et maintenant ».

Les apprenants doivent rapporter les paroles des personnages – ce qui demande nécessairement une transformation des instances de l'énonciation.

Évidemment, l'enseignant évitera de demander aux apprenants de rapporter ses propres paroles du jour, étant donné que le groupe vit les mêmes instances temporelles !

2. Les indicateurs temporels non liés à l'énonciation

CE QU'IL FAUT SAVOIR

■ **En** et **pendant.**

Ces deux indicateurs temporels ont une valeur durative, ils s'emploient aux trois époques et ne sont pas liés aux instances de l'énonciation :

> J'ai terminé ce travail **en** dix minutes.
> Nous repeindrons la maison **pendant** les vacances.
> Ils font un aller Paris-Rome **en** deux heures et demie.
> J'ai vécu **pendant** dix ans au Maroc.
> Ils vécurent très heureux **pendant** des années.

• **En** et **pendant** indiquent les deux bornes du déroulement d'une action, alors que « il y a », « depuis » et « dans » n'en marquent qu'une seule.

• **En** et **pendant** sont suivis d'une expression de durée chiffrée (dix minutes, deux heures, trois ans, etc.). **Pendant** peut être suivi d'un nom représentant sémantiquement une durée (les vacances, la scolarité, l'année, le travail, le sommeil, etc.) et peut s'effacer devant une expression de durée chiffrée :

> J'ai vécu dix ans au Maroc.

> Ils sont restés deux mois au Japon.
> Il a été absent une dizaine de jours.

• L'indicateur temporel **en** ne s'emploie qu'avec des verbes *perfectifs* puisqu'il signale exclusivement le temps nécessaire à l'aboutissement d'une action :

> Ils ont fait ce voyage **en** trois jours.
> J'ai repeint la maison **en** dix jours.
> Elle a accouché **en** vingt minutes.

• L'indicateur **pendant** signale les bornes extrêmes entre lesquelles une action a lieu, sans indiquer pour autant le temps nécessaire à l'aboutissement du procès :

> J'ai repeint la maison **pendant** dix jours. (Mais je n'ai toujours pas terminé.)
> Elle a accouché **pendant** les vacances. (Mais je ne sais pas si cet accouchement a été rapide ou long.)

■ L'indicateur temporel à valeur durative **pour** exprime les deux bornes de la durée prévue pour l'aboutissement d'une action, qui peut commencer à une des trois époques.
L'aboutissement du procès étant attendu, **pour** ne s'emploie pas avec des verbes *imperfectifs* :

> Les Boli sont absents **pour** tout l'été.
> Marie est partie **pour** trois mois aux États-Unis.
> Cette cure sera longue. Vous en avez au moins **pour** six mois.
> La station de métro n'est pas loin : vous en avez **pour** cinq minutes à pied.
> Les Durand ont loué un appartement **pour** un an seulement.
> Ils étaient partis **pour** cinq ans. Ils revinrent dix ans plus tard.

• Pour saisir la différence de valeur entre **en, pendant** et **pour,** on pourra comparer les énoncés suivants :

> (1) Pierre est parti **en** cinq minutes.
> (2) Pierre est parti **pendant** dix jours.
> (3) Pierre est parti **pour** dix jours.

(1) Signifie que le départ de Pierre n'a pris que cinq minutes (un départ précipité).
(2) Signifie que Pierre est parti et qu'il a été absent pendant dix jours, mais il est maintenant revenu.
(3) Signifie que Pierre est parti et qu'il est actuellement absent. Son retour est attendu prochainement.

À PROPOS DU SAVOIR-FAIRE

▶ Les apprenants étrangers ont tendance à confondre les indicateurs temporels :

> *J'ai voyagé en trois heures. (pendant)
> *J'ai guéri dans trois jours. (en)
> *J'ai travaillé pour deux mois. (pendant)
> *Je ne l'ai pas vu pour trois jours. (pendant ou depuis)
> *Je m'endors dans cinq minutes. (en)

*Ça fait octobre que je cherche une chambre. (depuis)
*J'arrive ici depuis trois jours. (je suis arrivé(e))
*Je suis ici cinq semaines.
*J'étudiais le français en deux ans. (j'ai étudié pendant).

Ce corpus d'erreurs laisse entendre que la grammaire intermédiaire se constitue soit à partir de calques de la grammaire de la langue maternelle, soit à partir d'un apprentissage insuffisant.

Parfois, ce serait peut-être même l'enseignement/apprentissage lui-même qui conduirait à l'erreur (j'arrive ici depuis trois jours, j'ai voyagé en trois heures, etc.). C'est au cours de conversations informelles, concernant le vécu des apprenants, que pourrait se mettre en place l'emploi correct des indicateurs temporels. L'enseignant se contenterait de corriger « en écho » l'énoncé fautif, sans pour autant interrompre la prise de parole de l'apprenant :

    – Ce week-end, je suis allé à Rome.
    – Alors, raconte-nous ton voyage.
    – *J'ai voyagé en trois heures.
    – Le voyage Paris-Rome a duré trois heures ?
    – Oui.
    – Alors, « j'ai fait le voyage Paris-Rome en trois heures ». *(sotto voce)*
    – Oui, là-bas, *j'ai visité en deux jours.
    – Tu as tout visité ?
    – Non.
    – Alors, « j'ai visité Rome pendant deux jours ».
    – Mais, si j'ai tout visité ?
    – Alors, « j'ai visité tout Rome en deux jours ».
    – Mais ce n'est pas vrai ! J'ai visité Rome **pendant** deux jours !
    – Et quelles sont tes impressions ?

C'est à l'occasion d'échanges de ce type que les apprenants se forgent leurs règles d'emploi. Ils n'ont pas besoin de démonstrations plus explicites pour devenir performants. Cette correction « en écho » et en communication peut éclairer les différences d'emploi entre « en » et « pendant » plus efficacement que toute une séance de grammaire sur les indicateurs temporels. Il sera utile, cependant, de faire expliciter ces différences d'emploi plus tard dans l'apprentissage. Pour que ce travail soit réellement efficace, encore faut-il que l'enseignant sache immédiatement en quoi consiste l'erreur de l'apprenant. C'est-à-dire que l'enseignant doit connaître l'ensemble des contraintes d'emploi de « en » et « pendant », par exemple.

CE QU'IL FAUT SAVOIR

■ Les indicateurs temporels à valeur ponctuelle **en** et **à**.

Pour indiquer une date précise, pouvant se situer aux trois époques (passée, présente, future), on emploie les prépositions « en » et « à ».
Le groupe prépositionnel, ainsi constitué, a une fonction de complément circonstanciel de temps :

1. En s'emploie :
a. devant le nom des mois :

    En octobre, **en** décembre, **en** janvier, **en** avril 1994.

b. devant les années :
> – **En** quelle année vous êtes-vous installés ici ?
> – **En** 1994.
> – Quand êtes-vous né ?
> – **En** 1978.

c. devant trois saisons :
> Les cours commenceront **en** automne.
> Le second semestre commencera **en** hiver.
> Il n'y aura pas de cours **en** été. (cet été)

2. À s'emploie :

a. sans article devant certains jours de fête :
> **À** Noël, **à** Pâques…

b. avec l'article devant :
– les autres jours de fête :
> **À la** Saint-Nicolas, **à la** Saint-Valentin, **à la** Trinité, **à la** Pentecôte…

– des noms communs féminins exprimant une époque de l'année ou un événement :
> **À la** fin de l'année, **à la** mi-août, **à la** saison des pommes…
> **À la** mort de grand-père, **à la** naissance de Sylvie.
> **À la** communion des jumeaux.

c. avec l'article contracté devant :
– « le printemps » :
> Les examens ont lieu **au** printemps.

– « le mois de… » :
> Je partirai **au** mois de mars.

– des noms communs masculins exprimant une époque de l'année ou un événement :
> **Au** début de l'année.
> **Au** mariage de Stéphane.
> **Au** revoir.

• Dans les exemples précédents, **en** et **à** ont une *valeur temporelle spécifique*, concernant une date ou une époque précise (au mois de juin 1994), mais ils peuvent, dans d'autres contextes, prendre une *valeur temporelle générique* :
> On ramasse les pommes **en** automne.
> Le houx fleurit **à** Noël.
> On fait les foins **au** mois de juin.
> Les moissons ont lieu **en** août.

• Pour les jours de la semaine, cette *valeur temporelle générique* se manifeste par la simple présence de l'article défini :
> **Le** samedi et **le** dimanche, nous ne travaillons pas.

• Les jours de la semaine employés sans article font partie des instances du discours, ils sont liés au « ici/maintenant » de l'énonciateur (cf. *supra* 1, p. 141) :
> – Quel jour est-ce, aujourd'hui ?
> – Samedi.
> – Qu'est-ce que tu as fait mercredi ?
> – Mercredi ? Je suis allée à La Villette avec les enfants.

• Devant un jour de la semaine, on peut trouver l'article défini à *valeur spécifique* :

> La semaine dernière, je suis allée en vacances dans les Ardennes. Je suis arrivée à Sedan **le** dimanche soir, **le** lundi et **le** mardi je me suis reposée. **Le** mercredi et les jours suivants, j'ai fait des randonnées. Je suis rentrée à Paris dimanche, c'est-à-dire hier, dans la matinée.

La présence de l'article signifie qu'il s'agit bien d'un dimanche spécifique (celui de la semaine dernière) et non pas, par exemple, celui de cette semaine, « ici et maintenant » de la narratrice.

• Pour donner une date chiffrée précise, aux trois époques (présente, passée, future), on utilise l'article défini :

> – Quelle est votre date de naissance ?
> – Je suis né **le** 26 février 1978.
> – Quand vous mariez-vous ?
> – Nous nous marions **le** 21 décembre, dans trois mois.

• Une lettre fait apparaître, en haut et à droite de la feuille de papier, le lieu et la date de sa rédaction :

> Paris, **le** 15 octobre 1996.

À PROPOS DU SAVOIR-FAIRE

▶ Les apprenants étrangers ont de la difficulté à utiliser les expressions de temps :

> *Dans le mois de décembre.
> *Dans décembre.
> *Sur lundi.
> *Je suis né sur le 15 d'octobre 1978.
> *Dans 1994. Dans l'été.
> *Je viendrai le prochain mardi.
> *Je suis allé à l'Italie dans l'été.
> *Je me repose au dimanche.
> *Le dimanche je pars à Rome. (Pour : Dimanche je pars à Rome.)

Ce phénomène est le plus souvent lié à des calques sur leur langue maternelle. Ce n'est que par des échanges interactifs, à propos de la situation dans le temps, qu'ils maîtriseront peu à peu le système des indications temporelles du français.

Le premier système temporel à mettre en place est celui qui concerne le « ici et maintenant » des apprenants.

Concernant la préposition « à », on rencontrera au cours de l'apprentissage des erreurs liées à la contraction de l'article : « *à le », « *à les » pour « au » et « aux ». À la place de la préposition de temps « en », ils utilisent régulièrement « dans le » ou « dans la ».

D'une manière générale, si le système linguistique maternel de l'apprenant ne comporte qu'un seul item temporel « dans » pour recouvrir le système français « en, dans, à », il est logique qu'il y ait des difficultés de mise en place du système plus complexe.

Aussi, les erreurs qui frisent le contresens seront explicitées, pour que l'apprenant puisse lever toute équivoque sur la portée de son message.

Les erreurs morphologiques sans ambiguïté sémantique peuvent être corrigées « en écho ».

CE QU'IL FAUT SAVOIR

■ À partir de, dès, jusqu'...

Ces marqueurs de temps sont ponctuels, c'est-à-dire qu'ils ne représentent qu'un point de départ ou un point d'arrivée sur l'axe du temps.

« À partir de », « dès » et « jusqu'... » sont employés aux trois époques (passée, présente et future) :

> **À partir du** mois de septembre, je travaille.
>
> **Dès** la semaine prochaine, je vous règle mon loyer.
>
> En France, **à partir de** 1944, les femmes ont eu le droit de vote.
>
> Elles ont voté **dès** le mois d'avril 1945.
>
> Vous avez **jusqu'à** lundi matin pour payer vos impôts.
>
> Les cours ont lieu **jusqu'au** 20 mai.
>
> Les Boli seront absents **jusqu'en** septembre.

• **À partir de** et **dès** indiquent le point de départ d'un état ou d'une action. **Jusqu'...** signale la dernière limite pour leur déroulement.

Ces indicateurs de temps peuvent être suivis d'une date chiffrée :

> **À partir du** 1er janvier 1996.
>
> **Dès le** 31 décembre 1995.
>
> **Jusqu'au** 20 mai 1997.

Ils peuvent être suivis d'un nom exprimant une époque ou un événement :

> **À partir de** cet hiver.
>
> **Dès** le printemps.
>
> **Jusqu'à l'**été.
>
> **À partir de** sa naissance.
>
> **Jusqu'à** son 18e anniversaire.
>
> **Dès** son arrivée dans le quartier.

• **À partir de** indique, de façon tout à fait neutre (objective), le début d'un état ou d'une action. **Dès** indique, de façon plus subjective, que le début d'un événement est estimé comme étant « précoce » :

> **À partir du** mois de mai 1968, les étudiants se mobilisèrent.
>
> **Dès** le mois de mai 1968, les étudiants se mobilisèrent.

• **À partir de** et **jusqu'à** imposent, quand cela est nécessaire, l'emploi d'un article contracté :

> À partir **du** mois de septembre.
>
> Jusqu'**au** mois de mai.
>
> À partir **des** grandes vacances.
>
> Jusqu'**aux** vacances d'hiver.

À PROPOS DU SAVOIR-FAIRE

▶ Les apprenants de français langue étrangère peuvent confondre les emplois de « à partir de » et « dès », de même qu'ils ont tendance à confondre « depuis » et « dès » :

> **À partir de** demain, vous pouvez vous inscrire.
>
> (= Les inscriptions commencent demain, c'est officiel.)

Vous pouvez vous inscrire **dès** demain.

(= Les inscriptions sont ouvertes, n'attendez donc pas plus tard que demain pour vous inscrire, c'est aussi simple !)

Dès leur rencontre, ils se sont aimés.

(= Leur amour a été immédiat.)

Depuis leur rencontre, ils s'aiment.

(= Leur amour continue toujours.)

La **paraphrase** en situation et le **réemploi en contexte** faciliteront la différenciation à faire entre ces emplois des indicateurs temporels.

CE QU'IL FAUT SAVOIR

■ **Avant et après.**

À partir d'un point de référence, concernant une des trois époques (passée, présente ou future), ces indicateurs de temps expriment une antériorité (avant) ou une postériorité (après) :

Il s'est installé en France en 1994. **Avant,** il habitait (a habité, avait habité) au Québec.

Il restera en France jusqu'en 2001. **Après,** il retournera à Montréal.

■ **Avant** et les temps du verbe.

Si le procès du verbe de référence est au présent, le verbe qui lui est antérieur sera à un temps du passé : le passé composé ou l'imparfait.

Je travaille à Paris depuis 1989. **Avant** je travaillais (ai travaillé) à Marseille.

Si le procès du verbe de référence est au passé, le verbe qui lui est antérieur sera soit à l'imparfait, soit au passé composé, soit au plus-que-parfait :

À partir de 1990, j'ai étudié les lettres modernes. **Avant** j'étudiais (ai étudié, avais étudié) le droit.

• Le choix du temps passé marquant l'action antérieure est lié à la *vision* que veut en donner le locuteur :

1. Le point de référence est le présent :

Maintenant je travaille à Paris.

a. Vision de l'action antérieure en *accomplissement au passé :*

Je travaille à Paris ; **avant** je travaillais à Marseille.

b. Vision de l'action antérieure comme *accomplie au passé :*

Je travaille à Paris ; **avant** j'ai travaillé à Marseille.

2. Le moment de référence est le passé :

J'ai étudié les lettres.

a. Vision de l'action antérieure en *accomplissement au passé :*

J'ai étudié les lettres à partir de 1990 ; **avant** j'étudiais les maths.

b. Vision de l'action antérieure comme *accomplie au passé :*

J'ai étudié les lettres à partir de 1990 ; **avant** j'avais étudié les maths.

c. Vision de l'action, non plus dans sa valeur d'antériorité, mais tout simplement dans sa valeur *accomplie*. Les deux actions sont alors vues dans un simple rapport de *successivité,* toutes deux par rapport au temps de l'énonciation :

J'ai étudié les lettres et **avant** j'ai étudié les maths.

3. Le point de référence est le futur :

En 2010, il travaillera.

a. Vision de l'action antérieure comme *accomplie dans le futur :*

En 2010, il travaillera probablement pour la BNP. Mais **avant** cette date, il aura été stagiaire au Crédit Agricole.

b. Vision des deux actions dans un simple rapport de *successivité :*

Vous travaillerez probablement pour la BNP. Mais **avant** vous serez stagiaire au Crédit Agricole.

Cette analyse laisse entendre que les problèmes d'antériorité sont non seulement liés aux temps verbaux marquant la chronologie, mais aussi à l'aspect de ces temps, c'est-à-dire à la vision. Celle-ci peut varier en fonction du point de vue que veut exprimer le locuteur. Nous reviendrons plus en détail sur cette question délicate, dans la partie du dossier consacrée aux valeurs et emplois des temps (cf. *infra* 4, p. 170 et 5, pp. 173-177).

■ **Après** et les temps des verbes :

1. L'indicateur de postériorité peut introduire des actions successives :

Je suis descendue à Paris, **après** je suis allée à Nice.

Fais (tu feras) d'abord tes devoirs, **après** tu sortiras.

Ils ont dîné ensemble, **après** ils l'ont accompagnée à la gare.

D'abord je clique sur « fichier », **après** je choisis dans le menu.

Les actions successives passées, reliées par « après », sont au même temps.

2. L'indicateur de temps « après » peut évidemment *souligner* le rapport « antériorité/postériorité » entre deux actions :

Si tu as terminé tes devoirs, tu pourras sortir **après.**

Tu finis ton travail et **après** on ira au cinéma.

On avait fini de déjeuner. **Après,** les enfants sont sortis.

Mais, comme le montrent ces exemples, l'indicateur « après » n'est pas indispensable pour établir ce rapport « antériorité/postériorité » qui peut exister entre deux actions.

• Les emplois isolés de « avant » et « après » sont fortement concurrencés par les constructions :

– avant + nominalisation, avant de + infinitif, avant que + subjonctif ;

– après + nominalisation, après + infinitif passé, après que + indicatif (cf. *infra* 3, pp. 161-162).

À PROPOS DU SAVOIR-FAIRE

▶ En général, on enseigne aux apprenants que « avant » se construit avec l'imparfait, lorsque le temps du verbe de référence est au présent.

Cela est exact si le présent du verbe de référence est un présent générique :

Maintenant, les gens **regardent** la télévision. (présent générique)

Avant, ils **passaient** leurs soirées à discuter. (imparfait générique)

Mais si le temps du verbe de référence est au présent spécifique (être en train de), il faut savoir expliquer aux apprenants que l'on peut trouver tout aussi bien un passé composé qu'un imparfait.

Cela dépend non seulement de l'antériorité temporelle, mais également de l'aspect, ou vision, que le locuteur veut donner de cette action antérieure (vue comme accomplie ou vue en accomplissement au passé) :

> – Qu'est-ce que tu fais en ce moment ?
> – Je prépare le dessert (je suis en train de préparer...), juste avant j'ai préparé (je préparais) les hors-d'œuvre.

L'enseignant de français langue étrangère doit se méfier de donner des règles trop générales concernant l'emploi des temps des verbes.

▶ Des apprenants confondent « avant » et « il y a », « avant » et « auparavant » :

> *Avant deux jours, elle est allée patiner. (Il y a...)
> *Avant quelques jours, j'avais arrivé à Paris. (Quelques jours plus tôt...)

▶ Parfois, l'étudiant traduit en suivant les règles syntaxiques de sa langue maternelle :

> *Après séjournant à Paris, j'ai allé de nouveau à New York.

Il faudra lui apprendre que c'est l'infinitif passé qui suit « après ».

Cet infinitif passé exprime la relation « antériorité/postériorité » entre les deux verbes : il faut d'abord que l'action de « séjourner » soit accomplie (d'où l'infinitif passé) avant que la personne ne puisse retourner à New York.

3. Les autres marqueurs temporels

CE QU'IL FAUT SAVOIR

■ Les **adverbes de temps** sont des marqueurs investis de plusieurs fonctions :

1. Ils attribuent un ordre chronologique à des actions en série : d'abord, ensuite, et puis, alors, enfin.
Ils ont alors une valeur ponctuelle.

2. Ils signalent la continuité d'une action : longtemps, toujours, continuellement, encore, etc.
Ils ont alors une valeur durative.

3. Ils précisent la fréquence (itération et réitération) d'une action : une fois, parfois, souvent, de temps en temps, rarement, de nouveau, encore, une fois de plus, etc.
Ils ont alors une valeur sémelfactive (une seule fois) ou une valeur itérative (plusieurs fois).

4. Ils soulignent la promptitude de réalisation d'une action : déjà, tout de suite, immédiatement, sans délai, à l'instant, sur le coup, etc.

5. Ils marquent l'éloignement dans le temps : autrefois, auparavant, jadis, en ce temps-là, etc.

• Ces marqueurs peuvent être employés seuls, dans une réponse par exemple :
> – Est-ce que vous faites du sport ?
> – **Rarement.**
> – Elle fume encore ?
> – **Toujours !**
> – Il est parti.
> – **Déjà ?**

• En tant qu'adverbes, ils sont souvent postposés au verbe qu'ils modifient.
En cas de verbes conjugués à un temps composé, ils se placent après l'auxiliaire :
> J'ai **longtemps** vécu dans sa famille.
> Il a **toujours** évité les explications.
> Nous avons **rarement** cherché à le comprendre.
> Je me souviendrai **toujours** de lui.

• Il est possible de mettre un adverbe de temps en position détachée (en tête ou en fin de phrase) pour créer un effet de mise en relief.
À l'écrit, ces adverbes se signalent par la présence d'une virgule.
À l'oral, ils sont suivis d'une pause et d'une différence de hauteur musicale dans la voix :
> « Longtemps, je me suis couché de bonne heure. »
> « Longtemps, j'ai confondu l'exotisme et les timbres-poste. »
> « Souvent, pour s'amuser, les hommes d'équipage… »
> Nous nous sommes compris, enfin.

• Certains marqueurs ont des affinités avec certains temps du verbe :
> **Tout à coup,** l'individu a refermé son journal, **et puis** il est sorti.
> **Alors,** je l'ai suivi sans le perdre de vue.
> Il s'est **immédiatement** dirigé vers le métro.
> **Tout de suite,** je l'ai perdu de vue.

Dans un récit au passé, on attend un procès accompli après les marqueurs à valeur ponctuelle.
Mais les marqueurs de temps à valeur durative ou à valeur itérative ne sont pas nécessairement suivis d'un imparfait.
Observez et comparez les temps du passé :
> Dehors, le vent soufflait **toujours.**
> Dans mes filatures, le vent m'a **toujours** été nuisible.
> Je luttais **constamment** contre les éléments.
> Mais j'ai **constamment** pensé que je retrouverais ce bandit.
> J'ai **toujours** fini par gagner.

Comme ces exemples le montrent, le choix du temps ne dépend pas du marqueur duratif ou itératif.

• Pour les emplois et valeurs de « toujours/jamais », « déjà/pas encore », « toujours », « encore/ne... plus », etc. se reporter au dossier 4, 2, pp. 72-75.

▶ Dans l'apprentissage des temps du passé, les marqueurs à valeur ponctuelle sont une balise pédagogique très efficace pour guider et faciliter l'emploi du passé composé (ou du passé simple).

En revanche, les marqueurs à valeur durative et itérative peuvent troubler l'apprenant. En effet, celui-ci se fait la réflexion suivante : « Si ça dure, il faut mettre l'imparfait, parce que l'imparfait indique une durée. » C'est encore une de ces règles que l'on rencontre dans de nombreuses grammaires qui ne s'adressent pas à des étrangers apprenant notre langue. Cette question de durée, si souvent plaquée dans une explication concernant les emplois de l'imparfait, est constamment mal interprétée et donne lieu à de véritables malentendus culturels.

À partir de cette règle, les apprenants mettront à l'imparfait toute action dont le sémantisme présuppose une certaine durée (Par exemple : dormir, vivre) et toute action modalisée par un marqueur de continuité (toujours, souvent, la plupart du temps, etc.). Or, les enseignants et les grammaires qui parlent de la durée de l'imparfait, le font pour simplifier (abusivement) les notions de déroulement de l'action. Celle-ci peut être vue en accomplissement (en train de se réaliser) ou comme accomplie (terminée).

Une action peut être envisagée comme accomplie, tout en étant également modalisée par des adverbes de durée.
Observez la différence :

(1) J'étudiais longuement mes leçons.
(2) J'ai étudié longuement mes leçons.
(3) J'étudiais toujours mes leçons.
(4) J'ai toujours étudié mes leçons.

En (1) et (3), le procès du verbe « étudier » est vu en accomplissement au passé. C'est un accomplissement à valeur générique, au passé. La paraphrase pourrait être : « J'avais l'habitude, en ce temps-là, de passer beaucoup de temps à étudier. »

En (2) et (4), le procès du verbe « étudier » est vu, soit comme accompli du présent, soit comme accompli du passé. Que le procès du verbe soit actuellement considéré comme terminé n'empêche en rien le fait qu'il lui ait fallu beaucoup de temps pour s'accomplir.

La différence entre ces deux groupes d'énoncés est une différence de vision du procès, et non une simple notion de durée. Celle-ci peut d'ailleurs fort bien cohabiter avec les deux types de vision. L'imparfait n'en a pas le monopole !
Observez les erreurs suivantes, vous constaterez que les étudiants qui les ont commises se sont constitué une règle de grammaire intermédiaire (fausse).
Ils se disent que si l'action dure longtemps, il faut mettre l'imparfait et si l'action est brève, il faut mettre le passé composé :

*Ce jour-là, souvent, je me disais courage ! (Pour « je me suis dit ».)
*Ce jour-là, souvent, je pensais : « Je dois sortir du pays. » (Pour « j'ai pensé ».)
*Alors, j'ai fait un peu de sport ; après je me douchais longtemps et j'ai réveillé à mon fils.
*Ce jour-là, on marchait longtemps dans la campagne, à midi l'accident est arrivé soudain.

Ce sont là des erreurs qui proviennent probablement d'un enseignement trop général sur les valeurs de l'imparfait.

▶ Les deux temps du passé (imparfait/passé composé) seraient peut-être plus clairement compris si on expliquait qu'il y a, en français, deux moyens d'évoquer le procès du verbe, de même qu'il existe parfois deux termes pour exprimer un même concept : an et année, matin et matinée, soir et soirée.

On admettra, sans trop de difficulté, que la réalité à laquelle renvoie le premier de ces termes ne dure pas moins longtemps que l'autre ! Ce qui les différencie l'un de l'autre ce n'est pas la durée, c'est la vision tensive (an) ou extensive (année) d'une même réalité.

Pour présenter de façon imagée la différence entre imparfait et passé composé, l'enseignant pourrait aussi évoquer gestuellement la forme d'un accordéon : déplié = extensif = imparfait / plié = tensif = passé composé.

Dans les activités de classe concernant les temps du passé, la prise en compte du **contexte immédiat** est de toute façon indispensable.

CE QU'IL FAUT SAVOIR

■ Le **gérondif** est un marqueur de simultanéité entre deux actions.

Cette forme verbale, **tout en + participe présent,** peut s'utiliser quand les sujets grammaticaux des deux verbes mis en relation sont coréférentiels.

• Ces actions sont simultanées, comme le montre l'exemple suivant :

Il se promenait **et en même temps** il récitait des poèmes.

Il se promenait **tout en récitant** des poèmes.

• Le gérondif à valeur temporelle est en concurrence avec des subordonnées temporelles introduites par « quand, pendant que, tandis que, etc. » (cf. *infra* 3, pp. 161-164).

Observez l'alternance et la complémentarité des deux constructions :

Pendant qu'ils lisent, je dîne.

Moi, je ne lis pas **en mangeant.**

Tandis que les enfants se promènent, je fais mes comptes.

Certains peuvent faire leurs comptes **tout en se promenant.**

Quand je fais mes comptes, je ne peux rien faire d'autre.

Vous pouvez toujours réfléchir **en vous promenant.**

Si les verbes ont des *sujets grammaticaux différents,* la simultanéité des actions doit se marquer par une conjonction de subordination temporelle et la construction au gérondif est impossible.

Toutefois, on remarque quelques exceptions à cette règle, notamment dans les proverbes :

L'appétit vient en mangeant.

La fortune vient en dormant.

Si les verbes ont le *même sujet grammatical,* la construction au gérondif ou la subordonnée temporelle sont l'une et l'autre possibles.

• Le gérondif peut avoir des compléments. Quand ces compléments sont des pronoms de reprise (pronoms clitiques), ils se placent *entre* **en** et la forme du participe présent :

> Tu avais emprunté des livres à ta tante, n'est-ce pas ?
> Alors, tu aurais dû la remercier **en les lui rendant !**

• À la forme négative, les particules négatives encadrent la forme du participe présent :

> Il les a quittés en **n'oubliant pas** de les remercier.

• L'adverbe **tout** n'est pas absolument nécessaire devant un gérondif pour marquer la simultanéité des deux actions :

> Il est parti tout en la remerciant.
> Il est parti en la remerciant.

Mais la présence de **tout** devant un gérondif souligne essentiellement sa valeur temporelle.

■ Les **différentes valeurs du gérondif** et leurs particularités distinctives.
Le gérondif peut avoir une valeur autre que temporelle :
– Il peut qualifier la manière dont une action principale se déroule. Le gérondif prend alors une valeur adverbiale et répond à la question **comment** :

> Il marche **en boitant.**
> Il s'est coupé **en taillant** son crayon.
> Il s'est tué **en tombant** dans un ravin. (**Comment** s'est-il tué ? En tombant dans un ravin.)

On notera également la valeur causale sous-jacente de certains gérondifs de manière :

> Tu l'as vexée **en ne la remerciant** pas.
> On peut choquer une comédienne **en** lui **offrant** des œillets !

Ces exemples peuvent se paraphraser en utilisant des équivalents de « parce que » :

> Tu l'as vexée parce que tu ne l'as pas remerciée.
> On peut choquer une comédienne par le simple fait de lui offrir des œillets.

– Il peut marquer la condition nécessaire à la réalisation d'une action :

> **En appuyant** sur ce bouton, vous pourrez ouvrir la porte. (**Si** vous appuyez sur ce bouton, la porte s'ouvrira.)
> **En réservant** à l'avance, vous aurez des places. (**Si** vous ne réservez pas à l'avance, vous n'aurez pas de place.)

• Quand deux actions, ayant le même sujet grammatical, sont en **relation temporelle de simultanéité,** l'une ou l'autre peut se mettre au gérondif, selon le point de vue du locuteur :

> Il marche en sifflant.
> Il siffle en marchant.
>
> Vous pouvez vous promener en réfléchissant.
> Vous pouvez réfléchir en vous promenant.

En revanche, quand il s'agit de préciser la **manière** dont se déroule une action principale, seul le verbe qualificateur est mis au gérondif :

> Elle s'est brûlée **en préparant** le café.
> Il s'est coupé **en taillant** son crayon.
> Il s'est tué **en tombant** dans un ravin.

Cette contrainte répond aux exigences de la logique. En effet, sur la relation de simultanéité indispensable à l'emploi du gérondif, se greffe aussi une relation de cause à effet. Dans ce cas, seule la « cause » peut se mettre alors au gérondif :

> C'est parce qu'elle préparait du café qu'elle s'est brûlée.
> C'est parce qu'il taillait son crayon qu'il s'est coupé.
> C'est parce qu'il est tombé dans un ravin qu'il s'est tué.

• Pour la formation du gérondif, se reporter *infra* 8, p. 206.

À PROPOS DU SAVOIR-FAIRE

▶ Les emplois du gérondif posent quelques problèmes d'apprentissage, notamment aux anglophones :

> *Une voiture m'a fait peur en traversant la route. (... quand je traversais...)
> *Ils peignaient un mur. Je les regardais en peignant.
> *Il est tombé dans le ravin en se tuant.

La première règle à respecter pour l'emploi du gérondif est celle des sujets grammaticaux coréférentiels (les deux verbes doivent avoir le même sujet).

Pour aider les apprenants à l'appliquer, il est utile de leur faire réaliser des exercices de **transformation** du type « Utilisez le gérondif, quand cela est possible » :

> (1) **Ils** peignaient un mur et en même temps **ils** sifflaient.
> (2) **Je** les regardais et en même temps **je** leur souriais.
> (3) **Tu** peux étudier et gagner ta vie en même temps.
> (4) **Je** les regardais et pendant ce temps-là **ils** peignaient.
> (5) **Ils** sifflaient et **moi,** pendant ce temps, je leur souriais.
> (6) **Moi** j'étudiais et **lui,** pendant ce temps, il travaillait à l'usine.

La **paraphrase** d'énoncés au gérondif permettra aussi aux apprenants de comprendre que seuls les verbes ayant un même sujet grammatical acceptent cette construction :

> (1) Ils sifflaient tout en peignant.
> (2) Je souriais tout en les regardant.
> (3) Tu peux étudier tout en gagnant ta vie.

Enfin, il sera indispensable de leur proposer des phrases comportant des subordonnées temporelles pour qu'ils puissent discriminer, de la même manière, celles qui sont susceptibles de se transformer au gérondif de celles qui ne le peuvent strictement pas :

> (1) Pendant qu'ils peignaient leur mur, je les regardais.
> (2) Quand ils travaillaient, ils sifflaient gaiment.
> (3) Pendant que tu étudies, tu peux aussi travailler quelques heures !
> (4) Quand Pierre étudie, Marie va se promener.

(5) Pendant qu'elle se promène, elle réfléchit à ses problèmes.

(6) Pierre s'est endormi sur ses livres pendant que Marie se promenait.

(7) Il s'est endormi pendant qu'il écoutait une symphonie de Beethoven !

Observations et réflexions sur des mini-corpus proposés par l'enseignant ne peuvent que faciliter la saisie de la règle.

Les exercices de transformation serviront essentiellement d'autovérification du fonctionnement de cette règle.

▶ Pour ce qui est des gérondifs de **manière,** si les sujets doivent bien être coréférentiels pour les deux verbes, la simultanéité des actions n'est plus suffisante pour choisir de façon aléatoire celle qui sera mise au gérondif.

Il faudra donc que l'enseignant fasse reconnaître l'*action principale* et pose la question « comment » ou « pourquoi », de façon à ce que les apprenants comprennent que seule l'action exprimant la manière (ou la cause) pourra dès lors être mise au gérondif :

(1) Elle a préparé le café et elle s'est brûlée.

(2) Il a taillé son crayon et il s'est coupé.

(3) Il est tombé dans un ravin et il s'est tué.

On aura aussi intérêt à réfléchir aux types de relations qui peuvent s'imbriquer entre deux actions. Sous le couvert de la simultanéité (et en même temps) peut se cacher une relation de conséquence (et donc) ou une relation de but (et pour cela). Ces relations, autres que temporelles ou causales, n'admettent pas le gérondif :

*Maintenant, tu peux profiter de tes vacances en trouvant du repos, quelque chose qui ne serait pas facile si...

(profiter de quelque chose **pour** faire quelque chose)

*C'est rare que quelqu'un utilise tant d'énergie en enseignant à des adolescents.

(utiliser son énergie **pour** faire quelque chose)

Ces erreurs proviendraient de la confusion entre relation de simultanéité temporelle et relation téléologique (le but recherché).

Il est très probable aussi, comme le montrent les erreurs suivantes, que la construction gérondive soit empêchée du fait que les deux verbes appartiennent à des catégories sémantiques différentes (verbes de l'*être*, du *faire*, du *causer*, cf. dossier 10, 1, p. 231) :

*Je passe trop de temps en choisissant de la nourriture.

*Il est assis en regardant la mer.

CE QU'IL FAUT SAVOIR

■ La **proposition participiale**, comme marqueur temporel d'antériorité.

Très fréquente à l'écrit, cette construction permet de faire l'économie d'une proposition subordonnée circonstancielle de temps introduite par des conjonctions à valeur ponctuelle : quand, lorsque, aussitôt que, dès que, après que.

Une fois vos études **terminées,** vous pourrez vous présenter aux concours de l'Administration.

La date limite **une fois passée,** vous ne pourrez plus vous inscrire.
Sitôt inscrits à l'université, choisissez vos enseignements.
Ayant fait l'appel, l'enseignant commença son cours.
L'enseignant **ayant distribué** les épreuves, les étudiants commencèrent à travailler dans le plus grand silence.

Les participiales à valeur temporelle ont nécessairement un aspect accompli. Elles établissent, en outre, une relation « antériorité/postériorité » avec le verbe conjugué de la proposition principale.

• En observant les exemples proposés, on constatera que dans un énoncé contenant une participiale, les sujets grammaticaux peuvent être identiques ou différents. Ce qui n'est pas le cas pour la construction au gérondif.
De plus, on notera que les participiales se construisent avec un participe passé à forme complète, sauf si le verbe se conjugue avec l'auxiliaire *être* ou est à la *forme passive* (cf. *infra* 8, p. 208).

• Les participiales ne sont pas nécessairement temporelles. Elles peuvent avoir, notamment, une valeur causale (cf. dossier 9, 2, p. 214) et dans ce cas, l'aspect du verbe n'est pas nécessairement accompli :

Sortant à midi, je ne pourrai pas être là-bas à midi et quart.
La poste **fermant** à 19 heures, vous devez vous dépêcher.
N'ayant pas complété mon diplôme cette année, je ne peux pas me présenter aux concours de l'Administration.
Vos résultats **n'ayant pas obtenu** la moyenne attendue, il vous est conseillé de changer d'orientation.

À PROPOS DU SAVOIR-FAIRE

▶ Pour accoutumer les apprenants au registre de langue de l'écrit, il serait bon de leur faire paraphraser des extraits d'articles journalistiques où se manifestent des participiales, que celles-ci soient temporelles ou causales.
Inversement, on pourra demander aux étudiants de **transformer** des énoncés contenant des subordonnées temporelles ou causales, en employant les participiales correspondantes.
Il est indispensable que ces exercices se fassent en tenant compte des **contextes** où ce type de discours et de registre de langue sont normalement attendus.

CE QU'IL FAUT SAVOIR

■ Comme marqueurs de temps, les **conjonctions temporelles** mettent deux actions en relation et la valeur de cette mise en relation peut varier considérablement.
Parmi les conjonctions temporelles :
– certaines sont diffuses ou continues : quand, depuis que, pendant que, tant que ;
– d'autres sont ponctuelles ou discontinues : dès que, aussitôt que ;
– d'autres encore sont de type itératif discontinu : chaque fois que.
Enfin elles marquent, entre deux actions :
– des rapports de simultanéité : comme, tandis que / alors que ;

– une relation d'antériorité : avant que ;
– une relation de postériorité : après que.
Il est aussi des conjonctions de subordination temporelles qui peuvent avoir toutes ces caractéristiques, selon le contexte où elles apparaissent (quand, lorsque).

• D'un point de vue syntaxique, les conjonctions temporelles introduisent des subordonnées circonstancielles de temps.

• Si plusieurs subordonnées temporelles sont coordonnées, la conjonction temporelle n'est pas nécessairement répétée.
On utilise de préférence « et que » pour éviter la répétition :

> **Tandis qu'**ils dînaient **et que** je lisais, le feu a pris dans la cuisine.
>
> **Quand** j'ai fini mon travail **et que** je veux me reposer, je vais me promener.

■ **Quand** et **lorsque** évoquent :
– toute une époque : du temps où ;
– un point dans cette époque : le jour où, au moment où ;
– une fréquence ou itération des actions : chaque fois que.
Observez les énoncés suivants et la valeur temporelle véhiculée :

> (1) Lorsque les animaux parlaient...
> (2) Lorsque les poules auront des dents.
> (3) Quand j'ai eu fini mon travail, le téléphone a sonné.
> (4) Quand j'ai fini mon travail, je m'amuse encore à travailler.
> (5) Tu sortiras quand tu auras fini tes devoirs.
> (6) Lorsque j'étais enfant, il n'y avait pas encore d'ordinateurs.
> (7) Quand nous jouions à la marelle...
> (8) Quand dire, c'est faire.
> (9) Lorsque la pluie viendra...

Dans ces énoncés, **quand** et **lorsque** peuvent se paraphraser :
– soit par « du temps où, à l'époque où » (vision continue : 1, 2, 6, 7) ;
– soit par « le jour où, au moment où » (vision ponctuelle ou discontinue : 3, 5, 9) ;
– soit par « chaque fois que » (vision itérative : 4,7, 8).

Quand et **lorsque** ont une valeur « omnibus ».
Ces conjonctions de temps peuvent avoir, selon le contexte, toutes les valeurs temporelles recensées plus haut.

À PROPOS DU SAVOIR-FAIRE

▶ On notera l'emploi du pronom relatif **où** dans certaines locutions conjonctives de temps.
Ce phénomène est propre au français. Dans les autres langues, on aurait à la place un équivalent de « quand ».
D'où les erreurs fréquemment rencontrées dans les productions écrites ou orales des apprenants étrangers :

> *Le jour quand je suis arrivé en France.
> *Le temps quand j'étais enfant.

*Au même moment quand j'ai ouvert la porte.
*Depuis le moment qu'elle t'a vu.

CE QU'IL FAUT SAVOIR

■ **Pendant que, tant que, tandis que, depuis que, aussi longtemps que** ont une valeur durative (continuité).

Ces marqueurs envisagent la simultanéité de deux actions ou de deux états, tout en spécifiant soit les deux bornes, soit la borne finale, soit la borne initiale des procès.

• **Pendant que, tandis que** marquent la simultanéité temporelle entre deux actions ou états, à une des trois époques, tout en laissant envisager les *deux bornes* (initiale et finale) de leur déroulement :

Pendant que je dormais, le téléphone a sonné trois fois.

On a téléphoné trois fois, pendant que je prenais mon bain.

Tu feras l'omelette, tandis que je préparerai la salade.

• **Tant que** (aussi longtemps que) marque la simultanéité, aux trois époques, tout en envisageant la *borne finale*, limite des deux procès qui sont étroitement dépendants l'un de l'autre :

J'ai vécu chez mes parents, tant que je n'ai pas eu fini mes études.

Pierre habitera chez nous, tant qu'il ne se sera pas marié.

Les parents sont responsables de leurs enfants, tant que ceux-ci n'ont pas atteint l'âge de la majorité.

Tant qu'elle dort, elle ne nous dérange pas.

Tant qu'il a travaillé, sa famille a été à l'aise.

Tant qu'il travaillait, sa famille a été/était à l'aise.

Je resterai dans cette ville tant que je travaillerai.

• **Depuis que** marque la simultanéité de deux actions, tout en insistant sur la *borne initiale*, début des procès qui continuent encore au moment de référence :

Personne ne téléphone plus depuis qu'il est parti.

Depuis qu'on lui a interdit la cigarette, il fume en cachette.

La vie, ici, est infernale depuis qu'elle fait du saxophone.

Depuis qu'il travaille ici, il n'a jamais encore manqué une seule fois.

} Et cet état de choses dure actuellement.

Elle portait le voile depuis qu'elle était devenue musulmane.

Depuis qu'elle travaillait, elle n'avait jamais manqué une seule fois.

} Et cet état de choses durait encore à l'époque visée.

■ **Jusqu'à ce que, dès que, aussitôt que** ont une valeur ponctuelle (discontinuité).

Ces conjonctions de temps marquent, aux trois époques, le *point déclencheur* d'un changement, soit en amont (dès que), soit en aval (jusqu'à ce que).

Dès que indique le déclenchement du procès qui en entraîne un autre. **Jusqu'à ce que** indique le déclenchement du procès qui doit mettre fin à un autre.

(1) Dès qu'il est rentré, nous nous sommes mis à table.
(2) Nous attendrons jusqu'à ce qu'il soit arrivé pour passer à table !
(3) Aussitôt qu'il arrivera, ils passeront à table.
(4) Dès que j'aurai reçu mon argent, nous partirons en vacances.
(5) Dès qu'elle a eu reçu son argent, ils sont partis en vacances.
(6) Ils sont partis aussitôt qu'ils ont eu reçu leur argent.
(7) Ils ont attendu jusqu'à ce qu'on leur ait versé leur argent.
(8) Dès que j'ai reçu mon argent, je suis parti.
(9) J'ai attendu jusqu'à ce qu'on me verse mon argent.

Dans ces exemples, les procès sont nécessairement successifs. Mais la relation « antériorité/postériorité » peut être formellement marquée par le temps des verbes. Observez (2), (4), (5), (6), (7) par opposition à (1), (3), (8), (9).

■ **Chaque fois que** a une valeur itérative et exprime la simultanéité de deux actions aux trois époques :

Chaque fois qu'on lui offre un travail, il tombe malade.
Chaque fois qu'on lui offrait un travail, il tombait malade.
Chaque fois qu'on lui a offert un travail, il est tombé malade.

Cette valeur itérative se retrouve dans la conditionnelle à valeur temporelle **si**, suivie du présent ou de l'imparfait :

Si on lui offre un travail, il tombe malade.
S'il était en vacances, il partait sur la côte.

■ **Les conjonctions temporelles et les modes du verbe** (cf. *infra* 6, p. 189).
D'une façon générale, c'est le mode indicatif qui est employé dans les temporelles, sauf si la réalisation du procès du verbe de la subordonnée n'est envisagée que comme virtuelle.
Ce cas concerne les verbes dépendant des locutions et conjonctions subordonnées temporelles suivantes :

avant que
jusqu'à ce que   } La réalisation du procès est envisagée
en attendant que } comme virtuelle.

Nous ne dînerons pas avant qu'il ne fasse nuit !
Nous attendrons pour dîner jusqu'à ce qu'il fasse nuit.
Jouons aux cartes en attendant qu'il fasse nuit.

Si la réalisation du procès est envisagée comme effective, on aura :

Dès qu'il fera nuit, nous dînerons.
Nous dînerons aussitôt qu'il fera nuit.
Nous ne dînerons pas tant qu'il ne fera pas nuit.

À PROPOS DU SAVOIR-FAIRE

▶ À un niveau 2 de l'apprentissage, les élèves doivent apprendre les différents emplois des subordonnées temporelles.

Il peut être d'abord utile de concrétiser sur des axes, au tableau, la représentation fictive des bornes initiale et finale du déroulement des procès et les points déclencheurs de changement :

pendant que :	——————— + ═══════════════ + ——————→
tant que :	——————————— ═══════════════ + ——————→
depuis que :	——————— + ═══════════════════════→
dès que :	—————— / ═══════════════ ——————————→
jusqu'à ce que :	—————— ═══════════════ /? —————→

Mais les apprenants auront surtout des difficultés à saisir l'emploi des modes appropriés à chaque conjonction de subordination temporelle.

En effet, si l'on considère, par exemple, deux marqueurs comme « tant que » et « jusqu'à ce que », on constate qu'ils véhiculent exactement le même contenu d'information.

Cependant il s'agit bien, selon le choix du marqueur, de signaler deux visions différentes d'une même réalité : « tant que » entraîne une vision de continuité, par rapport au moment de référence, et par conséquent se construit avec l'indicatif. « Jusqu'à ce que » envisage une vision de discontinuité, par rapport au moment de référence. Comme cette discontinuité ne peut être que virtuelle dans l'esprit du locuteur, il a obligatoirement recours au mode subjonctif.

Voici quelques erreurs qui illustrent ce problème d'apprentissage :

    *Si on attend jusqu'à tout le monde comprend…

    *Jusqu'à le baladeur est utilisé avec limitation, c'est une bonne chose.

En outre, on rencontre bien souvent des problèmes d'antériorité/postériorité dans l'emploi des conjonctions temporelles. Il faut un certain temps d'apprentissage pour que les apprenants saisissent les formes qui expriment cette relation. En général, l'apprenant étranger n'a, au prime abord, que les moyens linguistiques d'exprimer la simultanéité de deux actions.

Cela signifie que des exercices appropriés sont indispensables, pour que les élèves apprennent à marquer aussi la relation « antériorité/postériorité » entre deux actions présentes, passées ou futures.

Ces exercices n'ont pas besoin d'être obligatoirement systématiques.

Il suffit de trouver une situation de communication convenable et de demander aux étudiants d'inventer les circonstances temporelles simultanées, antérieures ou postérieures à cette situation.

Par exemple :

    Situation de communication : Pierre raconte à ses amis une anecdote : il est resté coincé dans un ascenseur.

    Inventez les actions ou états simultanés, antérieurs et postérieurs.

Ce type d'exercice permet à l'apprenant :

– de prendre des décisions (il est libre d'inventer les événements) ;

– de vérifier ses connaissances grammaticales (les relations temporelles entre les actions) ;

– d'être motivé par les corrections éventuelles (ces corrections concernant ses inventions personnelles).

Dans l'apprentissage de la grammaire, comme dans toutes les autres activités de classe, l'enseignant doit savoir stimuler chez ses apprenants les facultés de décision, d'action, de motivation, d'invention, de réflexion et d'évaluation.

Seules les activités de classe faisant appel à ces aptitudes auront des effets réellement positifs.

4. Les modes et les temps du verbe

CE QU'IL FAUT SAVOIR

■ Pour situer une action, dans le temps ou hors du temps, le locuteur dispose de différentes formes verbales : les **modes** et les **temps**.

■ Les formes verbales ont pour première fonction de différencier deux domaines d'expérience (ou deux univers) : l'univers du réel et l'univers du virtuel et de l'irréel.

Pour cela, il existe des **modes verbaux** :
– le mode indicatif qui régit le réel ;
– les modes subjonctif, conditionnel, infinitif et impératif qui expriment le monde du possible, de l'incertain, du nécessaire, etc.

Remarque : dans quelques contextes, l'indicatif (imparfait, par exemple) peut aussi donner un éclairage virtuel à l'action (cf. *infra* 5, p. 177).

1. Le procès du verbe se réalise ou s'est réalisé effectivement (réalisation effective).

C'est le **mode indicatif** qui confirme la réalisation effective ou attendue des actions :

> Je sais que Pierre dort.
> Il se réveillera à 16 heures comme d'habitude.
> On dit que Marie est gravement malade.
> Elle a montré qu'elle était patiente.

• Cf. *infra* 5, les valeurs et emplois des temps de l'indicatif, pp. 173-185.

2. La réalisation du procès du verbe est considérée comme virtuelle :
– soit l'action est de l'ordre du possible ou de l'hypothèse (1) ;
– soit l'action est envisagée à travers la subjectivité du locuteur et n'est pas assertée pour elle-même (2).

Ce sont les modes **subjonctif, conditionnel, infinitif** et **impératif** qui marquent cette virtualité ou cette possibilité latente (réalisation virtuelle) :

> (1) Je souhaite qu'il vienne me voir. Dites-lui de venir !
> (2) Je suis désolée qu'il ne soit pas venu plus tôt.
> (1) J'aurais su, je ne me serais pas dérangé pour aller la voir.
> (2) Il était malheureux qu'elle ait découvert la supercherie. Elle était gênée de l'avoir humilié.

• Cf. *infra* 6, les valeurs et emplois des autres modes, pp. 185-194.

■ Les temps du verbe ont pour première fonction de préciser l'**époque** :
– l'époque présente :

En ce moment, nous écoutons de la musique. (temps présent)
– l'époque passée :

Hier, nous avons fait du sport. (passé composé)

Hier, j'étais absente ; j'étais malade. (imparfait)

Hier, j'étais malade ; j'avais pris froid la veille. (plus-que-parfait)
– l'époque future :

Plus tard, il sera technicien. (futur)

Oui, quand il aura fini ses études. (futur antérieur)

■ Aux trois époques, une seconde fonction des temps consiste à signaler les **étapes du déroulement** de l'action envisagée. C'est également le rôle des périphrases verbales.

Une action peut être présentée comme :

1. Sur le point d'avoir lieu (vision prospective) :

Paul **va** bientôt **déjeuner**, il déjeunera dans un quart d'heure.

À cette heure-là, Paul **était sur le point d'**aller déjeuner.

Il **allait juste** se mettre à table, quand il reçut une visite.

Dans un mois, à cette même heure, il **sera sur le point de** déjeuner.

Le futur analytique *(aller + infinitif* et *être sur le point de + infinitif)* exprime cette vision prospective, par rapport à un moment de référence donné : présent, passé, futur.

2. En train d'avoir lieu (vision progressive) :

Paul **déjeune**. Ne le dérangez pas, il **est en train de** déjeuner.

Paul **déjeunait**. Il **était en train de** déjeuner quand le téléphone sonna.

Quand vous **arriverez**, il **sera** certainement **en train de** déjeuner !

Le morphème *être en train de + infinitif,* le présent et l'imparfait expriment une action en progression, c'est-à-dire que l'action est en accomplissement, par rapport à un moment de référence : présent, passé ou futur.

3. Ayant eu lieu (vision rétrospective) :

Aujourd'hui, Paul **a déjeuné** à 13 heures.

Il est 14 heures ? Alors, il **vient de** déjeuner.

Ce jour-là, Paul **venait de** déjeuner, il était 14 heures.

Ce jour-là, il était 14 heures, Paul **avait fini** de déjeuner.

La vision rétrospective s'exprime soit par un temps composé, soit par un temps périphrastique de type *venir de + infinitif* (passé récent), par rapport au moment de référence.

■ Aux trois époques, les temps des verbes marquent le **rapport temporel** qui existe entre différentes actions : simultanéité, antériorité, postériorité.

En parlant ou en écrivant, tout locuteur se donne un point de référence. Ce moment est le « T° » de son discours (« le temps de la prise de parole », écrit P. Charaudeau dans sa *Grammaire du sens et de l'expression*).

À partir de ce T°, seront racontées ou commentées des actions simultanées à ce moment ou des actions qui lui sont antérieures ou postérieures.

Si le T° est bien celui de l'énonciation, c'est-à-dire l'époque présente, le locuteur peut avoir recours également, dans ses narrations, ses histoires, à un point de référence passé ou futur, le T' : le point de référence de l'événement passé ou à venir. C'est le point de référence, à l'époque passée ou future, dont sont solidaires temporellement toutes les actions subordonnées.

1. Le locuteur raconte « ici et maintenant » (T°) des événements de son passé proche ou plus lointain. Il s'agit de l'instance que Benveniste appelle le « discours ».

• Observez l'emploi des temps à partir de la référence (T°) :

      (1) – Il est midi. On déjeune ?

           – J'ai déjà déjeuné. Il y avait un bon déjeuner dans l'avion.

      (2) – Qu'est-ce que tu as pris ?

           – J'ai mangé tout ce que l'hôtesse m'avait servi !

      (3)   Mais dès que j'ai eu fini, je me suis senti un peu malade.

      (4) – Tu prendras bien quelque chose avec moi, quand même !

           – Non.

      (5) – Pourquoi ?

           – Je viens de te dire que j'avais trop mangé dans l'avion.

      (6) – Bon, alors on dînera ensemble ce soir !

           – D'accord, on ira dîner quand je me serai installé, si je me suis bien reposé de mon voyage et si je me sens mieux.

(1) L'instance de l'énonciation (T°) : la référence est le présent.
Le passé composé marque une antériorité temporelle.
(2) Le passé composé, signalant un événement passé par rapport à T°, est en corrélation avec le plus-que-parfait qui marque l'antériorité par rapport au passé composé.
(3) Le passé surcomposé indique une antériorité par rapport au passé composé.
(4) Le futur signale une époque à venir par rapport au moment de référence T°.
(5) Le passé récent signale l'antériorité par rapport au temps de référence T°.
Le plus-que-parfait est antérieur par rapport à ce passé récent.
(6) Le futur, signalant une époque à venir par rapport au moment de référence T°, est en corrélation avec le futur antérieur, le passé composé, le présent, qui tous trois indiquent une antériorité par rapport à ce futur.

• S'il s'agissait maintenant de rapporter ce dialogue au discours indirect, on pourrait se donner comme point de référence soit le présent (comme si on y était encore), soit le passé. Observez les transformations :
– Au discours indirect, **la référence choisie est le présent :**

      (1) Paul lui propose de déjeuner.

          Pierre répond qu'il a déjà déjeuné, qu'il y avait un bon déjeuner dans l'avion.

      (2) Paul lui demande ce qu'il a pris.

          Pierre répond qu'il a pris tout ce que l'hôtesse lui avait servi.

      (3) Mais qu'il s'est senti malade dès qu'il a eu fini.

      (6) Paul dit qu'il dîneront ensemble.

          Pierre répond qu'ils dîneront quand il se sera installé, s'il s'est bien reposé et s'il se sent mieux.

– Au discours indirect, **la référence choisie est le passé** :

>   (1) Paul lui a proposé de déjeuner.
>   Pierre a répondu qu'il avait déjà déjeuné, qu'il y avait un bon déjeuner dans l'avion.
>   (2) Paul lui a demandé ce qu'il avait pris.
>   Pierre a répondu qu'il avait pris tout ce que l'hôtesse lui avait servi.
>   (3) Il a ajouté qu'il s'était senti malade dès qu'il avait eu fini.
>   (6) Paul a dit qu'ils dîneraient ensemble.
>   Pierre a répondu qu'ils dîneraient, quand il se serait installé, s'il s'était bien reposé et s'il se sentait mieux.

2. Le narrateur situe son récit à l'époque passée : T′.

Théoriquement, il n'y a plus aucune référence au T°. Il s'agit, selon la distinction faite par Benveniste, non plus du « discours » mais de l'« histoire ».

• Observez l'emploi des temps à partir d'un point événementiel passé (T′) :

>   (1) Tout avait commencé le matin même par un mystérieux coup de téléphone. C'était une femme qui appelait au secours : elle venait de trouver un homme pendu dans une cabane en bois, derrière chez elle...
>   (2) Philippe Marchand regarda sa montre : il était 10 heures exactement.
>   Encore sous l'effet de l'étrange coup de téléphone qu'il venait de recevoir, il fit appeler son assistant Brisedoux...
>   (3) Sur une chaise en paille fort peu confortable, le suspect n° 1, Pierre Maussin, réfléchissait. Il n'avait pas l'air disposé à répondre à la question que lui avait posée quelques instants auparavant le juge marchand ; mais celui-ci était patient : il attendrait le temps qu'il faudrait !
>   (4) Dès que le juge eut échangé quelques mots avec Pierre Maussin, il sut que celui-ci ne serait pas bavard.

Le point de référence (T′) se situe en (2) : « il était 10 heures exactement ».
En (1), le plus-que-parfait marque l'antériorité par rapport à ce moment. Les imparfaits sont en corrélation de simultanéité avec le plus-que-parfait. Le dernier imparfait, « venait », est aussi une transposition du discours direct (Je viens de trouver...) au passé (concordance des temps au discours indirect libre au passé).
En (2), la référence événementielle à l'époque passée (T′) est signalée par le passé simple en corrélation de simultanéité avec l'imparfait.
En (3), les imparfaits coïncident avec le point de référence (T′). Le plus-que-parfait marque l'antériorité par rapport à l'imparfait. Les formes conditionnelles sont des futurs au passé, elles marquent une corrélation de postériorité par rapport au point de référence (T′). Ce sont des transpositions au passé du discours direct du juge Marchand (J'attendrai le temps qu'il faudra).
En (4), le passé antérieur indique une antériorité par rapport au passé simple.

Le point de référence est une sorte de **clé** donnant accès à des **tiroirs** temporels (historiquement, en grammaire, l'expression « tiroir » a été inventée par Damourette et Pichon, pour distinguer formes et sens en matière de temps). Sa présence entraîne nécessairement l'emploi de temps spécifiques qui lui sont affiliés pour indiquer l'antériorité, la postériorité ou la simultanéité.

Au discours indirect au passé (discours rapporté), on observe cet emploi systématique des tiroirs temporels spécifiques au temps de référence :

Temps employés en référence au présent :	Temps employés en référence au passé :
présent	→ imparfait
passé composé	→ plus-que-parfait
imparfait	→ imparfait
plus-que-parfait	→ plus-que-parfait
passé surcomposé	→ plus-que-parfait surcomposé
futur	→ futur du passé (forme du conditionnel présent)
futur antérieur	→ futur antérieur du passé (forme du conditionnel passé)

• Pour une étude plus spécifique du discours indirect au passé, se reporter au dossier 5, 2, pp. 92-94.

■ Aux trois époques, les temps des verbes marquent l'**aspect** (ou vision) à partir duquel sont considérées les actions : elles sont vues comme accomplies, comme résultatives ou en accomplissement à une époque donnée (cf. *supra* 1, pp. 143-144 et 2, pp. 152-153).

• Observez les formes verbales et la manière dont elles véhiculent la vision du procès :

(1) L'interrogatoire du juge Marchand **commençait** :

(2) – Qu'**avez**-vous **fait** ce matin entre 7 heures et 10 heures ?
Où **étiez**-vous ?
– Ce matin j'**ai travaillé** dans mon bureau. J'**étais** très occupé.

(3) J'**avais promis** à mon éditeur de lui remettre un manuscrit en fin de matinée.

(4) Eh bien, je l'**ai terminé**, le voici.

(5) Tout **avait commencé** le matin même par un étrange coup de téléphone.

(6) C'**était** une femme qui **appelait** au secours : elle venait de trouver un pendu dans une cabane derrière chez elle.

En (1), l'action passée est vue en accomplissement (être en train de).

En (2), il existe un rapport de simultanéité entre les procès, dont les uns sont vus en accomplissement (imparfait) et les autres comme accomplis (passé composé).

En (3), il existe un rapport d'antériorité avec les verbes de (2), mais le plus-que-parfait donne aussi une vision accomplie de l'action considérée.

En (4), la vision du procès au passé composé est résultative.

En (5), le plus-que-parfait signale que l'action est vue comme accomplie. Elle est aussi antérieure à (1), mais simultanée aux deux imparfaits soulignés en (6) qui montrent les procès en accomplissement.

■ Ces deux fonctions des temps, **rapport temporel** et **aspect-vision**, sont remplies en français par les mêmes formes verbales, d'où les difficultés d'analyse.

Ainsi, il existe pour chaque époque un temps simple et un temps composé. Celui-ci indique avant tout que l'action est accomplie, par rapport au temps simple correspondant :

Temps simples :		Temps composés :
Le présent		Le passé composé
L'imparfait	**a pour accompli**	Le plus-que-parfait
Le futur		Le futur antérieur
Le passé simple		Le passé antérieur

De plus, le présent et l'imparfait signalent le plus souvent une vision du procès en accomplissement.

Mais entre les temps simples et les temps composés se tissent également tout un réseau temporel d'antériorité/postériorité, dont le plus large est le suivant :

Le plus-que-parfait peut être **antérieur**	au passé composé
	au passé surcomposé
	au passé simple
	au passé antérieur
	à l'imparfait

En outre, des rapports de simultanéité peuvent exister, à l'époque passée, entre les temps simples ou composés :

L'imparfait **peut être simultané** au	passé composé
	passé surcomposé
	passé simple
	passé antérieur
	plus-que-parfait

Ces tableaux montrent la complexité des combinaisons possibles entre les temps du passé et soulignent notamment l' « élasticité » de l'imparfait.

■ En résumé, les **modes** et les **temps verbaux** permettent donc au locuteur de faire savoir cinq choses bien distinctes à ses interlocuteurs :

1. L'action envisagée est de l'ordre du réel ou de l'ordre du virtuel (modes indicatif / subjonctif / infinitif / impératif).

2. L'action envisagée se situe à une des trois époques (présente, passée, future).

3. Grâce aux temps, on distingue deux systèmes de référence : celui du « discours », T°, et celui de l' « histoire », T'.

4. À l'intérieur d'une époque, certaines actions peuvent être antérieures, postérieures ou simultanées à d'autres actions (1re relation entre temps composés/temps simples).

5. À l'intérieur d'une époque, le déroulement d'une action peut être envisagé comme accompli, résultatif ou en accomplissement (2e relation entre temps simples/temps composés).

Remarque : on peut comparer ce système complexe à celui d'une partition de musique. Si l'action est comparée à une note, elle peut se jouer en grave, en médium ou en aigu (époques). Cette note peut être brève ou tenue (déroulement : accompli/accomplissement). Cette note peut être jouée soit en majeur (mode du réel) soit en mineur (mode du virtuel).

▶ Voici des exemples qui pourront servir à distinguer les fonctions des temps dans le « discours » et dans l' « histoire » :

(1) Ce matin, j'ai jeté à la Seine la bague qu'il m'avait donnée il y a une dizaine d'années. Il avait acheté cette bague qui coûtait très cher.
En fait, c'était du toc !

(2) Marie pleurait de rage. Tout à coup, elle jeta dans la Seine la bague que Pierre lui avait offerte dix ans auparavant.

(3) Quand elle eut découvert que Pierre avait osé lui offrir une bague en toc, elle l'ôta aussitôt de son doigt et la jeta dans la Seine.

(4) Assise au bord de l'eau, elle regardait fixement l'endroit où était tombée la bague que Pierre lui avait donnée dix ans plus tôt.

(5) Elle avait aimé cette bague qu'elle portait au doigt nuit et jour depuis plus de dix ans. D'ailleurs, ne continuait-elle pas à l'aimer ?

▶ Quelques erreurs pourront illustrer les très nombreuses difficultés que représente pour un apprenant étranger la corrélation des temps, en fonction du point de référence :

*Rappelle-toi, pendant deux ans Annie ne **cessait** pas de parler.

*Le 24 octobre, toute la nuit, j'**avais** du mal à m'endormir, puisque le lendemain, 25 octobre, je devais sortir du pays.

*Alors, je **demandais** l'heure à lui mais il ne savait rien.

*Ce matin-là, tout de suite je **m'habillais** et à même temps je **préparais** le petite déjeuner.

*D'abord, ce matin-là, j'ai pris le petit déjeuner. Après on **allait** à l'aéroport et j'ai voulu ne pas pleurer.

*Si je ne **me couchais** pas trop tard la nuit dernière, je me lève vers 8 H 30.

*C'était pourquoi, à la fin de ces vacances-là, quand je **rentrais** chez moi, je **grossissais.**

*Très tôt, le matin de mon départ, je **m'éveillais** et je **mangeais** un peu du pain en écoutant ces qu'**a racontés** ma famille.

*Le jour suivant, j'ai allé à la tour Eiffel. Le troisième étage **a été fermé.** On **faisait** la connaissance des Italiens là.

Mon amie et moi **avons porté** les mini-jupes, alors les gens nous ont regardées.

* Il roulait normalement et il avait la priorité. Il voyait bien la R5 qui arrivait sur sa gauche, mais il pensait qu'elle **arrêtera.** Grâce à la ceinture de sécurité, cela **se passait** bien pour lui.

172

Comme ces exemples le prouvent, la corrélation passé composé/imparfait est la plus difficile à acquérir. La relation antérieure/postérieure au passé pose des problèmes quant à l'emploi des formes. La postériorité s'exprime par le futur, quel que soit le point de référence.

▶ Plus on proposera aux apprenants des situations qui les impliquent et grâce auxquelles ils peuvent exprimer leurs expériences passées, plus facilement se mettront en place les tiroirs temporels.

5. Les valeurs et emplois des temps de l'indicatif

CE QU'IL FAUT SAVOIR

■ **Le présent.**

Il marque une action en cours à l'époque présente et, en ce sens, il fait partie des instances de l'énonciation.

• Si cette action est en train de se dérouler, on a affaire à un présent en *accomplissement spécifique :*

      – Qu'est-ce que tu fais ?
      – Je prépare l'apéritif.

Ce présent en accomplissement spécifique peut se paraphraser :

      Je suis en train de préparer l'apéritif.

Le morphème (forme) **être en train de** signale que l'action est vue en accomplissement spécifique en *chronologie,* c'est-à-dire que l'action donnera lieu à un résultat (cf. dossier 10, les verbes du *causer,* pp. 232-233) :

Accomplissement spécifique :	**Résultat :**
Je prépare l'apéritif.	L'apéritif est préparé.

Si l'état ou l'action représente un sentiment, une attitude, une capacité, un comportement caractérisant l'être, on emploie un présent qui ne peut pas se paraphraser par « être en train de » (cf. dossier 10, les verbes de l'*être* et du *faire,* p. 231) :

      Il habite à Paris.
      Il aime la vie dans cette ville.
      Il trouve les Français aimables.
      Il étudie à la Sorbonne.
      Il parle plusieurs langues.
      Il ne sait pas conduire et ne veut pas apprendre.
      Il ne fait rien de spécial dans la vie.

• Le présent d'habitude est un présent en *accomplissement générique hors chronologie :*

      Tous les matins, elle se lève à 6 heures.
      Elle travaille huit heures par jour, elle se couche vers minuit.

• Il existe aussi un autre présent, en *accomplissement générique, hors chronologie,* qui exprime des états ou des actions vraies de tout temps :

> La terre tourne autour du soleil.
> Les rayons du soleil brûlent la peau.
> L'eau gèle à zéro degré.

Le présent générique est employé pour énoncer des règles, des dictons ou des formules généralisantes :

> Une hirondelle ne fait pas le printemps.
> Pierre qui roule n'amasse pas mousse.
> Tout passe, tout lasse.

• Le présent peut aussi avoir une *valeur stylistique,* qui consiste à rendre une action passée ou future immédiatement présente à l'imagination.

Cette valeur du présent a un effet perlocutoire saisissant : l'auditeur devient, bon gré mal gré, le témoin historique de ces actions passées.

On appelle cette valeur du présent le *présent historique* :

> Le 3 août 1492, Christophe Colomb quitte Palos et met les voiles vers l'ouest.

C'est à peu près le même phénomène qui se produit lorsque l'on emploie le présent pour une action future :

> Dans dix ans, je prends ma retraite et je m'installe à la campagne.

Dans un autre contexte, chez une voyante par exemple, l'effet perlocutoire peut être dramatique :

> Dans un an, vous rencontrez un homme. Malheureusement, il vous veut du mal. Quelque temps plus tard, vous mourez de mort violente…

Le présent est aussi employé pour une action imminente :

> – Pierre, téléphone !
> – J'arrive !

• Le présent s'emploie dans les propositions conditionnelles avec **si** évoquant un procès dont le résultat futur est pour ainsi dire assuré.

L'acte de parole ainsi réalisé est :

– soit un constat :

> Si vous prenez le train de 22 heures, vous arriverez demain matin à Nice.

– soit une mise en garde :

> Si vous mangez trop de gâteaux, vous serez malades.

– soit un conseil ou une requête :

> Si vous buvez de l'alcool, ne prenez pas le volant.
> Si vous êtes malade, prévenez-moi.

Remarque : dans ces actes de paroles, la condition est nécessairement antérieure à la conséquence. C'est pourquoi le temps de la subordonnée avec **si** peut se trouver à l'accompli du présent.

> Si vous avez mangé trop de gâteaux, vous serez malades.
> Si vous avez bu un peu trop, ne prenez pas le volant !

Dès lors que la condition en **si** est suivie d'un présent ou d'un accompli du présent, son résultat est considéré comme des plus probables, selon l'expérience collective.

• La condition en **si** peut être équivalente à une subordonnée temporelle du type **chaque fois que** (cf. *supra* 3, p. 164).
Pour l'époque présente, c'est un indicatif présent à valeur générique qui rend compte de ces actions habituelles :

     – Que faites-vous pendant vos vacances ?
     – S'il fait beau, je vais au bord de la mer.
     – Et s'il fait mauvais ?
     – S'il fait mauvais, je m'occupe chez moi.

Remarque : si, conjonction de subordination conditionnelle, peut se répéter en cas de conditions additives. Mais l'usage veut qu'on évite cette répétition en employant **que** en seconde instance.

     S'il pleut longtemps, **que** je ne peux rien faire dehors, **et que** je n'ai pas assez de lumière pour lire, je fais du piano.

Ce **que** peut être suivi d'un verbe au subjonctif. Le procès du verbe n'est plus considéré comme un fait réel :

     S'il fait beau et qu'il y ait trop de soleil, je reste sous mon parasol.

◼ Le passé composé.

C'est, avant tout, l'*accompli du présent* et, en ce sens, il fait partie des instances de l'énonciation :

     – Vous venez déjeuner ?
     – Non merci, j'ai déjeuné.

Dans sa valeur *accompli du présent,* le passé composé peut être paraphrasé par une formule au présent :

J'ai déjeuné.	→ Je n'ai pas faim.
Il est parti.	→ Il est absent.
J'ai trouvé un appartement.	→ J'ai un appartement.
Pierre est arrivé.	→ Il est là.
Ils ont fini leur maison.	→ La maison est prête (habitable).

Ce passé composé **ne peut pas être** l'équivalent d'un passé simple :

     passé composé 1 ≠ passé simple

Observez la différence :

     Hier, il a pris l'avion pour Tokyo, il est donc absent. (accompli du présent)
     Ce jour-là, il prit l'avion pour Tokyo. (accompli au passé)

• Le passé composé peut donc avoir une *valeur résultative*, conséquence logique d'une action accomplie.
Comparez :

     Il est 18 h 20, l'avion a atterri à 18 heures. (accompli)
     L'avion a atterri depuis 20 minutes. (résultatif)
     Il y a 20 minutes que l'avion a atterri. (résultatif)

Quand les verbes sont des pronominaux réfléchis (cf. *supra* 1, pp. 143-144), cette valeur résultative prend une forme spéciale (verbe *être* au présent + participe passé à valeur adjectivale) :

> Ils se sont installés à Rome en 1994. (accompli)
> Ils sont installés à Rome depuis 1994. (résultatif)
> Il y a quelques années qu'ils sont installés à Rome. (résultatif)

• Le passé composé est aussi le temps du récit.

Dans cette valeur d'*accompli au passé,* il devient l'équivalent du passé simple, le temps de l'histoire qui est coupé des instances de l'énonciation.

En langage ordinaire, cette valeur du passé composé remplace systématiquement un passé simple :

> passé composé 2 = passé simple

Observez l'équivalence :

> Christophe Colomb atteignit l'Amérique en 1492. (accompli au passé)
> Christophe Colomb a atteint l'Amérique en 1492. (accompli au passé)

■ L'imparfait.

Comme son nom l'indique, ce temps du passé n'est pas « parfait ». Il ne signale ni le début, ni la fin d'une action, mais tout simplement le fait qu'elle se situe à l'époque passée.

On peut établir un certain parallélisme entre ce temps du passé et le présent. En effet, l'imparfait marque une action en cours ou en *accomplissement spécifique au passé* et le présent marque une action en cours ou en *accomplissement spécifique au présent* :

Accomplissement au présent :	**Accomplissement au passé :**
– Il est 18 heures. Que faites-vous ?	– Que faisiez-vous, hier à 18 heures ?
– Je m'occupe de mes enfants.	– Je m'occupais de mes enfants.

D'autre part, l'imparfait peut montrer une action en *accomplissement générique, hors chronologie* à l'époque passée, comme le fait le présent pour l'époque présente :

Présent d'habitude :	**Imparfait d'habitude :**
Tous les matins, elle se lève à 6 heures.	À cette époque-là, tous les matins, elle se levait à 6 heures.
À notre époque, les gens ne travaillent que huit heures par jour.	Autrefois, les gens travaillaient parfois jusqu'à quatorze heures par jour.

Enfin, au discours rapporté au passé (cf. *supra* 4, p. 170 et dossier 5, 2, pp. 92-94), on a vu que l'imparfait est la transposition attendue du temps présent employé au discours direct :

Discours direct :	**Discours rapporté au passé :**
Je m'occupe des enfants.	Il a expliqué qu'il s'occupait des enfants.

• À la différence du passé composé ou du passé simple, l'imparfait ne précise pas les limites (le début/la fin) d'une action passée. L'action est tout simplement située au passé et présentée dans son accomplissement (en train de se réaliser). Cela explique que l'on ne puisse pas trouver l'imparfait avec un indicateur de temps qui signale le début et la fin d'une action :

> *Hier, je m'occupais des enfants pendant deux heures.

Seule une forme ayant une valeur d'accompli peut être utilisée dans ce cas :

> Ce jour-là, je me suis occupé des enfants pendant deux heures.
>
> La veille, je m'étais occupé des enfants pendant deux heures.
>
> Avant de partir, il s'occupa de ses enfants pendant deux heures.

• L'élasticité temporelle de l'imparfait le rend très utile pour décrire des actions ou des états passés. Il crée une sorte de panorama, une toile de fond où se déroulent des actions passées.

En réalité, il donne une vision continue (extensive), là où le passé composé et le passé simple ordonneraient une vision discontinue (tensive).

Observez et comparez les énoncés suivants qui pourraient servir de mise en scène à un cameraman :

> (1) Je descendais l'escalier, lui montait.
>
> (2) Je suis descendue, lui montait.
>
> (3) Il est monté, moi je descendais.
>
> (4) Il est monté, moi je suis descendue.

Ces quatre énoncés racontent quatre « scénarios » très différents.

Selon la vision du narrateur, on aura :

> (1) une vision panoramique de deux actions simultanées au passé ;
>
> (2) une focalisation sur « je », tandis que « lui » sert de toile de fond ;
>
> (3) une focalisation sur « il », tandis que « je » sert de toile de fond ;
>
> (4) deux actions simultanées mises en focalisation.

• L'imparfait, par contraste avec le passé simple ou le passé composé, peut avoir un effet de « ralenti » : une action, qui normalement aurait pu être à un temps de l'accompli du passé, est mise à l'imparfait comme pour donner un film en ralenti de ce qui s'est effectivement passé.

> Pris en flagrant délit d'espionnage, il avala une capsule de cyanure.
> Cinq minutes plus tard, il mourait (à comparer avec « il mourut »).
>
> « À 8 heures, une bonne heure d'avance sur l'horaire prévu, ils culbutaient leurs sacs côte à côte au sommet. » (Samivel, © Arthaud-Flammarion)

Cet imparfait de ralenti attribue un certain pathos à l'action qui est donnée à voir en accomplissement, alors qu'elle est déjà accomplie.

• L'imparfait peut également transposer une action dans l'univers du virtuel ou de l'irréel. Cet imparfait à valeur modale signale que l'action aurait bien pu avoir lieu, mais que, par miracle, elle ne s'est pas produite :

> Le conducteur bondit hors de sa voiture au dernier moment. Une seconde de plus et il brûlait au fond d'un ravin !

Pour paraphraser cet énoncé, on doit employer le mode de l'irréel au passé :

> Il serait resté une seconde de plus dans sa voiture, il aurait brûlé au fond du ravin.

• Enfin, l'imparfait peut avoir une valeur d'atténuation – sorte de minimisation d'un acte social susceptible de heurter la face d'autrui.
Cette tournure est très fréquemment employée dans les interactions administratives et commerciales :

> – Qu'est-ce que vous vouliez ?
> – Je voulais un rôti de veau dans l'épaule.
> – Je voulais savoir si vous aviez des civettes...

Une minimisation, à caractère affectueux, s'entend aussi dans les paroles des mères à leur bébé. L'imparfait est dit alors « imparfait hypocoristique » :

> Comme il était mignon le bébé à sa maman !

Cet imparfait hypocoristique peut aussi être utilisé dans une conversation affectueusement intime entre adultes :

> Elle était vraiment très fatiguée, ma pauvre petite chérie ?

Remarque : l'imparfait hypocoristique s'emploie très souvent à la troisième personne (cf. dossier 2, 1, p. 25).

• L'imparfait entre dans les constructions hypothétiques avec un **si** marquant la condition :
– l'hypothèse irréelle concernant l'époque présente est posée à l'imparfait et son résultat, également irréel, est au conditionnel présent :

> Si tu prenais de la vitamine C, tu n'aurais pas de rhumes.

– le résultat irréel d'une hypothèse concernant l'époque présente peut être au conditionnel passé :

> Si tu prenais régulièrement de la vitamine C, tu n'aurais pas eu ce mauvais rhume.

• Un imparfait à valeur irréelle est employé par les enfants de la nouvelle génération dans leurs jeux d'imagination, alors que naguère, les enfants utilisaient de préférence le conditionnel. C'est une des évolutions dans le rituel des jeux :

> Alors, tu étais Batman et moi j'étais le Joker. (en 1995)
> Alors, les parents seraient partis et on vivrait comme on voudrait. (en 1960)

■ **Le plus-que-parfait.**
Accompli de l'imparfait, il signale qu'une action s'est réalisée à l'époque passée, antérieurement à un autre procès :

> En 1994, elle était en pleine santé. L'année précédente, elle **avait** pourtant **été** gravement malade.
> Voilà : je ne savais plus conduire. J'**avais** pourtant **conduit** pendant toute ma jeunesse.

Ce temps marque aussi une *antériorité* par rapport à l'accompli du présent :

> Pierre est retourné vivre à Nice où il avait passé toute son enfance.
> J'ai enfin trouvé le livre dont on m'avait tant parlé.

Cette valeur d'accompli fait que le plus-que-parfait sert de « tiroir » d'antériorité temporelle au passé composé, lorsque celui-ci se trouve utilisé dans un énoncé ayant pour temps de référence le passé :

> Il **a dit** qu'il **avait** enfin **trouvé** un livre dont on lui **avait parlé**.

• Le plus-que-parfait entre dans les constructions hypothétiques avec **si** :
– l'hypothèse sur l'époque passée est posée au plus-que-parfait (l'accompli de l'imparfait) et le résultat irréel de cette hypothèse est au conditionnel passé :

> Si tu avais pris de la vitamine C, tu n'aurais pas eu ce rhume.

– le résultat irréel d'une hypothèse sur l'époque passée peut être au conditionnel présent :

> Si tu avais pris de la vitamine C, tu n'aurais pas ce mauvais rhume.

■ Le surcomposé.

C'est un temps accompli d'un temps déjà accompli. Le surcomposé le plus employé est celui du passé composé. Mais il existe aussi un surcomposé du plus-que-parfait.
Observez les formes du surcomposé par rapport au présent :

Présent ←————	*Passé composé* ←————	*Surcomposé*
Je lis.	J'ai lu.	Quand j'ai eu lu...

Observez les formes du surcomposé par rapport à l'imparfait :

Imparfait ←————	*Plus-que-parfait* ←————	*Surcomposé*
Je lisais.	J'avais lu.	Quand j'avais eu lu...

Ces formes du surcomposé sont fréquemment utilisées, sans que le locuteur ait conscience de cet emploi.
En général, les francophones s'étonnent quand on leur parle du surcomposé, temps qu'ils utilisent pourtant automatiquement quand ils en ont besoin :

> Quand j'**ai eu fini** mon travail, je me suis précipité chez Colette.
> Quand j'**ai été partie**, il s'est précipité chez Colette.
> Ce jour-là, dès qu'il **avait eu touché** sa pension, il avait couru au cabaret.

On rencontre principalement les surcomposés dans les subordonnées circonstancielles de temps.
Le passé surcomposé est, en langage ordinaire, l'équivalent du passé antérieur propre au code écrit.

■ Le passé simple.

Temps du passé par excellence, il s'est acquis un statut particulier. En effet, ce temps est actuellement pratiquement absent du code oral, alors qu'il est extrêmement vivace dans les écrits.
Le passé simple marque une rupture catégorique entre le temps de l'énonciation et le temps de l'histoire. Le « je » de l'énonciation est absent d'un énoncé au passé simple.
Comparez :

> (1) Après 1970, je fis ma carrière en France.
> (2) Après 1970, j'ai fait ma carrière en France.

En (1), l'énonciateur se coupe de sa biographie : « Je est un autre ».
En (2), l'énonciateur est présent dans sa biographie, qui semble avoir encore des effets sur lui.

Aussi, le passé simple est-il le temps de la distance objective et de l'histoire en général. Conséquemment, de nos jours, il n'est guère plus utilisé qu'à la troisième personne du singulier ou du pluriel. Les petits Français ne l'apprennent plus qu'à l'école et ont du mal à en maîtriser les formes relativement complexes. Cependant, à l'écrit, ce temps du passé est très vivant et indique que l'action est bien définitivement terminée. La vision produite par ce temps est une vision tensive, en focalisation, alors que l'imparfait qui l'escorte souvent donne une vision extensive, en panorama.

• Dans un récit au passé, on peut trouver des passés composés et des passés simples, mais cela indique que le récit est présenté sur deux plans différents :
– un lien étroit avec les instances de l'énonciation (passé composé) ;
– une distance éloignée vis-à-vis du présent (passé simple).

> Je **suis sorti** avec Monsieur Blanchet, après le tournoi de dominos. Le jour déclinait. [...] Monsieur Blanchet marchait avec difficulté. Je rapetissais mes pas, pour rester à sa hauteur. Il **s'arrêta** et **dit** [...] (Joseph Périgot, © Bayard Presse Jeune)

■ **Le passé antérieur.**
Accompli du passé simple, le passé antérieur marque un rapport d'antériorité/postériorité entre deux actions au passé, dont l'une est au passé simple :

> Quand ils **eurent réussi** à se détacher de l'affreux spectacle, ils **entrèrent** dans Surinam.
> Lorsqu'il **eut compris** qu'il était traqué, il **se faufila** habilement dans la foule et **se tapit** entre les marchands.

Le passé antérieur se rencontre le plus souvent à l'écrit dans les subordonnées temporelles introduites par « quand, lorsque, dès que, après que », etc. Dans le discours ordinaire, il est régulièrement remplacé par un passé surcomposé.

À PROPOS DU SAVOIR-FAIRE

▶ Dans l'apprentissage de la fonction langagière « raconter des événements passés », il est utile que l'apprenant puisse dégager, vers la fin du niveau 1, l'existence de deux systèmes clairement différenciés :
– le système du « discours » (oral et écrit ordinaires) dont l'apprenant a à se servir et qui est caractérisé par l'usage de l'imparfait, du plus-que-parfait ainsi que du passé composé et de son accompli le surcomposé.
– le système de l' « histoire » (à l'écrit seulement et en registre soutenu) que l'apprenant rencontre dans ses lectures et qui est caractérisé par l'emploi de l'imparfait, du plus-que-parfait ainsi que du passé simple et de son accompli le passé antérieur.
Le schéma suivant pourrait aider à la saisie de ces deux systèmes temporels ayant une partie commune : l'imparfait et le plus-que-parfait.

Discours :   **Histoire :**

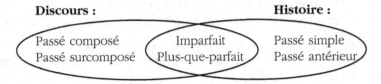

| Passé composé | Imparfait | Passé simple |
| Passé surcomposé | Plus-que-parfait | Passé antérieur |

Plus tard, l'apprenant pourra percevoir les effets produits par la présence du passé composé et du passé simple dans les mêmes textes.

Pour l'emploi des temps à un niveau avancé, voir les *Exercices de grammaire – perfectionnement* (© Hatier/Didier, 1988).

CE QU'IL FAUT SAVOIR

■ Le futur simple.

Lié à l'époque future, ce temps marque un procès dont la réalisation est prospective (projetée dans l'avenir du locuteur). De ce fait, la probabilité de réalisation du procès est plus ou moins grande selon les contextes. Selon le degré de probabilité envisagé, le futur simple peut intervenir dans des actes de parole très variés (cf. *infra* 8, p. 182).

Le futur simple peut avoir un aspect d'accompli spécifique :

> Selon les prévisions, l'avion **atterrira** ce soir à 22 heures.

ou un aspect en accomplissement générique, hors chronologie :

> Bientôt, **il y aura** des villages sous-marins.
> On **vivra** sous l'eau.
> Les gens **porteront** des palmes pour aller faire leurs courses.

■ Selon le moment de référence (T° ou T′) on découvre **deux valeurs** au futur simple :

1. Par rapport au moment de l'énonciation (T°) :

Le futur simple, selon son aspect, entretient une relation diamétralement opposée aux temps du passé :

```
———— PC ————— Ici ————— FS ————→
      PS          Maintenant
   Imparfait
```

Dans ce cas, le futur simple est en concurrence avec :

a. Le futur proche ou futur analytique (aller + infinitif) :

> Selon les prévisions, l'avion **va atterrir,** ce soir à 22 heures.

Cependant, certaines situations, ici et maintenant, imposent l'emploi du futur proche :

> Attention ! Tu **vas** te pincer !
> Regarde ! Il **va** se faire renverser !

Par contre, dans certaines subordonnées temporelles, la fréquence du futur simple l'emporte sur celle du futur proche :

> Quand je **serai** riche, je ferai repeindre la maison.
> Quand on **aura** le temps, on fera le ménage.

Ces cas expriment bien le degré, plus ou moins important, de la probabilité de réalisation du procès, selon le locuteur-énonciateur.

Plus la probabilité est forte et plus se manifeste le futur analytique.

Plus la probabilité est faible et plus on a recours au futur simple.

b. Le présent qui, par un effet dramatique, envisage la réalisation du procès « comme si on y était » :

> Son avion **atterrit** à Tokyo ce soir à 22 heures.
> Je **prends** ma retraite exactement dans 15 ans.

c. Le verbe modal « devoir » au présent :

> Il **doit** arriver d'un moment à l'autre.

• On note aussi que le futur simple est employé au discours indirect au passé, pour évoquer un procès dont on est sûr qu'il se réalisera à une date précise (dans l'avenir).

Comparez :

> (1) J'ai entendu dire que l'avion **arrivera** à 20 heures.
> (2) On m'a dit que l'avion **arriverait** à 20 heures.

En (1), l'information est considérée comme certaine et venant de source sûre : l'événement est programmé (lecture d'une affiche, par exemple).

En (2), l'information est une transposition : discours indirect au passé de paroles entendues, mais non vérifiées par le locuteur (seules ces paroles font foi).

2. Par rapport à un moment du passé (T′) :

Lié à un point de référence à l'époque passée, le futur simple peut se rencontrer pour exprimer les conséquences d'événements déjà accomplis.

Il a, alors, une valeur dramatique et donne une perspective d'anticipation :

> Après l'appel du 18 juin 1940, les habitants de l'île de Sein **prendront** la mer et **rejoindront** de Gaulle en Angleterre.

■ **Le futur simple** intervient dans de nombreux actes de parole :

1. Pour donner un ordre, une consigne ou une directive (injonction ou imposition) :

> Vous prendrez 3 cachets par jour.
> Vous ferez cet exercice pour demain matin.
> Vous irez chercher le courrier.
> Tu te tairas, enfin !

La force perlocutoire du futur simple est aussi évidente dans les commandements :

> Tu honoreras ton père et ta mère.

De même, le futur analytique permet de réaliser, ici et maintenant, certaines menaces ou mises en garde :

> Tu vas finir par comprendre, oui ou non ?
> Tu ne vas pas recommencer, non ?
> Tu ne vas pas continuer à te plaindre, tout de même !
> Tu ne vas pas me faire croire que tu n'étais pas au courant !

2. Pour faire une promesse :

> Je téléphonerai à 15 heures.
> Je passerai lundi prochain.
> J'irai chercher les enfants à l'école.

3. Pour demander un service (registre familier) :

> Tu pourras faire la vaisselle ?
> Tu pourras arroser les plantes ?
> Tu me laisseras la voiture demain matin ?

4. Pour atténuer la force perlocutoire d'une énonciation :

> Je vous demanderai de cesser de faire du bruit.
> Je vous ferai remarquer que je suis chez moi, ici.

Je vous rappellerai que vous n'avez prévenu personne.

Je vous répondrai que ce n'est pas mon problème, mais le vôtre !

5. Pour formuler des prévisions, prédictions ou prophéties :

Météo : Il fera beau sur tout le pays. Le vent soufflera d'ouest en est.

Voyante : Vous n'aurez pas beaucoup d'argent, mais vous aurez beaucoup d'enfants.

Bible : Ils seront précipités dans la Géhenne. Ils s'assoiront à la droite de Dieu.

6. Pour formuler une supposition dans une situation « ici et maintenant » :

– Qui peut bien téléphoner à cette heure-ci ?

– Ce sera encore ton frère, à coup sûr !

■ Le futur antérieur.

Forme accomplie du futur simple, le futur antérieur a d'abord une valeur d'antériorité concernant l'époque future et, à ce titre, il se rencontre fréquemment dans les subordonnées circonstancielles de temps :

Quand tu **auras fini** ton travail, tu viendras m'aider.

Lorsqu'ils **seront partis,** nous occuperons l'appartement.

• Le futur antérieur entre également dans la formulation d'un acte de parole précis : la supposition (c'est-à-dire des hypothèses) concernant l'époque passée. Observez l'emploi du futur antérieur dans les circonstances suivantes :

– dans un roman policier :

– Regardez, je vois des traces, là.

– Ils **auront** certainement **traîné** le cadavre vers ce petit lac…

– à la gare :

– Pierre n'était pas au rendez-vous au train de 11 heures.

– Il **aura manqué** son train et **n'aura pas pu** nous prévenir.

– lors d'une soirée :

– Les Boli ne sont pas arrivés ?

– Ils **auront oublié** l'invitation ou **se seront perdus** en chemin.

À PROPOS DU SAVOIR-FAIRE

▶ Les méthodes de langue et les praticiens dans les classes de langue attribuent une importance considérable à l'apprentissage des temps et des modes du verbe.

Une grande partie de cet apprentissage est réservée aux temps de l'indicatif présent.

Si on ouvre une méthode de niveau 1, par exemple, on constatera que sur les douze ou quinze unités du manuel, dix au moins soulèvent des problèmes de morphologie du présent, puis du futur, ensuite de l'imparfait et du passé composé.

C'est une preuve, s'il en fallait une, que la situation dans le temps intéresse tout le monde.

Mais peut-être pourrait-il y avoir d'autres manières d'acquérir la maîtrise linguistique de cette opération conceptuelle indispensable pour comprendre et parler une langue.

Il est vrai que la forme des temps est un automatisme à maîtriser, si l'on veut se libérer l'esprit pour des tâches plus complexes (pour l'apprentissage de ces automatismes, se reporter aux propositions d'exercices ludiques, *infra* 8, pp. 201-202).

Mais faut-il en faire le « plat principal » de l'apprentissage ?

D'ailleurs, ce « plat principal » devient vite monotone et lassant, dès lors que l'on veut, en un premier temps, faire découvrir et apprendre toutes les formes du présent, par exemple.

Ce dont a besoin un apprenant étranger, c'est avant tout des formes qui lui permettent de se situer aux trois époques. N'est-il pas un être de l'univers, comme tout un chacun ?

Or, il est encore des enseignants qui estiment qu'il est hors de question d'aborder un temps du futur ou du passé, tant que le présent n'a pas été maîtrisé.

Cela peut prendre un temps si considérable que les étudiants ont depuis longtemps abandonné toute motivation pour parler, quand enfin on décide de les initier aux autres temps de l'indicatif.

D'autre part, il est établi depuis longtemps que les modes subjonctif et conditionnel appartiennent à un niveau 2 d'apprentissage.

On peut s'interroger sur cette progression rigoureusement linéaire.

Pourquoi le passé composé est-il considéré comme plus difficile que le présent de l'indicatif ?

Pourquoi le subjonctif ne devrait-il être abordé qu'en deuxième année d'étude du français ?

La réponse est toujours pédagogique : il faut aller du plus simple au plus complexe.

La progression est donc liée aux formes.

L'indicatif présent serait-il le temps le plus facile ? Les temps du passé sont-ils beaucoup plus difficiles ?

Certes une forme simple est, par définition, moins complexe qu'une forme composée.

Mais, soyons sérieux ! Toute progression d'apprentissage de la grammaire doit être strictement liée aux besoins langagiers des apprenants.

Or, tout apprenant, pour pouvoir comprendre et s'exprimer en langue étrangère, a besoin avant tout de se situer dans le temps.

Par conséquent, il est urgent qu'on introduise, dès les premières leçons, les trois époques : présente, passée, future.

Mais comment faire pour que les apprenants ne mélangent pas tout, pourrait-on se demander.

Pourquoi mélangeraient-ils tout ? Une langue n'est pas une science occulte !

Dans tout enseignement/apprentissage d'une langue, il faut compter sur la facilité naturelle de tout humain à produire du langage.

Ne lui donner qu'au goutte à goutte l'information indispensable pourrait être considéré, dans certains cas, comme une forme de sectarisme (ils ne sont pas assez forts pour pouvoir parler cette langue).

C'est une attitude pédagogique heureusement dépassée.

Puisque l'erreur est attendue et qu'elle est un cheminement vers la vérité, il faut certes s'attendre à des erreurs au cours de l'apprentissage.

Et puisqu'il faut s'attendre à des erreurs, celles-ci se corrigeront d'autant plus facilement que l'apprenant est exposé à suffisamment de matière linguistique, pour se construire ses règles concernant la situation dans le temps.

Il est donc conseillé d'exposer l'apprenant à tout ce dont il a besoin pour devenir un sujet-parlant.

En outre, on réfléchira au fait que les temps du passé, conjugués avec l'auxiliaire *être* ou *avoir,* ne sont guère plus difficiles à assimiler que bien d'autres expressions linguistiques :

> J'ai vingt ans.
> Je suis étudiant.
> Je suis venu ici pour apprendre le français.
> J'ai trouvé une chambre près de la faculté.
> Je vais aller en France l'année prochaine.

Ces formes du verbe sont suffisantes pour que l'apprenant se crée sa personnalité de sujet-parlant.

De même, pourquoi craindre une introduction précoce du subjonctif ou du conditionnel ?

Ces modes ne sont-ils pas indispensables pour modaliser sa pensée ?

Si l'on désire que les apprenants prennent la parole en classe de langue, encore faut-il leur en donner les moyens (larges et généreux).

Peut-être que si l'on accordait moins d'importance à la forme correcte des temps, ceux-ci se mettraient d'eux-mêmes en place, avec le temps !

Mais le rôle de l'enseignant n'est-il pas aussi d'évaluer les connaissances ? Cette évaluation, le plus souvent formelle, peut devenir, dans certains cas, un obstacle au processus naturel de l'apprentissage...

En conclusion, il apparaît que plus l'approche de la langue sera communicative et interactive et plus les apprenants auront de facilité et de liberté pour apprendre à leur rythme (même si c'est long...).

6. Les valeurs et emplois des autres modes

CE QU'IL FAUT SAVOIR

■ Les valeurs et emplois du conditionnel.

Les formes du conditionnel présent et du conditionnel passé sont très employées dans le langage quotidien :

> Je **voudrais** un carnet de timbres, s'il vous plaît.
> **Auriez**-vous des lilas ?
> **Auriez**-vous vu mes lunettes, par hasard ?
> J'**aurais aimé** partir le 24 décembre, si c'est possible.
> J'**aimerais** vous demander un service.
> **Pourriez**-vous me rendre un service ?
> Tu n'**aurais** pas la monnaie de cent francs ?

Cette valeur du conditionnel, mode du virtuel, permet de minimiser ou d'atténuer la force illocutoire d'une **demande de service,** par exemple.

C'est donc la manifestation d'un acte rituel, caractéristique de la culture française. Son emploi fait savoir à autrui qu'on le considère avec respect, comme s'il était un « objet sacré », selon la définition que donne É. Durkheim de l'acteur social.

Ce « conditionnel de politesse » doit être appris très tôt dans l'enseignement/apprentissage du FLE. Il s'emploie essentiellement aux personnes de l'énonciation : je, tu, vous.

• Le conditionnel entre dans d'autres actes de parole :

– **Une invitation :**

>Seriez-vous libre, ce soir ?
>Accepteriez-vous de m'accompagner à l'opéra ?
>Que diriez-vous d'un week-end en Touraine ?

– **Une suggestion ou une proposition :**

>On pourrait partir ce week-end ? Qu'en dites-vous ?
>On pourrait prendre le train de nuit ?

– **Un conseil :**

>Tu devrais téléphoner à tes parents.
>Il faudrait prendre de leurs nouvelles régulièrement.
>Vous pourriez peut-être leur téléphoner tout de suite.

– **Un regret :**

>J'aurais dû les appeler quand vous me l'avez conseillé.
>J'aurais bien voulu les revoir.
>Il aurait fallu que je suive vos conseils.

– **Un reproche :**

>Tu aurais dû téléphoner à tes pauvres parents.

• Le conditionnel sert aussi au locuteur à transmettre des informations non vérifiées auprès de sources sûres :

>Un avion s'est écrasé en forêt, il y aurait peu de rescapés.

(Ce conditionnel, très fréquemment employé dans la presse, est parfois appelé « conditionnel journalistique ».)

• Le conditionnel est le mode de l'irréel.

En tant que tel, il envisage des actions qui n'ont pas eu lieu dans la réalité :

>J'aurais gardé mes lunettes sur le nez, je saurais où elles sont !

• Cet usage est fortement concurrencé par des propositions subordonnées conditionnelles en **si** (cf. Imparfait et hypothèses, pp. 178-179) :

>Si j'avais gardé mes lunettes sur le nez, je saurais où elles sont !
>Si je n'oubliais pas toujours mes lunettes, ma vie serait plus facile !
>Si un jour on pouvait se passer de lunettes, je serais bien contente.

Le conditionnel est le mode requis pour exprimer le résultat irréel d'une hypothèse posée, concernant soit l'époque présente ou future, soit l'époque passée.

• En langue écrite soutenue et en littérature, le conditionnel passé prend la 2ᵉ forme :

>« [...] je n'ai jamais imaginé de faire une collection de timbres-poste. Elle **eût découpé** le globe [...]. Surtout, elle **eût colmaté** les vides dans les pays, démarche contraire, pensais-je alors, à la jouissance exotique [...] » (Gilles Lapouge, © Édition Complexe).

■ Les valeurs et emplois du subjonctif.

Il permet d'envisager le procès du verbe dans une perspective ou une dimension autre que celle de la réalité.

• Le subjonctif est le mode du possible, du potentiel ou du virtuel :

> Je veux que mes enfants **fassent** de bonnes études.
> Mes enfants aimeraient que je **fasse** du sport.
> Tout apprentissage exige qu'on **soit** au moins motivé.
> Que l'on soit motivé ou non, il faut bien que l'on **fasse** des études.

L'emploi du subjonctif signifie que le locuteur considère la **réalisation** d'un procès comme :
– nécessaire, souhaitable, possible ;
– incertaine, douteuse, peu probable ;
– éventuelle ou réalisable, pourvu que certaines conditions nécessaires soient respectées.

> Notre enseignant veut qu'on **vienne** régulièrement aux cours.
> Il doute que nous **soyons** réellement motivés.
> C'est possible qu'il **ait** raison.
> Pour qu'il **soit** satisfait, il faut que nous **manifestions** constamment un intérêt réel pendant les cours.

• Le mode subjonctif exprime la subjectivité du sujet-parlant :

> Je doute qu'il **ait** totalement raison.
> Je ne suis pas sûr qu'il **faille** toujours manifester de l'intérêt.
> Je ne crois pas qu'on **puisse** être constamment motivé.
> Je ne suis pas persuadé que tout le monde **doive** faire des études.
> J'ai bien peur qu'en cours nous ne **soyons** que de pauvres captifs !

• En langage ordinaire, on utilise deux temps du subjonctif : le subjonctif présent et le subjonctif passé.
Le subjonctif présent signale que le procès du verbe est considéré comme **simultané** ou **postérieur** à celui du verbe introducteur.
Le subjonctif passé indique que le procès du verbe est envisagé comme **antérieur** à celui du verbe introducteur.

> Il a voulu que sa fille **apprenne** l'anglais très tôt. (simultanéité/postériorité)
> Aujourd'hui, il est content que sa fille **ait appris** l'anglais. (antériorité)

En langue écrite de registre soutenu et dans les textes littéraires, on rencontre deux autres temps du subjonctif : le subjonctif imparfait et le subjonctif plus-que-parfait.
Le subjonctif imparfait marque que le procès du verbe est envisagé comme **simultané** ou **postérieur** à celui du verbe introducteur exprimé à l'indicatif passé ou au conditionnel :

> Il voulait que son fils **fût** polytechnicien.
> Il exigea que son fils **sortît** premier de sa promotion.
> Accepteriez-vous que vos enfants **se fissent** la guerre ?

Le subjonctif plus-que-parfait indique que le procès du verbe est envisagé comme **antérieur** à celui du verbe introducteur exprimé à l'indicatif passé ou au conditionnel :

> Elle regretta amèrement que les troupes **eussent envahi** son domaine.
>
> Elle eût préféré que le capitaine ne **se fût** pas **installé** dans la chambre bleue.

■ Les emplois du subjonctif.

1. Le subjonctif se rencontre, mais rarement, dans des propositions indépendantes, formules à valeur exclamative exprimant un souhait, un désir, un ordre, etc. :

> Vive la liberté !
>
> Advienne que pourra !
>
> Sauve qui peut !
>
> Ainsi soit-il…
>
> Qu'on se le dise !
>
> Qu'il vienne donc !
>
> Qu'à cela ne tienne !

2. Le subjonctif est utilisé en alternance et en complémentarité avec l'infinitif dans certains cas syntaxiques.

Observez l'alternance et la complémentarité des deux modes :

> Je ne désire pas **partir** le plus vite possible.
>
> Je veux que vous **partiez** le plus vite possible.
>
> Mon employeur désire que je **parte** le plus vite possible.
>
> Moi, je souhaite **travailler** jusqu'à 65 ans.
>
> Notre employeur souhaite que nous **partions** avant cet âge.
>
> Nous, nous aimerions qu'il **puisse** changer d'avis.

Si les sujets des deux verbes sont coréférentiels, on utilise l'infinitif.

Si les sujets grammaticaux sont non coréférentiels, il faut une **que** phrase et le subjonctif pour en rendre compte.

• Cette règle s'applique aux verbes de souhait, de volonté, de désir, de crainte ou de peur, mais aussi aux constructions adjectivales exprimant un sentiment ou une émotion :

> Je suis satisfait de **quitter** mon travail.
>
> Mon employeur est aussi très content que je **m'en aille.**
>
> Nous sommes désolés que vous **partiez.**
>
> D'autres seront heureux de **prendre** ma place !
>
> Moi, je ne serai pas fâché qu'ils la **prennent.**

• On constatera que les adjectifs sont construits avec la préposition **de**, devant l'infinitif.

• Certains verbes (ou locutions verbales) sont aussi construits avec cette préposition, devant l'infinitif :

> Je n'accepte pas **de** partir sans indemnisations.
>
> Mon syndicat n'acceptera pas que je parte sans indemnisations.
>
> Ils ont envie **de** s'opposer à mon départ.
>
> Mais je n'ai pas envie qu'ils s'y opposent !

> On a besoin **de** discuter longuement.
> Vous avez besoin que le syndicat vous défende.
> Je n'ai pas peur **de** me retrouver sans travail.
> Mais mon patron a peur que je ne lui fasse un procès.

• La même règle syntactique (faisant alterner infinitif et subjonctif en fonction d'un même sujet grammatical ou de deux sujets grammaticaux différents) s'applique avec certaines conjonctions de subordination dont les plus communes sont :
– avant de / avant que (temps) ;
– pour / pour que (but) ;
– afin de / afin que (but) ;
– sans / sans que (manière) ;
– à moins de / à moins que (manière) .

> Laisse-moi ton adresse **avant de** partir.
> J'ai pris son adresse **avant qu'**il **ne** parte.

> **Pour** être courtois, j'ai bien sûr salué mon patron avant de partir.
> Je l'ai salué **pour qu'**il ait quelques remords de m'avoir licencié.

> J'aurais peut-être dû partir **sans** lui parler.
> Mais je n'ai pas pu partir **sans qu'**il me reçoive officiellement.

> **À moins de** faire appel, vous n'aurez aucune indemnité.
> Votre patron ne sera pas inquiété, **à moins que** vous **ne** fassiez appel.

• On notera, à partir des exemples ci-dessus, que les conjonctions de subordination **avant que** et **à moins que** se construisent non seulement avec le subjonctif mais avec un **ne** *explétif* (c'est-à-dire un **ne** qui n'a pas de valeur négative, mais qui demeure comme trace d'un ancien état de la langue).
Le **ne** *explétif* se retrouve aussi dans les constructions « avoir peur que » et « craindre que » :

> Votre employeur craint que vous **ne** fassiez appel.
> Il a peur que vous **n'**adressiez une plainte aux Prud'hommes.

• Ce **ne** est souvent omis dans le langage ordinaire mais doit être utilisé en registre de langue soutenu, et notamment à l'écrit.

• En revanche, la conjonction de subordination **sans que** ne doit pas faire apparaître de **ne** *explétif.*

• Enfin, on notera que **après / après que** ne se construit pas avec le subjonctif, quoique l'ensemble de la communauté linguistique française ne s'en rende presque jamais compte. La tendance, de nos jours, est en effet d'utiliser le subjonctif, par analogie avec la construction « avant que ». Ce comportement langagier, bien que très fréquent, n'en est pas pour autant correct.

• Dans le cas précis de **après / après que**, l'alternance de construction s'établit entre l'infinitif passé et un temps accompli de l'indicatif :

> Après **avoir signé** sa lettre de démission, l'employé a salué et s'est retiré.
> Après que l'employeur **a eu relu** la lettre de démission, l'employé l'a signée, a salué poliment et s'est retiré du bureau.

Après que l'employeur **eut relu** la lettre de démission, l'employé la signa.

3. Le subjonctif et l'infinitif sont en concurrence pour exprimer l'obligation, la nécessité ou un jugement de valeur dans les tournures impersonnelles du type « il faut, il est essentiel, il est utile, il est inadmissible, etc. » :

Il faut partir.

Il faut que vous partiez.

Il faut que je parte.

Il vous faudra bien partir.

Me faudra-t-il vraiment quitter l'entreprise ?

Il est scandaleux qu'on ait licencié notre camarade !

Il est scandaleux de licencier quiconque !

• Dans ce cas, c'est le **sens** que l'on veut véhiculer (et non pas la question d'un seul ou de deux sujets grammaticaux) qui détermine l'alternance des deux modes :

a. Il faut est suivi de l'infinitif : l'infinitif a une valeur générale, concernant tout le monde, n'importe qui, mais personne en particulier.

b. Il faut est suivi d'une **que** phrase au subjonctif : seul le sujet grammatical du verbe au subjonctif est visé par l'obligation.

c. Une construction moyenne existe, où **il faut** est suivi de l'infinitif, quoique l'obligation ne concerne qu'une seule ou des personnes bien précises.

Mais dans ce cas, on voit souvent apparaître un pronom personnel de type COI, qui vient spécifier et préciser qui est le patient ou la victime de l'obligation :

Il **me** faudra bien m'habituer à cette situation nouvelle.

Il **te** faut accepter les aléas de la vie.

Il **lui** a fallu, bon gré mal gré, s'habituer à cette nouvelle vie.

• Cependant, si l'on doit nommer par son nom la personne ou la chose concernée, c'est obligatoirement la **que** phrase au subjonctif qui en rendra compte :

Il faut **que** Marie Boli **accepte** les aléas de la vie.

Il a fallu **que** cet ingénieur **fasse** appel aux syndicats.

Il faudra bien **que** ces problèmes **soient** un jour résolus.

• C'est la même règle (différenciant le cas général du cas particulier) qui gouverne les emplois de tournures comme : « le fait de » et « le fait que » :

Le fait d'**avoir** un bon avocat est toujours un avantage.

Le fait que vous n'**ayez** pas d'avocat m'inquiète sérieusement.

4. Le subjonctif est employé en alternance avec l'indicatif, pour distinguer une opinion plutôt incertaine d'une opinion catégorique.

Observez le fonctionnement de l'alternance des deux modes :

J'espère qu'il **gagnera** son procès.

Espérons qu'il **puisse** s'en sortir !

Je crois qu'il **s'en sortira.**

Moi, je ne crois pas qu'il **s'en sorte** si facilement.

Quant à moi, je pense qu'il **perdra** ce procès.

Pensez-vous qu'il **doive** réellement perdre ce procès ?

Du moins, je ne pense pas qu'il **puisse** le gagner.

> Il n'est pas certain qu'il **perde** ce procès.
> Il est certain qu'il **gagnera** ou qu'il **perdra** !
> Imaginez qu'il **perde**...

• À la forme affirmative, les verbes d'opinion (croire, penser, imaginer, etc.) et les expressions indiquant la certitude (être sûr, être certain) sont suivis de l'indicatif.

Ces mêmes verbes et expressions à la forme négative ou à la forme interrogative peuvent être suivis du subjonctif, selon le degré de doute que veut exprimer le locuteur.

Quand l'indicatif est employé après ces verbes et expressions à la forme négative, l'opinion du locuteur est catégorique :

> Je ne crois pas qu'il perdra. (Il gagnera, j'en suis sûr.)
> Je ne pense pas qu'il gagnera. (Il perdra, telle est mon opinion.)

C'est surtout dans ce cas que se manifeste le point de vue subjectif du locuteur. Il peut choisir le subjonctif s'il opte pour le doute et l'indicatif si, à ses yeux, la certitude l'emporte.

• À l'impératif et à la forme négative, le verbe « espérer » équivaut à un souhait et peut être suivi du subjonctif, alors qu'il est toujours suivi de l'indicatif (futur) dans une phrase déclarative à la forme affirmative.

À l'impératif, d'autres verbes comme « supposer, imaginer, admettre, etc. » sont suivis du subjonctif car l'impératif équivaut alors à la formulation d'une hypothèse :

> Je suppose qu'il sera en retard.
> Supposons qu'il ne **soit** pas en retard...

5. L'alternance subjonctif/indicatif se rencontre aussi dans les propositions relatives, selon que l'existence de l'antécédent est envisagée comme virtuelle ou comme bien réelle (cf. dossier 6, 4, pp. 125-126) :

> Je ne connais pas l'employeur qui **a voulu** vous licencier.
> (Mais j'ai entendu parler de lui.)
>
> Vous connaissez un employeur qui **soit** prêt à m'embaucher ?
> (Un tel employeur existe-t-il ?)
>
> Je cherche une entreprise où on ne **puisse** licencier personne.
> (Y a-t-il une telle entreprise ?)
>
> Je cherche une entreprise où on ne **peut** licencier personne.
> (Je sais qu'il existe effectivement des entreprises comme ça.)

• Le subjonctif s'emploie aussi dans les propositions relatives dont l'antécédent est caractérisé par une superlative ou par un mot qui le rend unique.

Le subjonctif implique que le locuteur n'a pas connaissance d'autres cas semblables, mais qu'une telle possibilité n'est pas à exclure.

Observez :

> C'est la meilleure entreprise que je connaisse.
> (Mais il y en a peut-être d'autres encore meilleures.)
>
> C'est l'employeur le plus exigeant qu'on puisse avoir.
> (Mais qui sait, peut-être y en a-t-il d'encore plus exigeants ?)

C'est l'employé le plus scrupuleux que j'aie jamais rencontré.
(Peut-être en rencontrerai-je d'autres un jour, mais cela m'étonnerait.)

C'est le seul employé qu'il ait licencié.
(Je ne connais pas d'autres cas, mais il y en a peut-être eu...)

L'indicatif, dans ces relatives, signifierait que le locuteur est absolument certain qu'aucun autre cas semblable n'est possible :

L'employé le plus scrupuleux que je connais, s'appelle Comeaux.
Le seul employé que j'ai licencié est devenu par la suite mon beau-père !

6. Le subjonctif n'alterne avec aucun autre mode après certaines conjonctions et locutions indiquant la concession ou la restriction :
– bien que, quoique ;
– où que, quoi que, quel(le) que, qui que.

Bien que les syndicats aient pris sa défense, l'employé a été licencié.

L'employeur a été inquiété, quoique l'employé n'ait pas déposé plainte.

Où qu'il aille, quoi qu'il fasse, quels que soient ses problèmes, je ne veux plus jamais entendre parler de lui.

• En registre familier, et à l'oral notamment, on peut trouver l'indicatif après « bien que » et « quoique ». Cette construction n'est pas admise en registre soutenu.

• On veillera à distinguer « quoique » (en un seul mot) de « quoi que » (en deux mots) car le sens véhiculé et les fonctions syntaxiques sont différents :

Quoiqu'il fasse scrupuleusement son travail, il a été licencié.
(**En dépit** de son travail scrupuleusement fait, il a été licencié.)

Quoi qu'il fasse, il ne sera jamais repris dans cette entreprise.
(Il peut **tout** essayer pour revenir, cela ne servira à rien.)

• D'autres tournures concessives sont suivies :
– soit de l'indicatif : même si ;
– soit de l'infinitif : avoir beau.

Même si les syndicats ont pris sa défense, l'employé est bien licencié.

Les syndicats ont eu beau prendre sa défense, il est bel et bien licencié.

À PROPOS DU SAVOIR-FAIRE

▶ Après une centaine d'heures d'apprentissage du français, les étudiants étrangers passent habituellement par une étape de connaissances très labiles : ils ont appris beaucoup de formes verbales, mais la plupart des valeurs et des emplois des morphèmes temporels leur demeurent incertains.

Ils s'exercent donc à employer des formes grammaticales, non pas parce qu'ils les possèdent bien, mais parce que justement ils n'en sont pas sûrs.

Cet apprentissage heuristique est une preuve de l'évolution et de l'auto-éva-

luation de leurs connaissances, mais il donne nécessairement lieu à des erreurs
du type :

*Je suis heureuse que tu as envoyé à moi ton nouveau adresse.

*Nous sommes très contents que vous êtes là.

*Vous voulez que je faire les courses ?

*Il a parti avant que j'arriverai à la gare.

*On ne vient pas en France, jusqu'à ce que notre pays n'avait plus resté fidèle à ses idées. (On n'a pas pu venir en France... soit redevenu fidèle à ses idées.)

*Ils avaient peur qu'ils n'auraient pas assez de temps.

*Il faut attendre pour que les effets de la guerre de Sécession seront sentis.

*Je crois que son architecture soit très mauvaise.

▶ Comment aborder en classe les *valeurs* et les *emplois* des temps et des modes ?

L'acquisition des valeurs et des emplois devraient se faire en contexte.

Dans l'écoute des dialogues ou la lecture des textes, l'enseignant pensera à faire *repérer* les formes des temps et des modes appropriés aux types d'actes de parole ou aux types de discours étudiés.

L'essentiel, c'est que les apprenants se rendent compte que les formes verbales ont une fonction et une valeur fondamentales dans chaque type de discours.

En effet, chaque catégorie de discours, selon sa fonction de communication, se caractérise par la présence d'un type de temps et de modes :

– Les slogans ?

Ils appellent l'impératif, l'indicatif présent.

– Les notes et messages rapides ?

Ils demandent l'impératif, le subjonctif marquant le souhait ou l'obligation, les verbes modaux à l'indicatif ou au conditionnel.

– Les annonces ?

Elles exigent l'indicatif présent ou futur, l'expression du souhait suivie de l'infinitif ou du subjonctif.

– L'emploi du temps, le calendrier des activités ?

Ils appellent l'indicatif présent, imparfait, futur (selon l'époque visée).

– La description ?

Elle exige le présent ou l'imparfait (selon l'époque visée).

– La lettre d'invitation, d'acceptation ou de refus ?

Elle fait appel à des verbes de sentiments au conditionnel suivis de constructions infinitives ou subjonctives.

– Le récit d'événements passés ?

Il nécessite l'indicatif (présent, passé composé, imparfait, plus-que-parfait).

– L'expression des sentiments ?

Elle demande les modes indicatif, conditionnel ou subjonctif et les temps appropriés à l'époque visée.

L'enseignant doit être très conscient de la potentialité linguistique des discours qu'il présente à ses apprenants, car ces discours ont leurs marques temporelles et modales spécifiques : c'est-à-dire qu'ils offrent, par exemple, une occurrence prévisible (plus ou moins forte) de tel ou tel type de temps et modes verbaux. En somme, dans son choix de documents oraux ou écrits pour la classe de langue, l'enseignant est amené à faire de l'analyse de discours.

D'une façon générale, les valeurs et emplois des temps et des modes seront présentés en contexte, relevés et analysés dans leur contexte.

Une fois ces valeurs et emplois appréhendés et reconnus, ils seront réemployés dans des situations adéquates d'abord suggérées par l'enseignant, mais ensuite proposées par les apprenants.

7. Le verbe et ses modificateurs

■ Il existe des manières très variées de modifier le sens d'un verbe.

De nombreux **modificateurs** permettent au locuteur d'exprimer tout un éventail de jugements, allant de la simple négation du procès jusqu'à son degré superlatif de réalisation, en passant par la possibilité, la probabilité, la volition ou l'obligation de cette réalisation.

Des nuances de jugement appréciatif, des degrés quantitatifs ou qualitatifs viennent également marquer le sentiment du locuteur quant à la réalisation du procès.

Ce domaine grammatical est très vaste puisqu'il implique la *présence* de tout locuteur dans ses paroles.

Certaines grammaires (les grammaires de l'énonciation et les analyses du discours, en particulier) en ont fait l'objet principal de leurs recherches sous le terme de « modalisation ».

Il ne sera pas question ici d'entreprendre un tel travail.

Cependant, le terme « modalisation » et ses dérivés pourront être employés, dans la mesure où tout ce qui peut modifier un procès en « modalise » nécessairement le sens et peut être empreint de subjectivité.

Comparez les énoncés suivants :

> Elle chante.
> Elle ne chante pas, elle hurle.
> Elle chante faux.
> Elle chante mieux que Jean.
> Elle ne sait pas chanter juste.
> Elle peut vraiment chanter correctement, si elle le veut.
> Elle ne veut plus chanter n'importe comment.
> Elle ne devrait pas chanter, il faudrait qu'elle se taise définitivement.
> Il est parfois possible de chanter admirablement et sans efforts.
> Il est peu probable qu'on puisse chanter correctement et sans travail.
> Il est indéniable qu'elle chante le mieux du monde.
> Il est remarquable que ses admirateurs la défendent passionnément.

S'il s'agit d'énoncés provenant de locuteurs différents, chacun a su marquer son propos d'une manière caractéristique.

Ces marqueurs « énonciatifs » qui modalisent le procès, selon le choix des locuteurs, seront appelés ici des « modificateurs du verbe ».
Parmi les multiples modificateurs du verbe, nous retiendrons :
– les verbes modaux et les constructions impersonnelles ;
– les adverbes et leurs équivalents d'origine adjectivale ;
– la comparaison et le superlatif.

■ Les verbes modaux : pouvoir/devoir/vouloir/savoir + infinitif.

Ces modaux expriment une **intention** portant sur le procès exprimé par le verbe à l'infinitif qui les suit. Celui-ci n'est donc pas envisagé dans sa réalisation :

> Pierre **veut** partir mais il **doit** absolument rester ici.
> Marie **pourra**-t-elle finir son travail avant la fin du mois ?
> Je **sais** nager, mais je ne **veux** pas aller à la piscine.
> Ils ne **peuvent** pas entrer dans le pays, ils n'ont pas de visa.
> Cet enfant ne **doit** pas sortir le soir.
> Les parents **veulent** tous éduquer correctement leurs enfants.

• Le pronom neutre de troisième personne « le » ou le morphème « le faire », reprises d'un procès déjà exprimé, peuvent se substituer à l'infinitif attendu après un verbe modal :

> Pierre veut partir mais il ne **le** peut pas.
> Ses parents ont déjà quitté la ville, mais, lui, il ne **le** veut pas.
> Pierre partira un jour, mais en ce moment, il ne peut pas **le faire**.
> Marie pourrait changer de travail, mais elle ne veut pas **le faire**.
> Ces enfants désirent gagner leur vie, mais ils ne doivent pas **le faire**.

• Les emplois modaux de « savoir, vouloir, devoir » ne doivent pas être confondus avec les verbes à part entière correspondants :

> Marie **sait** que Pierre **veut** une maison.
> Pierre **doit** de l'argent à Marie. Tout le monde le **sait**.

Dans ces exemples, il n'y a pas de modaux.
Observez la différence de fonctionnement :

> (1) – Je sais attacher mes chaussures.
> (2) – Ça, je **le** sais depuis longtemps.
> (1) – Mais toi, tu ne sais pas encore **le faire**.
> (2) – Comment **le** sais-tu ?

Dans les exemples (1), « savoir » est un modal. Le substitut du procès à l'infinitif sera le morphème « le faire ».
Dans les exemples (2), on constate que le pronom neutre « le » reprend l'ensemble de l'énoncé précédent (savoir que...). Dans ce cas, « savoir » n'est pas un modal.

• En français contemporain, les pronoms clitiques, satellites du verbe à l'infinitif, se placent entre le verbe modal et cet infinitif :

> Je ne veux pas **les** recevoir chez moi.
> Ils ne doivent pas **en** manger.
> Nous ne pourrons pas **leur en** donner beaucoup.

• Le verbe modal « pouvoir » signifie soit la capacité-aptitude, soit la possibilité-éventualité, soit la possibilité-permission :

> Ils sont trop petits. Ils ne **peuvent** pas atteindre la poignée de la porte.
> Il **pouvait** être aux alentours de 10 heures quand elle est entrée.
> Vous ne **pouvez** pas passer par là, c'est un sens unique.
> Est-ce que je **peux** stationner ici ?

• Le modal « savoir » indique la maîtrise d'une compétence physique ou mentale :

> Elle ne **sait** pas encore écrire, mais elle sait déjà lire.
> Ils ne **savent** pas prononcer ce mot français.
> Est-ce que tu **sais** grimper aux arbres ?

• Le verbe modal « devoir » peut signifier soit la nécessité-obligation, soit l'intention-prévision, soit la probabilité :

> En France, vous **devez** rouler à droite. (obligation)
> Nos amis étrangers **doivent** arriver d'un jour à l'autre. (intention-prévision)
> Va chercher Pierre, il ne **doit** pas être loin. (probabilité)
> Il **doit** être midi. (probabilité).
> Ils **ont dû** manquer leur train. (probabilité)

• Lorsque « devoir » exprime un degré élevé de probabilité, il est en concurrence avec le futur (Cf. *supra* 5, p. 182).

• Les verbes modaux servent à exprimer de nombreux actes de parole : ordre, interdiction, demande, invitation, conseil, recommandation, etc.

> **Voulez**-vous vous taire !
> Vous ne **devez** pas fumer ici.
> Vous **pouvez** vous pousser un peu ?
> Vous **voulez** venir dîner demain ?
> Vous **devez** vous reposer.

La forme conditionnelle réalise une **sur-modalisation** de ces actes, par souci du respect dû à l'interlocuteur :

> **Pourriez**-vous vous taire, s'il vous plaît.
> Est-ce que vous **pourriez** vous pousser un peu ?
> Nous **voudrions** vous recevoir à la campagne.
> Vous **devriez** prendre des vacances.

■ Les constructions impersonnelles.

De très nombreuses constructions impersonnelles permettent de nuancer le point de vue du locuteur sur le procès du verbe considéré.

Ces constructions jouent un double rôle du point de vue de l'énonciateur : d'un côté, elles lui permettent une distanciation (la valeur impersonnelle de « il ») et d'un autre, elles favorisent une implication non négligeable grâce au sens de l'adjectif choisi (admissible/inadmissible) :

> Il se peut qu'il vienne au concert.
> Il est possible de rencontrer la cantatrice après le concert.
> Il est possible que la cantatrice ait chanté sans aucune préparation.

Il est inadmissible de chanter aussi faux.

Il est incroyable de chanter aussi mal en public.

Il est évident qu'elle ne s'était pas excessivement préparée.

Il est indéniable qu'elle a chanté de son mieux.

Il est peu probable qu'elle ait réellement suivi la partition.

Il est vraisemblable qu'elle ait totalement oublié son public.

Il est dommage qu'elle ait tellement marqué son désarroi.

Il est souhaitable qu'elle se reprenne sérieusement.

Il est certain qu'elle a chanté sans enthousiasme.

Il est indéniable qu'elle a été parfaite en début de concert.

Ces quelques exemples de constructions impersonnelles démontrent qu'elles recouvrent un éventail de jugements, allant du possible jusqu'au certain, en passant par toutes les nuances de sentiments.

Elles ont pour avantage de servir au locuteur de bouclier quant à la portée critique de son propre discours.

Ces constructions impersonnelles sont aussi des constructions adjectivales et, comme telles, elles sont suivies soit de la préposition **de** + *infinitif,* soit d'une **que** phrase suivie de l'indicatif ou du subjonctif (cf. *supra* 6, p. 188 et dossier 6, 3, pp. 106-107).

■ Le verbe peut être modifié par des **adverbes de temps, de manière, de qualité ou de quantité :**

Elle danse rarement mais elle danse très bien.

Il court vite parce qu'il s'exerce souvent.

Nous travaillons beaucoup.

Elles chantent faux, elles chantent très mal.

Elles chantent trop haut ou trop bas, mais elles chantent juste !

Vous mangez trop pour votre âge.

Je t'aime un peu, beaucoup, passionnément, à la folie, pas du tout.

Elle parle trop pour mon goût.

• Certains adjectifs sont utilisés comme adverbes quand ils modalisent un verbe. En ce cas, ils restent invariables en genre et en nombre et doivent être considérés comme de véritables adverbes :

Elles montent trop haut dans les aigus.

Elles chantent trop bas, pour des sopranes.

Chante-t-elle juste ?

Il est certain qu'elle chante faux.

• Les adverbes se placent généralement après le verbe conjugué. Si le verbe est à un temps composé, l'adverbe qui le modalise se place après l'auxiliaire :

Tu dépenses généralement beaucoup trop.

J'ai beaucoup trop dépensé cette semaine.

Tu n'as pas assez travaillé aujourd'hui.

Vous n'auriez pas un tout petit peu exagéré ?

Il est totalement injustifié qu'elle se soit approprié ce rôle.

• Les « adverbes d'énonciation » comme « franchement, honnêtement, sérieusement » sont en position détachée, en début ou en fin d'énoncé :

– Honnêtement, je ne partage pas votre opinion.

Là, tu exagères, franchement !

Non mais, sérieusement, je ne plaisante pas.

Les « adverbes d'énonciation » traduisent l'attitude du locuteur vis-à-vis de la situation, du contexte ou de l'acte d'énonciation.

■ **Tellement** et **tant** modalisent le verbe :

Il a tellement grandi depuis l'année dernière !

Merci ! Vous avez déjà tant fait pour nous !

« Tellement » et « tant » peuvent annoncer une proposition consécutive (cf. dossier 9, 2, p. 217) :

Il a **tellement** grandi **que** tous ses vêtements sont trop courts.

Nous travaillons **tant que** nous n'avons plus le temps de nous voir.

Vous jouez **tellement que** vous allez ruiner votre famille !

Il avait **tant** marché **que** ses chaussures étaient trouées.

■ **Le verbe et la comparaison.**

Les deux éléments de la comparaison se placent généralement après le verbe :

Son jumeau doit manger **moins que** lui.

Non, pas du tout, ils mangent **autant** l'un **que** l'autre.

Cette année, il a grandi **plus que** son jumeau.

Il a joué **autant que** toi.

J'ai perdu **plus que** lui.

Mais, à un temps composé, il est possible de trouver le premier élément de la comparaison après l'auxiliaire :

Elles ont **autant** travaillé l'une **que** l'autre.

Vous avez **beaucoup plus** étudié **que** vos camarades.

Tu as **plus** dépensé **que** nous.

Le **s** du mot comparatif « plus », modifiant le verbe, se prononce ; ce n'est pas le cas du **s** de « plus » de la négation relative (cf. dossier 4, 2, p. 74).

■ Le verbe et le superlatif : **le plus** et **le moins.**

C'est elle qui gagne **le plus.**

C'est lui qui travaille **le moins** de la classe.

La personne qu'il aime **le plus** s'appelle Marie.

Ce qui me manque **le plus,** c'est la patience.

Celui qui dort **le moins,** c'est très certainement Benjamin.

On notera qu'au superlatif, on ne trouve que les deux formes **le plus** et **le moins** après le verbe.

À l'oral, on prononce le **s** final de « le plus », modalisant le verbe.

• Concernant la modalisation, la comparaison et le superlatif de l'adjectif, se reporter au dossier 6, 3, pp. 112-113 et pour le degré de quantification et de comparaison du nom, au dossier 3, 5, pp. 64-65.

8. Quelques pistes utiles pour l'explication de la morphologie des temps et des modes du verbe

■ Toutes les grammaires scolaires donnent un descriptif complet de la morphologie des temps et modes des verbes et de leurs désinences.
Il ne s'agira pas ici de reproduire ce travail, mais de signaler **quelques pistes utiles** pour l'enseignement/apprentissage du FLE.

■ Les **temps** se construisent sur le radical du présent de l'indicatif auquel s'ajoutent des désinences ou terminaisons. En général, pour l'indicatif présent, le **radical** apparaît dès que s'efface la terminaison de l'infinitif :

mang**er**	→	**mang**	→ je mange, tu manges, il mange...
fin**ir**	→	**fin**	→ je finis, tu finis, il finit...
répond**re**	→	**répond**	→ je réponds, tu réponds, il répond...
condu**ire**	→	**condui**	→ je conduis, tu conduis, il conduit...

• Parfois, le verbe présente des **radicaux variables** à l'intérieur d'un même paradigme temporel. C'est notamment le cas au *présent de l'indicatif* :

1. Une forme de radical pour les trois premières personnes, une autre pour les personnes du pluriel :

sortir	→	sor	→ je sors, tu sors, il sort ;
		sort	→ nous sortons, vous sortez, ils sortent ;
partir	→	par	→ je pars, tu pars, il part ;
		part	→ nous partons, vous partez, ils partent ;
dormir	→	dor	→ je dors, tu dors, il dort ;
		dorm	→ nous dormons, vous dormez, ils dorment ;
suivre	→	sui	→ je suis, tu suis, il suit ;
		suiv	→ nous suivons, vous suivez, ils suivent ;
mettre	→	met	→ je mets, tu mets, il met ;
		mett	→ nous mettons, vous mettez, ils mettent ;
écrire	→	écri	→ j'écris, tu écris, il écrit ;
		écriv	→ nous écrivons, vous écrivez, ils écrivent ;
savoir	→	sai	→ je sais, tu sais, il sait ;
		sav	→ nous savons, vous savez, ils savent.

2. Une forme de radical pour les trois premières personnes du singulier **et** la troisième personne du pluriel, une autre pour « nous » et « vous » :

acheter	→	achète	→ j'achète, tu achètes, il achète, elles achètent ;
		achet	→ nous achetons, vous achetez ;
lever	→	lève	→ je lève, tu lèves, il lève, elles lèvent ;
		lev	→ nous levons, vous levez ;
peser	→	pèse	→ je pèse, tu pèses, il pèse, ils pèsent ;
		pes	→ nous pesons, vous pesez ;
jeter	→	jette	→ je jette, tu jettes, il jette, ils jettent ;
		jet	→ nous jetons, vous jetez ;

appeler → appelle → j'appelle, tu appelles, il appelle, ils appellent ;
appel → nous appelons, vous appelez.

Ce phénomène concerne tous les verbes dont l'infinitif fait apparaître un « e » muet ou instable.

Ce « e », comme on peut le constater, se prononce [ɛ] à l'indicatif présent (soit par la présence d'un accent grave, soit par le redoublement de la consonne).

3. Une forme de radical pour les trois premières personnes, une autre forme pour « nous » et « vous », une troisième pour « ils/elles » :

boire → boi → je bois, tu bois, il boit ;
buv → nous buvons, vous buvez ;
boiv → ils boivent ;
recevoir → reçoi → je reçois, tu reçois, il reçoit ;
recev → nous recevons, vous recevez ;
reçoiv → ils reçoivent ;
prendre → prend → je prends, tu prends, il prend ;
pren → nous prenons, vous prenez ;
prenn → ils prennent ;
venir → vien → je viens, tu viens, il vient ;
ven → nous venons, vous venez ;
vienn → ils viennent.

4. Pour certains verbes, les formes du présent de l'indicatif sont relativement éloignées de la forme infinitive. *Être, avoir, aller* sont les plus « irréguliers » :

je suis	j'ai	je vais
tu es	tu as	tu vas
il est	il a	il va
nous sommes	nous avons	nous allons
vous êtes	vous avez	vous allez
ils sont	ils ont	ils vont

Les formes du radical représentent une évolution de la langue en diachronie. Les désinences, comme nous allons le voir, sont plus stables.

■ **Les désinences du présent de l'indicatif.**

(Pour une présentation plus détaillée, cf. *Premiers exercices de grammaire* ou *Premiers exercices de grammaire – Junior* [© Hatier/Didier]).

Pour les verbes en **er** : e / es / **e** / ons / ez / ent (type : aimer).
Pour les verbes en **dre** : s / s / **d** / ons / ez / ent (type : répondre et prendre).
Pour les autres verbes : s / s / **t** / ons / ez / ent (type : finir, dormir, connaître, boire, se plaindre, peindre, etc.).

• Si « ez » est bien la terminaison attendue de la 2e personne du pluriel, trois verbes, *être, dire* et *faire,* font exception à cette règle :

– Faites-vous toujours ce que vous dites ?
– Vous êtes bien curieux !

À PROPOS DU SAVOIR-FAIRE

▶ Au début de l'apprentissage, on veillera à ce que les étudiants appliquent systématiquement ces désinences écrites.

Il faudra également se préoccuper de faire strictement respecter la prononciation (muette), pour les trois premières personnes du singulier et la troisième personne du pluriel.

Cette différenciation très nette entre code écrit et code oral est une des priorités de l'enseignement/apprentissage au niveau débutant.

On peut constater que dans le domaine du FLE, il n'est guère besoin de parler des trois groupes « canoniques » (le 3ᵉ ne comporte-t-il pas d'ailleurs de nombreux sous-groupes ?). L'essentiel, c'est que les apprenants aient les repères les plus simples possibles pour l'emploi correct des désinences du présent.

▶ Concernant les automatismes, c'est-à-dire l'apprentissage des désinences, il est utile d'en faciliter la mémorisation en mettant d'abord l'accent sur leur *aspect phonétique*.

Des exercices d'opposition phonétique peuvent être prévus pour la plupart des difficultés que comportent les formes des temps et des modes du verbe.

Par exemple, en début d'apprentissage, lorsqu'il s'agit d'apprendre à caractériser, à qualifier, à décrire ou à apprécier un être, on pourrait insister sur l'opposition vocalique [a]/[ε], pour distinguer les verbes *avoir* et *être* :

[il a]	[il ε]
il a vingt ans	**il est** français
il a faim	il est prêt
il a peur	il est effrayé
il a raison	il est d'accord
il a tort	il est pressé
il a pris	il est parti
il a vu	il est passé
il a mangé	il est fatigué

Au pluriel, l'opposition se focalisera sur la différence significative entre [z] et [s] :

elles ont vingt ans	**elles sont** françaises
elles ont faim	elles sont prêtes
elles ont peur	elles sont effrayées

Pour l'apprentissage des désinences du présent de l'indicatif, autre exercice de phonétique, cette fois fondé sur les oppositions finale vocalique/finale consonantique :

[ã]/[ɔ̃]	[ãd]/[ɔ̃d]
elle vend	elles vendent
elle répond	elles répondent
elle confond	elles confondent

Ou encore ces oppositions singulier/pluriel qui sont marquées à l'oral :

il part	ils partent
il sort	ils sortent
il dort	ils dorment
il boit	ils boivent
il dit	ils disent
il choisit	ils choisissent

Comme l'exercice de prononciation met l'accent sur des oppositions phonétiques (donc audibles), cela peut subconsciemment faciliter leur mémorisation et créer des automatismes chez l'apprenant.

L'accent sera également mis sur la phonétique pour les oppositions présent/imparfait :

Tu sors ?	Oui, je sortais…
Tu lis ?	Oui, je lisais….

Dans ce type d'exercice, on veillera non seulement à la prononciation, mais à l'intonation qui exprime le plus souvent l'intention communicative.

Ici, par exemple, le ton des réponses à l'imparfait peut laisser passer une certaine ironie ou même le sarcasme d'une personne mécontente d'être dérangée en pleine activité…

Pour la mise en place du passé composé, les oppositions phonétiques donneront lieu au même type d'exercices avec intonation expressive :

Où est donc Éric ?	Mais tu sais bien, il est sorti.
Et Patrick, où est-il ?	Mais tu sais bien, il est parti.
Appelle Manuelle !	Mais tu sais bien, elle est descendue.

Pour la différenciation du passé composé et de l'imparfait, un exercice de discrimination auditive sera utile :

Il a été charmant.	Il était charmant.
Il a chanté.	Il chantait.
J'ai regardé.	Je regardais.

Pour l'apprentissage des formes du subjonctif présent, on peut proposer des exercices d'intonation exprimant l'exaspération marquée ou feinte du locuteur. Bien entendu, on choisira, de préférence, des verbes dont la forme du subjonctif est distincte de celle de l'indicatif (donc, pas de verbe du 1er groupe) :

Prends tes médicaments !	Il faut **encore** que je prenne mes médicaments !
Fais tes devoirs !	Il faut **encore** que je fasse mes devoirs !

Tous les amusements sonores faciliteront la mise en place des désinences du verbe. Les chansons et les poèmes, pédagogiquement choisis, sont les meilleurs stimulus discursifs pour la mise en place de ces automatismes linguistiques.

Tout enseignant en début de carrière pourra se demander s'il ne serait pas plus simple de faire carrément réciter des paradigmes verbaux (présent, imparfait, futur, etc.), comme dans l'ancien temps.

À la différence de cette récitation totalement hors contexte, les amusements sonores et les exercices de phonétique respectent la fonction essentielle du langage : l'échange, l'interaction et donc, au moins, un semblant de communication.

CE QU'IL FAUT SAVOIR

■ **Le radical et les désinences de l'imparfait.**

Le radical de l'imparfait s'obtient en partant de la première personne du pluriel du présent de l'indicatif :

nous **écriv**ons, nous **pren**ons, nous **buv**ons…

À ce radical, s'ajoutent les terminaisons de **avoir** à l'imparfait : ais / ais / ait / ions / iez / aient.

• La seule exception à ce radical de l'imparfait concerne le verbe **être** : étais / étais / était / étaient.

• Si le radical de l'imparfait se termine par la lettre « g », prononcée [ʒ], un **e** s'intercale entre le radical et les désinences en « ais », « ait » et « aient » de l'imparfait, pour garder la prononciation [ʒ] :

> manger → **mang** → je mang**e**ais, tu mang**e**ais, il mang**e**ait, ils mang**e**aient.

Si le radical de l'imparfait se termine par un **c**, celui-ci prendra une cédille devant les mêmes terminaisons :

> commencer → **commenc** → je commençais, tu commençais, il commençait...

Mais cela ne pose aucun problème aux apprenants, si on accepte de partir du radical de la première personne du pluriel de l'indicatif présent, où ces phénomènes graphiques se manifestent :

> nous mangeons, nous commençons...

■ Le radical et les désinences du futur.

C'est généralement l'infinitif complet qui sert de radical au futur : **aimer, finir, choisir...** À ces infinitifs, on ajoute les terminaisons du présent de l'indicatif du verbe **avoir :** ai / as / a / ons / ez / ont.

• Les verbes qui, à l'infinitif, perdent leur **e** final pour former le radical du futur :

> écrire → **écrir** → j'écrirai ;
> lire → **lir** → tu liras ;
> connaître → **connaîtr** → il connaîtra.

• Certains verbes (en « eter, eler, ever, ener, eser ») ont pour radical du futur un mélange d'infinitif et de troisième personne du présent de l'indicatif :

> lever → il lève → il lèvera ;
> appeler → il appelle → tu appelleras ;
> acheter → il achète → nous achèterons ;
> amener → il amène → ils amèneront ;
> peser → il pèse → je pèserai.

• Certains futurs ont un radical très différent de celui de leur infinitif.
Ce sont les futurs irréguliers : sera, aura, fera, saura, verra, ira, devra, pourra, voudra, vaudra, viendra, faudra, etc.

■ Le subjonctif présent.

Il se forme, pour les trois premières personnes du singulier et pour la troisième personne du pluriel, à partir du radical de la troisième personne du pluriel de l'indicatif présent (ils).
Pour les personnes « nous » et « vous », le radical du subjonctif présent est le même que celui de la première personne du pluriel de l'indicatif présent (nous).
Les terminaisons sont les suivantes : e / es / e / ions / iez / ent.

Exemples :

>   prendre → ils **prenn**ent → que je prenne, que tu prennes, qu'il
>   prenne, qu'ils prennent ;
>   prendre → nous **pren**ons → que nous prenions, que vous pre-
>   niez ;
>   boire   → ils **boiv**ent   → que je boive, que tu boives, qu'il
>   boive, qu'ils boivent ;
>   boire   → nous **buv**ons   → que nous buvions, que vous buviez.

• Certains verbes ont un subjonctif présent complètement irrégulier pour ce qui est du radical : fasse, soit, ait, sache, aille, veuille, puisse, faille, etc.

• Le subjonctif se conjugue aussi aux temps du passé. Si le subjonctif imparfait est rarement utilisé en langage quotidien, les formes du subjonctif passé sont très fréquentes pour marquer l'antériorité et l'accompli dans une proposition subordonnée :

> Je ne crois pas qu'il **ait** pris ses congés payés.
> Il est parti avant que je ne **sois** prévenue.

Ce sont les auxiliaires **être** et **avoir** au subjonctif présent qui aident à la formation du subjonctif passé.

Le subjonctif imparfait se caractérise par des formes en « ât », « ît » et « ût » à la troisième personne du singulier. Les autres formes sont en « asse », « usse » et « isse ». Elles sont rares de nos jours et produisent un effet cocasse :

> Il aurait fallu que tu préparasses ce concours.
> Elle voulait qu'ils étudiassent le latin.

Au subjonctif plus-que-parfait les auxiliaires **être** et **avoir** sont à l'imparfait du subjonctif :

> On exigea que j'eusse terminé avant la nuit.

À PROPOS DU SAVOIR-FAIRE

▶ À observer la construction du subjonctif présent en français, on peut en déduire que ce n'est pas tant la difficulté morphologique qui pousse l'enseignant à en retarder l'apprentissage.

Ce serait plutôt le fait que le subjonctif s'emploie le plus souvent dans des phrases complexes (« que » phrases ou propositions subordonnées introduites par des conjonctions spécifiques, domaines réservés de tout temps au niveau 2 de l'apprentissage...).

CE QU'IL FAUT SAVOIR

■ **Le passé composé.**

Il se forme d'un auxiliaire (*être* ou *avoir* au présent de l'indicatif), suivi du participe passé du verbe.

• N'utilisent l'auxiliaire **être** que les verbes pronominaux, les verbes à la forme passive et certains verbes perfectifs (cf. dossier 7, 2, p. 138) exprimant un **passage d'un lieu à un autre avec transformation d'état du sujet** (ou leur contraire sémantique) : naître, mourir, sortir, partir, entrer, rester, aller, monter, descendre, tomber, venir, etc.

Les autres verbes utilisent l'auxiliaire **avoir** même s'ils expriment un mouvement :

> j'ai couru, j'ai marché, etc.

• Les autres temps composés de l'indicatif, le plus-que-parfait (PQP), le passé antérieur (PA) et le futur antérieur (FA) se différencient du passé composé par le fait que leur auxiliaire se met respectivement à l'imparfait (PQP), au passé simple (PA), au futur (FA).

■ Le passé simple.

Il ne s'emploie qu'à l'écrit et surtout à la troisième personne du singulier et du pluriel.

À la troisième personne du singulier, les formes varient phonétiquement :

– Les verbes en **er** font leur passé simple en **a :**

> Il ferm**a** la porte à clé en sortant.

– D'autres verbes le forment en **i** ou en **u :**

> Il perd**it** sa fortune en une soirée, il en mour**ut**.

– Certaines formes sont moins régulières :

> Ce jour-là, elle **tint** à raccompagner ses invités. (tenir)

À la troisième personne du pluriel, on trouve respectivement les formes en **èrent, irent** et **urent :**

> Ils ferm**èrent** leur porte, part**irent** à pied, pr**irent** le train et f**urent** heureux quelques instants.

– Certaines formes sont moins régulières :

> La semaine suivante, ils **revinrent** avec des fleurs. (revenir)

■ Le conditionnel.

Comme le futur, le conditionnel présent se forme à partir des infinitifs :

> aimer → J'aimerais partir en Inde.
>
> partir → Tu partirais avec moi ?

Ses terminaisons sont : ais / ais / ait / ions / iez / aient.
Le conditionnel présent a les mêmes irrégularités que le futur (cf. le futur).

• Le conditionnel passé possède deux formes :

1. Le conditionnel passé première forme, conjugué avec l'auxiliaire **être** ou **avoir** au conditionnel présent suivi du participe passé :

> J'aurais aimé avoir un caméscope !

2. Le conditionnel passé deuxième forme, conjugué avec l'auxiliaire **être** ou **avoir** au subjonctif imparfait suivi du participe passé. Il est uniquement utilisé à l'écrit :

> Il eût préféré vivre à Londres, mais il vivait à Paris comme le reste de sa famille.

Ce conditionnel « littéraire » se paraphrase à l'oral par un conditionnel passé première forme :

> Il aurait préféré vivre à Londres...

(Même si certaines grammaires ne font plus cette différence, il vaut mieux continuer à distinguer le conditionnel passé deuxième forme et le subjonctif plus-que-parfait, dont la forme est bien semblable mais dont les emplois sont régis par des règles très différentes.)

■ L'impératif.

Ce mode se caractérise par l'absence de pronom sujet.

Il n'y a que deux formes à l'impératif, celles qui correspondent aux personnes « tu » et « vous ».

Le radical de l'impératif est le même que celui de l'indicatif présent (à la deuxième personne du singulier et du pluriel) :

prendre → tu prends   → prends !
vous prenez → prenez !

Pour les verbes en **er**, la terminaison de l'impératif au singulier est **e** :

jouer → tu joues → jou**e** !

Pour les autres verbes, la désinence du singulier est un **s**, comme à l'indicatif présent, deuxième personne du singulier.

• Pour des raisons d'euphonie, un **s** peut apparaître à l'impératif d'un verbe en **er** si celui-ci est suivi des compléments indirects substituts du nom, **en** et **y** :

Apporte**s**-en deux !
Laisse**s**-y tes bagages !
Va**s**-y !

Au pluriel, les désinences de l'impératif sont **ez**, sauf pour les verbes **dire** et **faire** :

Ne dites rien, mais faites quelque chose !

• Certains verbes ont une forme irrégulière à l'impératif :

Soyez prudents, **ayez** confiance ! **Sachez** vous défendre !
Veuillez croire à l'expression de mes sentiments distingués.
Sois sage, n'**aie** pas peur !

• Les verbes modaux, *pouvoir* et *devoir*, n'ont pas d'impératif.

• Pour compenser l'absence des autres personnes à l'impératif, on peut utiliser le subjonctif présent :

Que je parte ! Que nous dormions ! Qu'ils se taisent !

• Pour ce qui est de l'emploi des pronoms compléments avec l'impératif positif et négatif, se reporter au dossier 2, 2, pp. 28-29.

■ Le gérondif.

Cette forme verbale comporte deux éléments : **en + participe présent.**

Le participe présent n'a qu'une seule désinence : **ant.**

Le radical de cette forme verbale est le même que celui de l'indicatif présent à la première personne du pluriel (nous) :

lire	→ nous **lis**ons	→ en lisant ;
choisir	→ nous **choisiss**ons	→ en choisissant ;
faire	→ nous **fais**ons	→ en faisant ;
boire	→ nous **buv**ons	→ en buvant ;
craindre	→ nous **craign**ons	→ en craignant.

Trois gérondifs sont irréguliers, par rapport à la règle de formation :

être → en étant ;

avoir → en ayant ;

savoir → en sachant.

Pour les valeurs et les emplois du gérondif, se reporter *supra* 3, p. 158 ; pour les valeurs et les emplois du participe présent, se reporter au dossier 6, 5, p. 126 et au dossier 9, 2, p. 214.

■ Le participe passé.

Il possède deux formes : une forme simple et une forme complète (ou composée).

1. La forme simple :

C'est celle qui sert à la formation des temps composés du verbe.

Elle doit, dans certaines conditions, s'accorder en genre et en nombre. Elle se rapproche, en ce sens, d'une forme adjectivale (cf. la qualification du nom par un adjectif, p. 101).

• La règle d'accord du participe passé (cf. dossier 2, 3, p. 33 et 4, p. 36) dépend :
– d'une part de l'auxiliaire *être* et du genre/nombre de son sujet grammatical ;
– d'autre part de l'auxiliaire *avoir* et du complément d'objet direct (COD) qui lui est ou non antéposé.

Observez le fonctionnement de l'accord des participes :

Elle est parti**e**.　　　　　　　　　Elle a pris l'avion.

Elles sont parti**es**.　　　　　　　Elles ont pris l'avion.

Il est part**i**.　　　　　　　　　　Il a pris l'avion.

Ils sont part**is**.　　　　　　　　Ils ont pris l'avion.

Le passeport, ils **l**'ont pris.　　　Elle a pris son passeport.

La valise, il **l**'a prise.　　　　　Il a pris son passeport.

La valise, elle **l**'a prise.

Les valises, il **les** a prises.

Les valises, elle **les** a prises.

Les passeports, ils **les** ont oubliés.

Les valises **qu**'ils avaient prises
n'étaient pas arrivées à destination.

Les amis **qu**'ils avaient attendus
n'étaient pas arrivés.

• Le participe passé d'un verbe pronominal s'accorde avec le sujet grammatical du verbe si le pronom réfléchi, ou réciproque, qui renvoie au sujet grammatical, est un COD :

Elles se sont mariées la semaine dernière.

Ils se sont mariés la semaine dernière.

Il s'est marié la semaine dernière.

Elle s'est mariée la semaine dernière.

Ils se sont levés de bonne heure.

Elles se sont levées de bonne heure.

Il s'est levé de bonne heure.

Elle s'est levée de bonne heure.

Si le pronom réfléchi, ou réciproque, du verbe pronominal est un COI, on ne fait pas l'accord :

> Elles se sont prom**is** de prendre des vacances, dès la fin des cours.
> Elles se sont attribu**é** le mérite de la victoire.
> Elles se sont téléphon**é**.

Cependant, si ces mêmes verbes ont un COD (ne renvoyant pas au sujet grammatical) placé devant l'auxiliaire *être*, le participe passé s'accordera avec ce COD :

> **Les** places **qu'**elles se sont attribu**ées** leur seront désormais réservées.
> **Les** vêtements **qu'**elle s'était achet**és** étaient trop petits pour elle.
> **La** voiture **qu'**ils s'étaient offert**e** à Noël était tombée en panne aussitôt.
> Les vêtements **qu'**il s'était procur**és** lui allaient très bien.

Mais :

> Il s'était procur**é** des vêtements qui lui allaient très bien.
> Elle s'était achet**é** des vêtements qui étaient trop petits pour elle.
> Ils s'étaient offer**t** une voiture qui était tout de suite tombée en panne.

• Pour le cas particulier du participe passé des verbes factitifs « se laisser faire, se voir faire, se faire faire », se reporter au dossier 10, 5, pp. 245-246.

• Les terminaisons du participe passé (cf. *Premiers exercices de grammaire*, p. 116, © Hatier/Didier, 1983) :
– À l'écrit, il existe neuf terminaisons différentes de participe passé :
en « é » (aimer), en « i » (dormir), en « it » (écrire, conduire), en « is » (mettre, prendre), en « ert » (ouvrir, souffrir, offrir), en « u » (entendre, voir, lire), en « eint » (peindre), en « aint » (plaindre).
– À l'oral, ces terminaisons se réduisent à cinq formes, dont les plus fréquentes sont en « é » (pour tous les verbes en « er »), en « i » ou en « u ».

2. La forme complète :

Elle comporte, en plus de la forme simple, un auxiliaire *être* ou *avoir* au participe présent.
Le participe passé « complet » peut se paraphraser par un des temps composés du verbe, en fonction du contexte :

Ayant été absente,...	(J'ai été absente.)
Étant sortie très tôt,...	(Elle était sortie.)
Ayant appris votre arrivée,...	(Nous avions appris.)
S'étant mariée la semaine dernière,...	(Elle s'est mariée.)
Ayant perdu son passeport,...	(Il a/avait perdu...)
Mes valises **ayant été volées,**...	(Elles ont/avaient été volées.)
Étant descendu à la gare de Lyon,...	(Il est/était descendu.)

À cette forme complète du participe passé s'appliquent évidemment les règles d'accord du participe passé.

• Pour les valeurs et les emplois temporels du participe passé, se reporter *supra* 3, pp. 160-161, et pour les valeurs causales, au dossier 9, 2, p. 213.

Argumentation et opérations logiques

1. Les opérations logiques et les traces argumentatives

■ Dans la communication verbale, les interlocuteurs sont amenés à faire passer un contenu qu'ils présentent en fonction de leurs intentions et des effets qu'ils veulent produire.

Intentions et effets à produire se manifestent de façon stratégique.

Les stratégies communicatives sont révélatrices du type de relation qui lie les interlocuteurs. Par le terme « relation », il faut comprendre tout ce qui s'infiltre implicitement dans les échanges entre les partenaires.

Dans toute communication verbale, on trouvera donc des **opérations logiques** qui organisent le contenu, mais aussi des **traces argumentatives** qui relèvent de la relation intersubjective. Celle-ci se manifestera aussi bien par le *mouvement syntactique choisi* pour argumenter que par certains *mots du discours*.

(1) **Pour** réussir, tu pourrais faire un effort, **quand même** !

(2) **Parce que** tu trouves que je ne fais pas encore assez d'efforts **pour** réussir !

(3) Il a **finalement** échoué, **pourtant** je lui avais **bien** dit de travailler.

(4) Je lui avais **pourtant bien** dit de travailler, **mais** il a échoué **quand même.**

En (1), le but signalé par **pour** est une opération logique qui organise le contenu du message ; la concession signalée par **quand même** est une trace argumentative subjective qui révèle la relation entre les interlocuteurs.

En (2), l'opération logique marquée par **pour** passe en seconde position. **Parce que,** initiant une réplique de l'interlocuteur, est une trace argumentative qui signale essentiellement la tension relationnelle entre les partenaires.

En (3), la concession signalée par **pourtant** est une opération logique qui organise le contenu du message ; les adverbes **finalement** et **bien** sont des traces argumentatives qui révèlent la relation intersubjective.

En (4), **mais** suffit à l'organisation logique du contenu.

Pourtant et **quand même** expriment, par leur redondance, la subjectivité du locuteur dans son discours, de même que **bien,** qui renforce l'affirmation.

Pour comprendre le mouvement de pensée d'un locuteur, il sera indispensable de tenir compte non seulement de ses opérations logiques, mais aussi du poids de la relation intersubjective qui peut intervenir dans le choix de la syntaxe et des termes souvent redondants de son argumentation.

■ **Opérations logiques et traces argumentatives** du langage sont une preuve formelle des inférences constantes auxquelles se livrent les partenaires de la communication, pour maintenir entre eux une bonne gestion des significations interactionnelles.

Les inférences procèdent par :

1. explication cause/conséquence (Pourquoi ?) :

> **Comme** elle n'avait pas la clé, elle n'a pas pu entrer dans l'immeuble.

2. explication téléologique (Pour quoi faire ?) :

> Elle a téléphoné à ses amis **pour** pouvoir entrer dans l'immeuble.

• Une autre opération logique est étroitement dépendante de ces deux types d'explication : c'est la **concession,** qui exprime une rupture dans l'ordre inférentiel normalement attendu. C'est pourquoi, sous cette opération, on peut retrouver implicitement (de façon sous-jacente) les bases de l'explication inférentielle. Celle-ci est en effet considérée par la communauté linguistique comme un savoir collectif ou une expérience partagée :

> **Bien qu'**elle n'ait pas eu la clé, elle a pu entrer dans l'immeuble, quand même.

(Normalement, tout le monde sait bien que, → Explication téléologique sous-
pour entrer dans un immeuble, il faut une clé, jacente.
mais elle a pu s'en passer.)

> Marie avait 40 ° de fièvre, **pourtant** elle travaillait.

(Normalement, **puisqu'**elle avait 40 ° de fièvre, → Explication causale sous-jacente.
elle aurait dû s'aliter.)

• L'opération d'**opposition** consiste à mettre en rapport deux faits qui existent indépendamment (sans relation cause/conséquence/concession entre eux). Cette mise en rapport peut être d'ordre purement **constatif :**

> Cette armoire-ci est en bois massif, **alors que** celle-là est en contreplaqué.

Mais, le plus souvent, dans les échanges quotidiens, la mise en opposition intervient dans une argumentation. Elle peut servir, par exemple, d'explication cause/conséquence :

> – Pourquoi cette armoire-ci coûte-t-elle plus cher que l'autre ?
> – Cette armoire-ci est en bois massif, alors que celle-là est en contreplaqué.

2. L'explication cause/conséquence

CE QU'IL FAUT SAVOIR

Pour marquer la cause ou la conséquence, plusieurs moyens linguistiques sont possibles.

■ L'inférence a un mouvement ascendant.

On s'occupe essentiellement de l'origine possible d'un fait observé ou connu. Concernant ce mouvement ascendant de l'inférence, deux attitudes langagières peuvent se distinguer.

1. La cause est une information nouvelle :

Soit par ses connaissances factuelles (il sait), soit par ses connaissances inférentielles (il a deviné ou compris), le locuteur peut proposer une explication encore inconnue de ses interlocuteurs.

a. Pourquoi ? et parce que :

« Pourquoi » interroge sur une cause inconnue et « parce que » en donne une explication :

> – **Pourquoi** voulait-elle entrer dans l'immeuble ?
> – **Parce qu'**elle devait y voir quelqu'un.

• **Parce que** devient **parce qu'** devant une voyelle ou un « h » muet.
« Pourquoi » et « parce que » sont suivis de l'indicatif.

• **Pour** et **parce que** : dans certains cas, **pour** suivi d'un *infinitif passé* indique la cause, au même titre que **parce que.**
Observez les énoncés suivants :

> (1) Il a reçu une contravention, **pour** ne pas avoir composté son billet de train.
>
> (2) **Pour** avoir perdu mon passeport, j'ai dû retarder mon voyage d'une semaine.
>
> (3) **Parce que** la voyageuse n'avait pas composté son billet, le contrôleur lui a dressé une contravention.
>
> (4) La voyageuse a payé une contravention, **parce qu'**elle n'avait pas composté son billet de train.

« Parce que » est toujours utilisé si les sujets grammaticaux des deux propositions ne sont pas coréférentiels.
Si les sujets grammaticaux sont coréférentiels, les deux constructions sont possibles. La construction **pour + infinitif passé** appartient surtout au registre administratif.
En syntaxe, la proposition causale introduite par « parce que » ou « pour » peut précéder ou suivre la proposition principale.
En choisissant d'énoncer la cause en première position, le locuteur marque sa subjectivité dans la communication.

• **Si... c'est que** et **c'est parce que... que** : ces structures à valeur explicative sont des mises en focalisation (emphase) d'une cause, qui a qualité d'information nouvelle. Le raisonnement logique est entièrement déterminé par le fait observé.

> **Si** elle n'est pas encore arrivée, **c'est qu'**elle a manqué son train.
> (**C'est parce qu'**elle a manqué son train **qu'**elle n'est pas encore arrivée.)
> **Si** j'ai attendu devant la porte sans entrer, **c'est que** je n'avais pas la clé.
> (**C'est parce que** je n'avais pas la clé **que** j'ai attendu devant la porte.)

La valeur emphatique de ces constructions est une trace argumentative impliquant la relation intersubjective.

• Le **si** introduisant le fait observé ne doit pas être interprété comme un « si » à valeur conditionnelle.

b. Car :

Ce terme permet de remonter vers une explication du fait observé. La cause est considérée comme une information nouvelle pour les interlocuteurs :

> Elle voulait entrer dans l'immeuble **car** elle devait y rencontrer quelqu'un.

• **Car** est un synonyme de **parce que** – il appartient plutôt au code écrit.
D'une façon générale, en syntaxe, on ne le trouve pas en début de phrase.
Sa position est intermédiaire : entre un fait observé et sa cause.
Le locuteur ne pouvant jouer sur la place syntaxique de **car,** ce connecteur logique organise strictement le contenu. Il n'y a pas de trace de relation intersubjective.

c. À cause de et grâce à :

Ces locutions causales donnent une information nouvelle. Elles sont suivies :
– d'un substantif :

> On ne pouvait pas sortir **à cause de** la pluie.
>
> **Grâce au** beau temps, les enfants jouaient encore dehors.

– d'un pronom personnel tonique :

> On n'a pas pu sortir **à cause de** toi.
>
> **Grâce à** toi, nous sommes entrés sans difficulté dans l'immeuble.

– d'une nominalisation (un nom déverbal : nom issu d'un verbe) :

> Ils n'étaient pas libres **à cause de** l'arrivée de leur père.
>
> **Grâce à** cette manifestation syndicale, il n'y avait pas de cours.

• On constatera que **à cause de** et **grâce à** s'opposent sémantiquement, quant au point de vue du locuteur, sur les effets de la cause :
– pour une cause jugée positive → grâce à ;
– pour une cause autre → à cause de.

> **Grâce à** son absence, nous étions heureux.
>
> **À cause de** son absence, nous étions malheureux.

Dès lors, le choix entre « grâce à » et « à cause de » dépend de l'aspect *relation* de la communication.

• **À cause de** et **grâce à**, suivis d'un nom commun déterminé par l'article défini (masculin singulier ou féminin et masculin pluriels) subissent la contraction :

> **À cause du** mauvais temps, les enfants n'avaient pas pu sortir.
>
> Les enfants profitaient de fréquentes sorties, **grâce au** soleil.
>
> Il n'y avait pas de cours **grâce aux** manifestations.
>
> Il n'y avait pas de cours **à cause des** manifestations.

d. Comme :

Cette conjonction de subordination causale est suivie de l'indicatif. Elle est sémantiquement équivalente à **parce que** :

> **Comme** elle n'avait pas la clé de l'immeuble, elle n'a pas pu entrer.

• En syntaxe, **comme** diffère de **parce que**.

En effet, la proposition causale avec **comme** précède toujours la principale. C'est-à-dire que la cause (quoiqu'étant une information nouvelle) est introduite avant même qu'on ne parle des faits observés.

L'impossibilité de déplacement syntaxique de **comme** laisserait entendre qu'il ne concerne que l'organisation logique du contenu :

> **Comme** elle n'avait pas la clé de l'immeuble, elle n'a pas pu entrer.
>
> Elle n'a pas pu entrer, **parce qu'**elle n'avait pas la clé de l'immeuble.

Cependant, des effets prosodiques ou l'ajout d'un « quand même » pourraient faire intervenir la subjectivité :

> Comme je n'avais pas la clé, je ne pouvais pas forcer la porte, **quand même !**

e. Par suite de, des suites de, à la suite de, et suite à :

Ces locutions causales sont étroitement liées à une valeur temporelle de type « successivité ». Le fait de se référer à la chronologie des actions efface toute possibilité de subjectivité de la part de l'énonciateur.

Ces locutions causales appartiennent au registre de langue administratif, mais on peut les rencontrer aussi dans le langage quotidien :

> **Par suite des** travaux, votre centre Télécom sera fermé cette semaine.
>
> Il est mort **des suites d'**une longue maladie.
>
> Il s'est éteint **à la suite d'**une longue maladie.
>
> Plusieurs personnes ont été arrêtées, **à la suite d'**une perquisition.
>
> **Suite à** votre lettre du 16 courant, je tiens à vous préciser que...

f. Sous prétexte de et sous prétexte que :

L'intention du locuteur est de souligner le peu de crédibilité qu'il attache à la véracité de l'information nouvelle (la cause invoquée). Ces expressions sont porteuses d'une valeur très subjective. L'énonciateur est fortement impliqué par la relation :

> On l'a congédié **sous prétexte de** faute professionnelle.
>
> **Sous prétexte de** travailler, il s'était retiré dans sa chambre.
>
> On a refusé de nous faire entrer, **sous prétexte que** la salle était pleine.

• Le gérondif « en prétextant » est aussi fréquent pour marquer une cause peu justifiée :

> Il s'est très vite retiré, **en prétextant** un mal de tête.
>
> Il est monté dans sa chambre **en prétextant qu'**il devait travailler.

g. Les formes participiales à valeur causale :

À l'écrit de registre soutenu, les formes participiales permettent de faire l'économie d'une proposition subordonnée causale.

La valeur atemporelle des participiales efface toute trace de subjectivité.

Observez les énoncés suivants :

    (1) **Croyant** qu'il était en voyage, je ne lui ai pas téléphoné.

    (2) Ma locataire **désirant** renouveler son bail, je l'ai avertie par lettre recommandée que cela était impossible.

    (3) **Ayant été accidenté,** l'élève Postman a dû interrompre ses études.

    (4) Gravement **blessée,** mon employée sera absente dix semaines.

    (5) Mon appartement **ayant été cambriolé,** je désire porter plainte.

    (6) Mes enfants **ayant déménagé** de chez moi, je vous hébergerai volontiers.

Comme ces exemples le montrent clairement :

– la forme du participe présent peut être employée en participiale, même si les sujets grammaticaux du participe et du verbe conjugué ne sont pas coréférentiels ;

– la forme complète du participe passé est employée, que les sujets grammaticaux soient identiques ou différents ;

– mais le participe passé, forme simple, ne s'emploie en proposition participiale que si les sujets grammaticaux sont coréférentiels.

h. Certains verbes ont intrinsèquement une valeur causale :

    Cette maladie **est due** à un virus très résistant.

    La pollution des villes **provient** essentiellement des gaz que rejettent les pots d'échappement.

    Cette situation catastrophique **résulte** d'un manque évident d'organisation.

Certains verbes qui, à la voix active, expriment la conséquence, auront une valeur causale à la voix passive :

    En ville, la pollution **est provoquée** par les gaz que rejettent les pots d'échappement des voitures.

2. La cause n'est pas une information nouvelle :

Soit un fait connu ou présupposé connu des interlocuteurs.

Ce fait connu est considéré par le locuteur comme la cause originelle apte à étayer toute son argumentation. Ses inférences auront un mouvement ascendant, non plus pour expliquer en donnant une information nouvelle, mais pour *justifier* un comportement nouveau (grâce au fait connu ou à cause de ce fait même).

a. Étant donné que, vu que, du fait que et **du fait de :**

Ces locutions organisent le contenu de façon très objective :

    Du fait qu'il y a chaque semaine une grève des transports en commun, les employés sont souvent en retard à leur travail.

    Étant donné la nouvelle loi concernant la carrière des fonctionnaires, j'ai l'honneur de poser ma candidature au poste de...

    Je n'ai pas pu me rendre à mon travail, **du fait d'**une grève des transports.

    Elle n'a pas pu entrer dans l'immeuble, **vu** les circonstances.

Ces locutions causales sont figées (elles ne s'accordent ni en genre ni en nombre).

Les locutions prépositives causales sont suivies d'un nom, les locution conjonctives se construisent avec l'indicatif.

b. Dès lors que et du moment que :

Le mouvement ascendant de l'inférence est signalé par la référence à une relation temporelle d'antériorité.

L'opération logique porte sur le contenu du message et se veut objective (seuls des effets prosodiques pourraient traduire une charge affective) :

> **Dès lors que** la porte était fermée, elle ne pouvait pas entrer.
>
> **Du moment qu'**elle n'avait pas son numéro de téléphone, elle ne pouvait pas l'appeler.
>
> **Dès lors qu'**il existe une loi concernant les fonctionnaires, je ne vois pas pourquoi elle ne serait pas appliquée.

c. Puisque :

L'emploi de ce connecteur logique organise bien le contenu, mais révèle nécessairement le poids de la relation intersubjective qui consiste alors à enfermer l'interlocuteur dans une déduction irréfutable :

> – **Puisque** la porte était fermée (et ça, tu le sais bien maintenant), je n'ai pas pu entrer.
>
> – **Puisque** tu ne pouvais pas entrer, il fallait me téléphoner.
>
> – Comment te téléphoner, **puisque** tu n'as jamais voulu me donner ton numéro de téléphone ?

En syntaxe, la proposition causale introduite par « puisque » peut précéder ou suivre la proposition principale.

À l'oral, l'intonation montante en fin d'énoncé marquera plus ou moins intensément la subjectivité du locuteur.

Comparez les courbes mélodiques des trois énoncés suivants :

> (1) Je n'ai pas pu entrer **parce que** je n'avais pas la clé.
> (courbe mélodique descendante en fin d'énoncé)
>
> (2) **Puisque** je n'avais pas la clé, je ne pouvais pas entrer !
> (courbe mélodique ascendante en fin d'énoncé)
>
> (3) Je ne pouvais pas entrer **puisque** je n'avais pas la clé !
> (courbe mélodique ascendante, puis ton suspendu en fin d'énoncé)

■ L'inférence a un mouvement descendant.

L'accent est mis sur les conséquences.

Concernant ce mouvement descendant de l'inférence, deux attitudes langagières peuvent se manifester.

1. La conséquence n'est pas une information nouvelle :

a. D'où :

Le locuteur énonce un fait qu'il présente ensuite comme la cause d'une conséquence connue des interlocuteurs.

D'où est suivi d'un substantif.

La relation intersubjective n'est pas nécessairement marquée dans les emplois de **d'où** :

> Elle avait travaillé toute la nuit, **d'où** sa fatigue.
>
> Il avait longuement vécu en Provence, **d'où** son accent chantant en français.

b. C'est pour cela que et **c'est pourquoi** :

Ces connecteurs sont des équivalents sémantiques de « d'où ». Mais syntactiquement, ils sont suivis d'une phrase :

> Elle n'avait pas de clé, **c'est pour cela qu'**elle n'a pas pu entrer.
>
> Ils avaient manqué leur train, **c'est pourquoi** ils n'étaient pas arrivés à l'heure prévue.

La présence de la mise en focalisation « c'est... que » souligne la dépendance cause/conséquence.

Pourtant, l'effacement de ces connecteurs logiques ne changerait en rien le rapport cause/conséquence :

> Elle n'avait pas la **clé, elle** n'a pas pu entrer.

On peut donc considérer que ces connecteurs marquent également la relation intersubjective.

2. La conséquence est une information nouvelle :

a. Donc, par conséquent et **en conséquence** :

La cause étant un fait observable, le locuteur en déduit une certaine conduite que ne connaît pas encore l'interlocuteur :

> La porte était fermée, **donc** je n'ai pas pu entrer et je suis restée dehors.
>
> La porte était fermée, **en conséquence** Marie est restée dehors.
>
> La porte était fermée et, **par conséquent,** Marie est restée dehors.

b. Alors :

Dans le langage ordinaire, **alors** s'emploie communément dans le sens de **donc** et introduit, à partir d'un fait observable, une conséquence qui le suit chronologiquement :

> La porte était fermée et je n'avais pas la clé, **alors** je n'ai pas pu entrer dans l'immeuble.

• La conjonction de coordination **et** peut aussi prendre une valeur de conséquence :

> Elle n'avait pas de clé **et** n'a pas pu entrer.

c. Si bien que et **de sorte que** :

Ces propositions consécutives sont à l'indicatif :

> Elle n'avait pas la clé, **si bien qu'**elle n'a pas pu entrer dans l'immeuble.
>
> Il avait longuement vécu en Provence, **de sorte qu'**il avait un accent chantant en français.

• Dans certaines constructions consécutives, il existe un élément annonciateur (si, tellement, tant) dans la proposition principale :

> J'ai **tellement** couru **que** je suis fatigué.

Je suis **si** fatiguée **que** je ne peux plus travailler.
J'ai **tant de** travail **que** je ne peux pas partir en vacances.

• « Si » et « tellement » modifient en intensité un adjectif ou un adverbe (cf. dossier 6, 2, p. 111) :
Il est **tellement** rapide **que** personne ne peut le rattraper.
Il court **si** vite **que** personne ne peut le rattraper.

• « Tellement » et « tant » modifient en intensité un verbe (cf. dossier 8, 7, p. 198) :
Il parle **tellement que** tout le monde est fatigué de l'entendre.
Il a **tellement** parlé **qu'**il n'a plus de voix.
Il a **tant** marché **que** ses chaussures sont trouées.
Il travaille **tant qu'**il n'a plus une minute à consacrer à sa famille.

• « Tellement de » et « tant de » modifient en quantité un substantif (cf. dossier 3, 6, p. 64) :
Il a **tant de** travail **qu'**il ne prend plus de vacances.
Il a **tellement de** travail **qu'**il ne pourra pas vous recevoir.

À PROPOS DU SAVOIR-FAIRE

▶ Au cours de l'apprentissage, les élèves confondent :
– « Parce que » et « pourquoi » :
*Je voudrais continuer mes études à Paris, pourquoi je ne peux pas continuer mes études en Corée.
– « Parce que » et « puisque » :
* J'allais au librairie très souvent puisque j'aime lire.
(Le lecteur ignore l'amour du scripteur pour la lecture.)
Il faut faire remarquer aux apprenants que :
– « parce que » s'emploie pour énoncer une cause ignorée de l'interlocuteur ;
– « puisque » ne s'emploie que devant une cause connue ou présupposée connue des interlocuteurs pour les impliquer, bon gré mal gré, dans une argumentation qui devient irréfutable.
– Pourquoi restes-tu tout seul dans ta chambre ?
– **Parce que** je n'ai rien à faire.
– **Puisque** tu n'as rien à faire, viens m'aider à porter les courses.
Il est très important de faire saisir l'aspect subjectif de « puisque » par un travail sur la courbe intonative.

• Certains étudiants (les Turcs, notamment) peuvent rejeter la locution conjonctive causale « parce que » en fin d'énoncé :
*Je ne peux pas entrer, je n'ai pas la clé parce que.
*Je ne vais pas au cinéma, je n'ai pas le temps parce que.
Cette erreur syntaxique doit être corrigée, dès sa première manifestation.
On pourra jouer, par exemple, sur la courbe intonative de la causale pour donner un point de repère à l'étudiant.

• On veillera à distinguer le « pour + infinitif » à valeur finale du « pour + infinitif passé » à valeur causale :
*J'ai payé 100 francs pour ne composter pas mon billet.
(= pour ne pas avoir composté mon billet)

• Les locutions causales « à cause de » et « grâce à » se construisent *seulement* avec un nom ou un pronom, ce que ne semblent pas toujours savoir les apprenants.

Ces constructions peuvent aussi nécessiter une contraction de l'article, contraction que les apprenants ont de la difficulté à maîtriser :

> *Les travaux qui ne sont pas bien payés à cause de qu'on n'a pas un diplôme.
>
> *Ils sont obligés de partir à cause de démolir toutes les maisons.
>
> *À cause de chômage...

On note aussi des confusions d'emploi entre :

– « à cause de » et « grâce à » :

> *Je veux me marier et avoir la vie calme qui vient à cause de la famille.

– « à cause de » et « pour » :

> *Ma famille pleure pour ma quittance au pays si loin.

– « parce que » et « que » :

> *Dépêche-toi Michal que nous devons sortir avant 10 heures.

– « cependant » et « comme » :

> *Cependant je parle un peu japonais, je peux communiquer avec eux.

Les apprenants font aussi un usage parfois abusif de « que » :

> *De 14 h à 17 h, je suis libre donc que je profite pour me promener.

▶ Pour les consécutives, on soulignera l'emploi de « tellement de » ou « tant de » devant un nom.

« Tellement que » et « tant que » se placent après le verbe conjugué à un temps simple.

S'il s'agit d'un temps composé, « tellement » et « tant » suivent l'auxiliaire et la particule conjonctive « que » est déplacée après le participe passé :

> Il marche **tellement que** ses chaussures sont usées.
>
> il a **tellement** marché **que** ses chaussures sont usées.

On insistera sur l'intonation et l'accent d'insistance qui caractérisent ces consécutives.

▶ Les participiales à valeur causale sont étudiées au niveau 2 de l'apprentissage. Il est d'abord indispensable d'en avoir une bonne compréhension écrite – compréhension qui se vérifiera par des paraphrases et des transformations faisant apparaître la proposition causale :

> **S'étant empoisonné** en mangeant des moules, il fut conduit à l'hôpital de toute urgence.
>
> (Comme il s'était empoisonné.../Parce qu'il s'était empoisonné...)

Lors de ces paraphrases, l'enseignant veillera au respect de la concordance des temps, marquant le rapport « antériorité/postériorité » entre les deux actions.

La production de participiales à valeur causale se fera à l'écrit dans des types de discours qui les appellent le plus « naturellement » possible (lettres administratives, faits divers, articles de journaux...)

▶ Les apprenants demandent très vite à connaître l'ensemble des mots grammaticaux leur permettant l'expression de la cause et de la conséquence.

Cependant, cet apprentissage étant le plus souvent lié à celui des phrases complexes (subordonnées circonstancielles), la maîtrise de ce système ne s'atteint qu'au niveau 2.

Il est pourtant nécessaire, si l'on veut que l'apprenant ait les moyens de s'exprimer en son nom propre, que les constructions « cause/conséquence » les plus fréquentes soient apprises dès le niveau 1.

3. L'explication téléologique

■ Pour marquer le but, le français dispose de différents moyens, dont les **propositions finales.**
Celles-ci sont suivies du subjonctif :

> J'ai ouvert la fenêtre **pour qu'**il y ait de l'air.
> Monte le chauffage **pour qu'**il fasse plus chaud.
> Donne-lui la clé **pour qu'**elle puisse entrer dans l'immeuble.

• L'infinitif est employé à la place du subjonctif dès lors que le sujet grammatical est le même dans les deux propositions : la principale et la subordonnée.

> J'ai ouvert la fenêtre **pour** avoir de l'air.
> Monte le chauffage **pour** avoir plus chaud.
> Prends la clé **pour** pouvoir entrer dans l'immeuble.

• « Afin de » et « afin que » sont employés pour marquer le but, dans un registre de langue plutôt soutenu, mais on les rencontre aussi dans le langage quotidien :

> Présentez-vous au secrétariat **afin d'**obtenir un dossier d'inscription.
> Déposez votre dossier au secrétariat **afin qu'**il soit validé.

• « De sorte que + subjonctif » marque le but et ne doit pas être confondu avec « de sorte que + indicatif », à valeur consécutive (cf. *supra* 2, p. 216) :

> Donnez-lui la clé **de sorte qu'elle puisse** entrer sans difficulté.
> (... pour qu'elle puisse entrer sans difficulté.)
> Ils lui avaient donné la clé **de sorte qu'elle est entrée** sans difficulté.
> (... si bien qu'elle est entrée sans difficulté.)

• Des moyens lexicaux sont aussi utilisés pour marquer le but :
– dans le but de/que ;
– dans l'intention de/que ;
– l'objectif étant de/que, etc.

Ces expressions sont suivies de l'indicatif ou du subjonctif (cf. dossier 8, 5, p. 173 et 6, p. 187).

▶ Le problème majeur, dans l'apprentissage de ce point de grammaire, sera la différenciation entre « pour + infinitif » et « pour que + subjonctif ».
Des activités de repérage, des temps de réflexion sur des corpus adéquats et des exercices systématiques (en contexte) seront nécessaires pour que les apprenants s'approprient ces moyens linguistiques exprimant le but.

• Les apprenants d'origine italienne ou espagnole emploient « pour » quand c'est « par » qui serait attendu en français :

> *Elle se lève et elle regarde pour la fenêtre.
> *Je n'aime pas traîner au lit car je finis pour perdre toute ma matinée.
> *Je travaille un jour pour semaine.

Ces erreurs sont dues au fait que certaines langues romanes possèdent un « por » (manière) que les apprenants confondent phonétiquement avec le « pour » (but) du français.
La même confusion phonétique se produit entre le morphème français « par » et le « para » espagnol marquant le but :

> *Elle est partie par chercher son petit à l'école.

4. L'opposition et la concession

■ Si la relation cause/conséquence ne s'établit pas comme prévue, il est possible d'indiquer cette modification du parcours attendu en employant des connecteurs signalant la **concession.**
Voici, par exemple, le parcours logique attendu :

> Il a bien travaillé **donc** il a été reçu à son examen.
> Il a été reçu à son examen **parce qu'**il avait bien travaillé.

La concession va rompre cet ordre, en faisant coexister deux faits qui « logiquement » sont incompatibles, la présence de l'un devant habituellement empêcher l'existence de l'autre :

> **Quoiqu'**il ait beaucoup travaillé, il a échoué à l'examen.
> **Bien qu'**elle n'ait pas du tout travaillé, elle a été reçue à l'examen.

L'opposition va créer un ordre logique autre, en provoquant la confrontation de deux faits qui existaient en totale indépendance l'un de l'autre :

> Pierre a été reçu en travaillant beaucoup, **alors que** Marie a été reçue sans rien faire du tout.
> Oui, Marie est intelligente, **tandis que** Pierre est travailleur...

Certains connecteurs peuvent servir à marquer les deux opérations concession/opposition.
C'est le cas de **en revanche** :

> Il est de faible constitution, **en revanche** il travaille comme deux.

qui indique ici une concession.

Alors que dans un énoncé comme :

> Il est faible de constitution, **en revanche** son frère est très costaud.

l'opération d'opposition apparaît clairement.

Donc, on conviendra que l'opposition se fait entre deux êtres à propos d'actions, de faits ou de qualités contraires.

■ Quelques marqueurs formels d'opposition et de concession.

Opposition :	**Opposition/concession :**	**Concession :**
par opposition	mais	pourtant
à l'inverse de	alors que	cependant
au contraire	au lieu de	quoique
tandis que	par contre	bien que
...	en revanche	malgré
	...	toutefois
		en dépit de
		néanmoins
		avoir beau + infinitif
		...

• Certains de ces marqueurs peuvent se combiner pour renforcer l'opposition et la concession : et pourtant, mais pourtant, mais en fait, mais malgré tout, mais toutefois, etc.

« Quand même » et « tout de même » viennent souvent nuancer les marqueurs d'opposition et de concession, surtout dans la conversation quotidienne.

• Les marqueurs de l'opposition et la plupart des marqueurs de la concession sont suivis de l'indicatif.

Seuls **quoique** et **bien que** commandent le **subjonctif**.

Toutefois, dans le langage ordinaire, il est assez fréquent que les locuteurs emploient aussi l'indicatif après ces deux conjonctions de subordination, ce qui n'est pas la norme grammaticale.

• **Malgré** est suivi d'un nom ou d'un pronom tonique.

« Malgré que » se rencontre suivi de l'indicatif ou du subjonctif, mais cet emploi est critiqué par les puristes...

• **En revanche** et **par contre**, marqueurs d'opposition, sont pour ainsi dire synonymes.

Il semblerait que l'emploi de « en revanche » soit considéré comme une marque de registre soutenu. L'emploi de « par contre » est jugé plus familier.

■ Parmi les **marqueurs de la concession et de l'opposition**, il faut distinguer ceux qui peuvent s'appliquer entre deux éléments lexicaux et ceux qui ne peuvent s'appliquer qu'entre deux propositions.

• Marqueurs susceptibles de signaler l'opposition/concession *entre deux éléments lexicaux :*
– Entre deux adjectifs :

> Elle est belle mais méchante.

Elle est belle bien que méchante.

Il est raisonnable quoique très jeune.

– Entre deux noms :

Pas Pierre, mais Marie.

Une orange au lieu d'une poire.

– Entre deux infinitifs :

Parler au lieu de manger.

Regarder mais ne pas toucher.

– Entre deux adverbes :

Il travaille lentement mais parfaitement.

Il travaille parfaitement bien que trop lentement.

• D'autres connecteurs d'opposition/concession établissent une relation *entre deux propositions* :

En dépit de sa maladie, il est fidèle au poste.

Il est de faible constitution, **en revanche** il travaille comme deux.

Il travaille beaucoup, **par contre** il n'est pas très efficace.

Elle ne se soigne pas, **alors qu'**elle est gravement malade.

Elle ne se soigne pas, **alors que** son mari se soigne très bien, lui.

Bien qu'ils vivent à la campagne, ils sont au courant de tout.

Au lieu d'étudier, il s'amuse.

Ils **ont beau** essayer, ils ne trouvent pas de travail.

Malgré son mauvais caractère, nous l'aimons beaucoup.

Il est sûrement sérieux, **cependant** je ne lui confierais pas mon entreprise.

Il est sérieux, **tandis que** son frère est volage.

• Certains connecteurs peuvent établir une relation *entre deux éléments lexicaux* et/ou *entre deux propositions*. C'est notamment le cas de « mais », « bien que » et « quoique ».

À PROPOS DU SAVOIR-FAIRE

▶ Les hispanophones ont tendance à confondre « pourtant » et « par conséquent », ce qui peut rendre leur discours ambigu :

*J'ai dépensé mon argent, pourtant je ne peux pas vous en prêter.

*Je veux passer cet examen, pourtant j'étudie beaucoup.

Cette confusion provient d'un calque phonétique.

En effet, il existe en espagnol l'expression « por tanto » signifiant en français « donc » ou « par conséquent ».

Si cette erreur se produit en classe de langue, l'enseignant devra prendre le temps d'insister sur la différence de sens entre « pourtant » (concession/restriction) et « par conséquent/donc » (conséquence).

On peut aussi rencontrer, dans les copies des anglophones, des phrases qui paraissent illogiques :

*Votre style est vraiment superbe. En tout cas, j'ai quelques réserves à noter.

Ici, on attendrait un « cependant » marquant une concession de type restrictif. L'expression « en tout cas » appelle, en effet, une phrase sémantiquement complémentaire, et non pas contradictoire, avec la première partie de l'énoncé :

> Votre style est vraiment superbe. **Cependant,** j'ai quelques réserves à noter.
> Votre style est vraiment superbe. **En tout cas,** moi je l'ai apprécié sans réserve.

Il est probable qu'il s'agit de la part de cet étudiant anglophone d'une traduction abusive du « anyway » anglais...

On trouve aussi chez les anglophones des « même que » pour « bien que » :

> *J'ai envie de rentrer dans mon pays, même que j'aie rencontré les belles choses promises à l'étranger.

Les apprenants asiatiques peuvent confondre les marqueurs de cause et les marqueurs de concession, comme le prouve cet exemple :

> *Cependant je parle un peu de japonais, je peux communiquer avec des Japonais.

▶ En préparant son cours, l'enseignant pensera à souligner toutes les marques de l'opposition/concession que peut contenir le texte à étudier en classe.

Il essayera de recenser les manières prosodiques et gestuelles qui pourraient concrétiser le mieux possible l'explication de :
– la notion d'opposition (*d'un côté* une chose, *de l'autre* son contraire) ;
– la notion de concession (la *rupture du parcours* cause/conséquence *attendu*).

L'enseignant n'hésitera pas non plus à inventer des situations de réemploi pour ces marqueurs, avant de demander à ses étudiants de les utiliser eux-mêmes dans des productions libres. C'est souvent grâce à une série d'exemples concrets que les apprenants étrangers peuvent commencer à saisir la manière dont s'utilisent les connecteurs logiques.

▶ C'est notamment le cas pour les emplois de **or.** Ce marqueur d'argumentation peut signifier « mais », « pourtant » ou « cependant », il peut aussi signifier « en fait » et même « justement » ou « et bien ». On comprendra que les apprenants aient beaucoup de difficultés à maîtriser les emplois de ce tout petit mot...

Observez et comparez les énoncés suivants :

> (1) Vous dites que vous avez pris le train de nuit.
> **Or,** le train de nuit arrive à 6 heures.
> Qu'avez-vous donc fait jusqu'à 10 heures, ce matin ?

> (2) Elle n'a pas pu entrer dans l'immeuble.
> **Or,** la porte était grande ouverte jusqu'à minuit.
> Que lui est-il donc arrivé ?

> (3) Comme convenu, les Américains viennent dîner ce soir.
> **Or,** ils ne savent pas que nous dînons horriblement tard.
> N'oublie pas de les prévenir, pour qu'ils n'arrivent pas à 18 heures !

(4) Elle nous avait préparé des melons.
   Or, David déteste ça.
   Il s'est forcé à en manger et il est tombé malade.

(5) Elle nous avait préparé des melons.
   Or, ils n'étaient pas du tout mûrs.
   Nous avons dû les laisser intacts sur notre assiette.

(6) Elle nous avait préparé des melons.
   Or, je raffole de ce fruit.
   Donc j'en ai trop mangé et j'ai été malade.

(7) J'ai reçu une contravention datée du 25 février à 15 heures.
   Or, ce jour-là, ma voiture n'est pas sortie du garage !
   Vous comprendrez bien que je trouve ça un peu fort !

(8) Ils veulent absolument aller au bord de la mer.
   Or, toi, tu es libre demain...

Comme ces exemples tentent de le démontrer, **or** coordonne en discours (récit ou raisonnement) *deux faits,* F1 et F2, en vue d'un commentaire ou d'une conclusion.

On distingue deux emplois différents de « or » :

– soit F2 est un « opposant », un obstacle ou une objection à F1. Par nature, ils sont *incompatibles* (2, 4, 5, 7) ;

– soit F2 est un « adjuvant » de F1, une information ou un argument complémentaire qui vient justifier, renforcer la conclusion. F1 et F2 sont alors de nature *compatible* (1, 3, 6, 8).

La conclusion, explicite ou implicite (8), est directement dépendante de la corrélation logique qui s'établit entre F2 et F1.

5. Les traces argumentatives et les mots du discours

■ Certains **signaux discursifs** ou **traces argumentatives** participent activement à l'organisation des échanges verbaux.

• Un locuteur peut vouloir transmettre à ses auditeurs le *plan* de son exposé :
   D'abord, je ferai l'historique de cette question de...
   Ensuite, je retiendrai et discuterai trois notions essentielles :
      premièrement,...
      deuxièmement,...
      troisièmement,...
   Enfin, nous réfléchirons à...
   En conclusion, j'espère pouvoir vous...

• Un locuteur peut organiser son argumentation en *différentes parties.* Celles-ci seront en opposition ou complémentaires :
   D'une part, la biologie démontre que l'inné...
   D'autre part, la sociologie nous apprend que l'acquis...

En outre, les apports de la psychologie laissent entendre que...
Par ailleurs, quel est l'impact du hasard ?

D'un côté, on nous apprend que l'acquis...
De l'autre, on constate que l'inné...

Cette technique de prise de parole (et d'écriture) est particulièrement appréciée des auditeurs français.

Au cours de leur socialisation précoce, les Français apprennent tous à faire et à présenter des plans d'exposé – c'est un savoir partagé culturel.

Ce savoir fait partie du capital social des acteurs et leur sert d'insigne ou d'emblème de réussite.

• Beaucoup plus subtils sont certains autres mots du discours qui laissent des traces, non seulement au niveau du contenu des échanges, mais aussi au niveau de la relation qui s'instaure entre les partenaires – c'est-à-dire, ce jeu des places (haute ou basse) qui se négocient entre les partenaires, tout au long des conversations.

Ces traces argumentatives prouvent les efforts des participants pour montrer leur degré de coopération ou de solidarité avec les autres participants.

Elles ont aussi pour fonction de faire voir aux partenaires de la conversation que le locuteur sait se présenter, se faire reconnaître et confirmer comme <u>être de parole</u> hautement socialisé.

Les traces argumentatives du discours sont en quelque sorte des marques culturelles discrètes de la cohésion du groupe linguistique (cf. *Une Introduction à l'ethnographie de la communication – pour la formation à l'enseignement du FLE,* © Didier, 1992).

■ Tout en s'appuyant sur la logique attendue dans le raisonnement, les **traces argumentatives** sont principalement d'ordre interactionnel et communicatif.

Elles relèvent des stratégies de la communication et révèlent le poids des enjeux dans les interactions humaines.

C'est pourquoi ces traces argumentatives posent tant de problèmes dans l'enseignement/apprentissage des langues.

Pour en rendre compte, il sera fait appel aux difficultés d'apprentissage qu'elles soulèvent, plutôt qu'aux descriptions grammaticales qui les caractérisent.

■ **En effet, en fait** et **au fait.**

    – Vous gagnez bien votre vie. Vous n'êtes pas à plaindre !

    – **En effet,** économiquement, je ne suis pas à plaindre.

    – Vous n'êtes pas à plaindre, tout de même !

    – Si, **en fait,** je suis vraiment à plaindre parce que je suis très seul...

    – J'imagine que cet auteur doit gagner des fortunes avec ses livres !

    – **Au fait,** j'ai entendu dire que vous aviez beaucoup publié vous aussi !

On constate par ces exemples que :

– **En effet** est un signal discursif qui marque un *accord certain* du locuteur avec son interlocuteur.

– **En fait** est un signal discursif qui marque un *désaccord certain* du locuteur avec son interlocuteur.

– **Au fait** est un signal de *détournement* du thème de la conversation principale, au profit d'un élément thématique connexe. C'est une mise entre parenthèses, une sorte d'enchâssement dans une conversation principale.

« Au fait » est un signal discursif qui peut réellement détourner définitivement le thème de la conversation antérieure. C'est donc un élément stratégique de première importance, puisqu'il donne, dans le choix des thèmes conversationnels, la place haute au locuteur qui l'utilise.

• Dans la conversation quotidienne, on trouve aussi « effectivement » comme équivalent de **en effet :**

> – Vos ouvrages s'adressent avant tout à la jeunesse.
> – Effectivement, il me semble que seuls les jeunes...

Dans un échange, **en effet** peut s'employer seul comme réaction confirmative laconique :

> – Chez ce poissonnier, le poisson sent très fort.
> – En effet.

À l'écrit ou dans un discours suivi, **en effet** confirme l'assertion précédente tout en introduisant un ou des éléments de preuves qui renforcent l'argumentation :

> « ... votre bail de location ne sera pas renouvelé. En effet, le propriétaire a l'intention de loger son petit-fils dans l'appartement que vous occupez et qu'il désire récupérer dès le 31 mai, date de la fin du bail actuel. »

• À l'écrit ou dans un discours suivi, **en fait** apporte une correction, une restriction réelle et parfois même une opposition à l'assertion précédente :

> « La sortie est prévue cette année pour le 29 juin. En fait, ce seront comme toujours les derniers conseils de classe qui en sonneront l'heure. »

• On ne rencontre pas **au fait** à l'écrit de registre soutenu. Employé dans une lettre personnelle, « au fait » fait partie de ce que l'on peut appeler de l'oral transcrit pour augmenter l'effet de présence dialogique.

■ **Quand même** et **tout de même.**

Ces signaux discursifs, par leur valeur concessive, traduisent une attitude de désaccord particulièrement subjective :

– Devant un spectacle inattendu dans la rue :

> – Quand même !
> (On ne fait pas ce genre de chose dans la rue, ce n'est pas correct.)

– Devant quelqu'un qui désire se retirer trop tôt :

> – Reste pour le dessert, quand même.
> (Même si tu dois partir très tôt, la correction voudrait que tu restes pour le dessert.)

– Devant quelqu'un qui commence à se fâcher :

> – Ne te mets pas dans ces états-là, quand même !
> (Tu as raison de ne pas être content, mais la situation ne vaut pas la peine que tu te fâches de cette façon !)

Seuls les interlocuteurs peuvent savoir exactement quelle est la portée subjective ou la valeur logique de ce « quand même » qui reste très lié aux contextes.

• En position intermédiaire dans un énoncé, « quand même » et « tout de même » ont une valeur nettement plus logique parce qu'ils visent le contenu du message, plutôt que la relation entre les participants. Ils relèvent alors de la concession :

    – Tu as pensé à remercier les Durand ?
    – Oui. J'ai quand même eu le temps de leur écrire !

    – Vous avez reçu vos honoraires ?
    – Pas totalement. J'en ai tout de même reçu l'essentiel.

• « Quand même » et « tout de même » peuvent renforcer de façon subjective la valeur concessive de « mais » :

    Je n'ai pas fini mon travail, **mais** j'ai **quand même** bien travaillé.

• « Quand même » et « tout de même » ont une portée d'autant plus subjective qu'ils sont employés simultanément avec un connecteur de concession :

    Il ne m'a pas reçu, **bien qu'**il m'ait parlé au téléphone, **quand même.**

■ D'ailleurs.

Ce mot du discours introduit une sorte de parenthèse justificative ou une parenthèse explicative, à propos d'une information précédente.

Cette parenthèse apporte aux informations précédentes le poids d'une preuve vérifiable, même si elle est énoncée le plus souvent sur le ton du « superflu » :

    – Vous avez l'intention d'écrire une biographie ?
    – Oui. Je l'ai d'ailleurs commencée.
    – Elle sera publiée chez votre éditeur habituel ?
    – Je ne pense pas. D'ailleurs, les biographies ne l'intéressent pas.
    – Vous pouvez nous dire où elle sera éditée ?
    – Non, je ne veux pas en parler. Je ne le sais pas encore, d'ailleurs.

À PROPOS DU SAVOIR-FAIRE

▶ Les apprenants étrangers (asiatiques) confondent très souvent « d'ailleurs » et « par ailleurs » :

    *Entre les Japonais et moi, on ne voit pas très grande différence.
    Par ailleurs, je suis chinoise.

    *En Occident on me dit que je suis Japonaise.
    Physiquement, pas grande différence.
    D'ailleurs on est très différents.

CE QU'IL FAUT SAVOIR

■ En tout cas et de toute façon.

Ces deux connecteurs permettent au locuteur de s'exprimer, sans confirmer ou infirmer directement le point de vue de l'autre.

Le locuteur qui prend la parole en utilisant « en tout cas » ou « de toute façon » manifeste son point de vue personnel, tout en respectant la susceptibilité de son interlocuteur :

> – Les jeunes adorent la musique.
> – **En tout cas,** ils en écoutent beaucoup !
> (Je ne sais pas s'ils aiment la musique, mais je sais, au moins, qu'ils en écoutent beaucoup.)
> – 90 % des jeunes vont au concert deux fois par an.
> – **De toute façon,** cela ne prouve pas qu'ils aiment la musique ! (Tout ce que l'on peut dire sur cette question n'est pas pour moi une preuve suffisante pour affirmer que les jeunes aiment la musique.)

En tout cas introduit une restriction, quant à l'assertion précédente. Le locuteur ne se prononce que sur une *partie* du contenu de l'assertion, ce dont il est sûr, ce sur quoi il est d'accord.

De toute façon a un effet de reprise très global, quant à l'assertion précédente. Le locuteur se prononce sur l'*ensemble* de tout ce qui touche ou pourrait toucher l'assertion précédente.

Si bien que « de toute façon » peut être une bonne stratégie pour changer de thème de conversation, sans heurter la susceptibilité de l'interlocuteur.

Observez la différence :

> (1) – Tous les locataires sont très jeunes, dans ces immeubles.
> – **En tout cas,** pas dans le mien.
> (2) – Tous les locataires sont très jeunes, dans ces immeubles.
> – **De toute façon,** que peut-on faire des vieux dans une cité universitaire ?

En (1), à partir d'une assertion donnée, le locuteur émet une *restriction* liée à son expérience personnelle.

En (2), la *généralisation* émise dans l'assertion est prise totalement en compte et dans toutes ses manifestations.

À partir de cette généralisation poussée volontairement jusqu'à l'extrême, le locuteur donne son point de vue et signale, probablement, qu'il est temps de changer de sujet de conversation.

• Placés en début ou en fin d'énoncé, « en tout cas » et « de toute façon » peuvent signifier « quoi qu'il en soit » ou « quoi qu'il arrive », c'est-à-dire « toutes choses ayant été bien considérées » :

> – Avez-vous l'intention de voyager ?
> – **En tout cas,** j'ai bien l'intention de quitter ma ville.
> – Pensez-vous partir prochainement ?
> – Je serai parti avant la fin de l'année, **de toute façon.**

• « En tout cas » peut aussi introduire une preuve dont dépend entièrement la véracité de l'information précédente. Il s'agit alors d'une preuve restrictive.

« En tout cas » se distingue nettement de « d'ailleurs », qui introduit un renforcement de preuve dont n'a pas besoin l'information précédente pour être vraie.

Comparez les énoncés suivants :

> (1) L'écrivain T.B. quittera prochainement sa ville.
>
> C'est, **en tout cas,** ce qu'il a annoncé lors d'une interview.

(2) L'écrivain T.B. quittera prochainement sa ville.

C'est, **d'ailleurs,** ce qu'il nous avait déjà annoncé lors d'une interview.

La vérité de l'énoncé (1) est étroitement dépendante de l'annonce faite par l'écrivain.

La vérité de l'énoncé (2) n'est pas mise en cause. Elle est au contraire renforcée par l'annonce faite antérieurement par l'écrivain.

■ Du moins et au moins.

Du moins est un équivalent de « en tout cas » et introduit une restriction, quant à la véracité de l'information précédente :

Le quartier sera restauré, **du moins** en partie.

Les restaurations commenceront en avril ; **du moins** le prétend-on.

Les habitants ne sont pas très riches. Ils travaillent tous, **du moins.**

Les frais de restauration seront certainement élevés.

Du moins les habitants pourront-ils les payer à tempérament.

En registre de langue soutenue, « du moins », placé en tête d'énoncé, appelle l'inversion (verbe/sujet).

Au moins peut signifier « au minimum » :

– Elle doit gagner 25 000 francs par mois.

– Au moins.

– Elle a trois ou quatre enfants ?

– Elle en a au moins trois.

Au moins a également une valeur restrictive :

Si, au moins, il travaillait.

Il a, au moins, trouvé un appartement.

Il pourra, au moins, compter sur l'allocation chômage.

Dans ce sens, « au moins » se rapproche d'une restriction concessive du type « malgré tout ».

Dans leurs emplois à « valeur restrictive », il est parfois difficile de distinguer « du moins » et « au moins » l'un de l'autre.

À PROPOS DU SAVOIR-FAIRE

▶ Ces mots du discours ou ces traces argumentatives sont très difficiles à comprendre pour les étrangers.

Très longtemps, les apprenants se heurtent au sens véritable de ces expressions qui les intriguent et dont, la plupart du temps, personne ne peut leur expliquer le sens exact.

Ce n'est que par un contact répété, en contextes variés, que peu à peu les apprenants commenceront à sentir la fonction plus communicative que logique de ces petits mots.

On trouvera dans les *Exercices de grammaire –perfectionnement* (© Hatier/ Didier, 1988), des textes et des exercices d'application concernant ces traces de l'argumentation dans la conversation quotidienne.

L'actance et
les rôles actanciels

1. Une première approche sémantique du procès : être, faire et causer

CE QU'IL FAUT SAVOIR

■ D'un point de vue **sémantique,** les procès, qui expriment les comportements des êtres, se classent en trois larges domaines : **être, faire** et **causer.** Grammaticalement, ces procès sont représentés par le verbe. Mais ils peuvent aussi s'exprimer grâce à des noms dits déverbaux, c'est-à-dire des noms ou substantifs qui proviennent d'une transformation grammaticale du verbe en nom : l'opération de nominalisation.

> On **a élu** Pierre au conseil régional. → Pierre **a été élu** au conseil régional. → **Élection** de Pierre au conseil régional.

• Les verbes de l'**être** servent à attribuer des qualités ou des propriétés (une caractérisation) à la personne ou à la chose dont on parle. En ce sens, ils contribuent à la qualification des êtres :

> Marie Boli **est** ingénieur, elle **a** 30 ans. Elle **mesure** 1,65 m.
> Elle **porte** des lunettes. Elle **ressemble** à son père.
> Sa maison **est** grande. Elle **a** au moins trois étages.
> Son travail **est** passionnant mais trop prenant.

Les verbes *être* et *avoir* sont les principaux représentants de cette catégorie de procès qui établissent une **caractérisation plus ou moins statique** des êtres. Mais s'y regroupent aussi les verbes d'attitude et de sentiments ainsi que les verbes modaux et leur suite syntaxique, car **sémantiquement** ils représentent, par rapport aux êtres, des structures de type *attributif :*

> Marie **a** toujours **voulu** partir à l'étranger.
> Elle **croit** que les voyages forment la jeunesse.
> Elle **aime** Pierre et **voudrait** l'épouser.
> Elle **s'intéresse** aux sports et à la musique.
> Elle **pense** à ses responsabilités. Elle **prévoit** les difficultés.
> Elle **adore** les sorties et le sport.

Sémantiquement, une structure de type *attributif* peut se paraphraser par « être dans l'état de... » ou « être dans l'état d'avoir telle ou telle propriété » :

> Marie a toujours voulu partir... → Elle est désireuse de partir.
> Elle croit que... → C'est sa manière de penser, d'être, etc.

En discours, les verbes de l'**être** sont *peu susceptibles* de se mettre à la voix passive. Quand cette voix semble se manifester en surface, elle exprime,

sémantiquement, un état de type attributif ou qualificatif (très proche de la valeur adjectivale) :

> Marie est très connue de ses confrères.
>
> Elle est aimée et respectée de ses employés.
>
> Elle est passionnée de chimie.
>
> Elle est adorée de ces clients.

Remarque : on notera la présence de la préposition **de,** dans ces constructions de type attributif, ce qui les distingue catégoriquement des constructions de type passif.

• Les verbes du **faire** expriment les comportements et agissements des personnes et des choses, mais ces actions ne provoquent aucun changement réel des actants (sujet ou objet du verbe) :

> Elle **travaille** dans un laboratoire.
>
> Habituellement elle **habite** à Paris. Elle vit seule.
>
> Elle **lit** peu parce qu'elle **sort** beaucoup.
>
> Elle **fait** du sport tous les mercredis.
>
> Elle **prend** des photos et les **développe** elle-même.
>
> Le soir, elle **dîne** avec Pierre qui lui **téléphone** souvent.

Les verbes du **faire** établissent une **caractérisation plutôt dynamique** des êtres, sans qu'il y ait un changement d'état notoire des actants (sujet ou objet du verbe).

Au point que tout verbe du **faire** peut, par transformation ou paraphrase, aboutir à un verbe de l'**être :**

Marie travaille.	→ C'est une travailleuse.
Marie habite à Paris.	→ C'est une parisienne ou une habitante de Paris.
Marie lit peu.	→ Ce n'est pas une grande lectrice.
Marie sort beaucoup.	→ Elle est très « sorties », elle est du type nocturne.
Marie fait du sport.	→ C'est plutôt une sportive.
Marie prend des photos.	→ Elle aime la photo, elle est amateur/spécialiste.
Marie dîne au restaurant.	→ C'est une habituée des restaurants parisiens.
Pierre lui téléphone souvent.	→ C'est un grand utilisateur du téléphone.

Pour les verbes de ce domaine sémantique, la *voix passive est peu fréquente* en discours.

• Les verbes du **causer** marquent l'action d'un être sur lui-même ou sur un autre être (« causer quelque chose à soi-même » ou « causer quelque chose à autrui ») :

> Ce soir, Pierre est sorti à 20 heures.
>
> Il a conduit Marie Boli dans un grand restaurant.
>
> Vers minuit, ils sont montés chez Pierre.
>
> Là, Marie a cassé la statue étrusque de Pierre.
>
> Ils ont ramassé les morceaux. Marie les a emportés.
>
> La statue sera réparée par un artisan.
>
> Marie rapportera la statue réparée le plus vite possible.

Les verbes du **causer** signalent obligatoirement un changement d'état catégo-rique des actants (sujet ou objet du verbe) :

Il est sorti.	→ Il est absent. → Il n'est pas là.
Elle a cassé le vase.	→ Le vase est cassé.
Ils ont décoré leur maison.	→ Leur maison est décorée.
Ils ont ramassé les morceaux.	→ Les morceaux sont ramassés.
Ils sont montés chez Pierre.	→ Ils sont, là-haut, chez lui.

En discours, les verbes transitifs directs de ce domaine sémantique sont *fréquemment employés à la voix passive,* car cette voix signale le **résultat** des changements d'état subis par les actants.

À PROPOS DU SAVOIR-FAIRE

▶ En quoi cette première approche sémantique du procès concerne-t-elle l'en-seignement du FLE ?

Dans la mesure où elle souligne le **sens** des énoncés plutôt que leurs formes, cette approche plaide en faveur d'un type d'enseignement/apprentissage qui soit essentiellement « communicatif ».

C'est surtout dans et par la communication que les apprenants comprendront implicitement les différences de **sens** entre les verbes de l'**être,** du **faire** et du **causer.**

Même si l'apprenant a une conscience intuitive de ces domaines sémantiques, parce qu'ils sont d'ordre universel, il ne pourra les distinguer en langue étran-gère que dans la mesure où il les aura observés en fonctionnement dans des situations de communication authentiques ou simulées.

1. Au tout début, l'apprenant semble chercher à rendre compte des fonctions de caractérisation de façon uniforme, en utilisant principalement la structure attributive avec *être,* comme on peut le constater dans certaines de leurs pro-ductions :

* Je suis ça va pas.
* Je suis habite à Tokyo.
* Je suis travaille a Ankara.
* Je suis donné une bourse pour études.

Une progression liée aux exigences de la communication (se présenter, se caractériser, exprimer ses sentiments, dire ses habitudes, etc.) engagera l'ap-prenant à reconnaître implicitement ces domaines de l'**être** et du **faire**, et la manière formelle dont ils se réalisent en français.

En classe, des interactions directes enseignant / apprenants, ainsi que le travail à partir de dialogues mettant en scène des personnages en situation de pré-sentation et de caractérisation aideront les apprenants à saisir plus directement comment les verbes de l'**être** et du **faire** participent à la caractérisation statique et à la caractérisation dynamique. Peu à peu, les apprenants s'habitueront aux différences formelles à respecter.

2. Comme les verbes du **faire** expriment les comportements et agisse-ments habituels des actants, on aura intérêt à intégrer, dans les énoncés servant à la caractérisation dynamique, des indicateurs de généralisation et de réitération :

> J'aime le sport, je fais souvent du basket.
>
> Elle prend tout le temps des photos.
>
> Généralement, je déjeune au restaurant à midi.

Ces indicateurs soulignent, en effet, l'affinité des verbes du **faire** avec le présent générique.

3. Les verbes du **causer** apparaissent d'abord au présent spécifique, dans des situations dialoguées mettant en scène des personnages qui agissent dans l'instant :

> – Qu'est-ce que tu fais ? Tu laves la vaisselle ?
>
> – Non, je prépare l'apéritif et j'arrive.

Par ce type d'échange en situation, l'apprenant sera mis implicitement en présence du « causer à autrui » et du « causer à soi-même ».

4. Plus tard, lorsqu'il s'agira de raconter des événements passés, il sera indispensable de distinguer les emplois des auxiliaires *être* et *avoir* au passé composé. C'est alors que la distinction entre « causer à soi-même » et « causer à autrui » pourra être utile aux apprenants.

En effet, « causer à soi-même » – c'est-à-dire provoquer un changement sur soi-même – expliquerait qu'en français les verbes de déplacement (d'un endroit à un autre) sont conjugués avec l'auxiliaire *être*.

Le locuteur n'envisage pas l'*accompli* de l'action mais son *résultat*. Si autrefois, on pouvait encore dire : « j'ai descendu dans mon jardin », comme l'atteste la chanson, cette construction a disparu du français contemporain qui signale uniquement le *résultat* d'un changement : je suis descendu(e).

« Naître, partir, sortir, monter, descendre, tomber, venir, mourir, etc. » dénotent un réel changement d'état de l'agent, responsable de l'action, comme c'est également le cas pour les verbes pronominaux du type « se réveiller, se lever, se baigner, se laver, se raser, se coiffer, etc. »

5. Au moment où on abordera la voix passive, l'enseignant pourra avoir recours à ces domaines sémantiques en expliquant que les verbes de l'**être** et du **faire** sont peu susceptibles de la voix passive, alors que les verbes du « causer à autrui » manifestent une très forte occurrence de cette forme syntaxique. La référence à ces domaines pourra également aider à clarifier une question qui est souvent posée par les apprenants : la différence d'emplois entre les prépositions « de » et « par ».

> Marie est très connue **de** ses confrères. (verbe de l'**être**)
>
> Le vase étrusque a été cassé **par** Marie. (verbe du « causer à autrui »).

Ainsi, tout au long de son apprentissage du langage en communication, et au fur et à mesure de la découverte du fonctionnement de la langue, l'apprenant sera amené à réfléchir et à conceptualiser au delà des formes purement linguistiques, pour atteindre le niveau des notions générales, plus aptes à l'aider à se construire une grammaire du **sens** et, par voie de conséquence, une grammaire de l'**expression.**

2. Une seconde approche sémantique du procès : états, actions, faits ou constats

■ Les procès recouvrent l'ensemble des **états,** des **actions** et des **faits** exprimés par le verbe.

On parle d'état pour des verbes d'existence comme *être, sembler, paraître, avoir...* Ces verbes participent de la qualification et de la caractérisation des êtres.

On parlera d'action, à condition qu'un agent soit bien clairement nommé comme responsable du comportement ou des agissements.

En revanche, une activité peut effectivement avoir lieu et aboutir à une modification des choses, sans qu'aucun agent soit nommé comme responsable direct du procès.

Dans ce cas, on parlera de fait ou de **constat.**

Observez et comparez :

       (1) La cigarette **est** à moitié consumée dans le cendrier.

       (2) La cigarette **fume** dans le cendrier.

       (3) Marie **fume** des blondes.

       (4) Marie **fume** une cigarette Du Faurier.

On peut constater que :

En (1), il s'agit d'un état qualifiant la cigarette.

En (2), le sujet grammatical « cigarette » n'est pas l'agent (c'est-à-dire le responsable) du verbe « fumer ».

Ce n'est pas une action mais un simple fait observable, un constat.

En revanche :

En (3), le sujet grammatical est aussi l'agent du verbe : « fumer » est une action de la catégorie du **faire** (Marie est une fumeuse).

En (4), c'est une action de la catégorie du **causer** qui aboutit à un changement d'état de l'objet du verbe (cette cigarette a été fumée par Marie).

■ Le **style « impersonnel » passif,** particulièrement courant dans le discours administratif, dans le discours scientifique et dans le discours journalistique facilite le passage des actions dans le domaine des faits ou des constats, par l'effacement des agents responsables de l'action :

     Lors du dernier conseil, il a été parlé du salaire des fonctionnaires.

     Il a été fait mention des difficultés de vie dans nos banlieues.

     Il a été prévu une nouvelle augmentation des impôts locaux.

     Il a été discuté et voté des mesures pour le financement de la salle des sports.

     Au prochain conseil, il sera débattu notamment de la Sécurité sociale.

     Ce matin, il a été découvert un colis piégé sur le stade Jean-Moulin.

> Hier soir, il est survenu un grave accident sur la nationale 7.
>
> Lors de la manifestation, il a été filmé des casseurs en pleine action.

Au style impersonnel passif, un « il » (sans référent, si bien qu'on pourrait le considérer comme un morphème « vide ») est le sujet grammatical du verbe à la forme passive, les agents responsables ne sont pas nommés.

Certes, quand la construction du verbe le permet (verbes transitifs directs simples ou complexes), on peut retrouver le style personnel, par transformation, le patient ou la victime devenant alors le sujet grammatical du verbe à la forme passive :

> Les difficultés de vie dans les banlieues ont été mentionnées au conseil.
>
> Une nouvelle augmentation a été prévue.
>
> Un colis piégé a été découvert.
>
> Un grave accident est survenu.
>
> Des casseurs ont été filmés.

Mais cette transformation est impossible avec les verbes dont la construction est transitive indirecte, souple ou rigide :

> *Le salaire des fonctionnaires a été parlé.
>
> *Les difficultés de vie ont été fait mention.

Au style impersonnel, tel qu'on le rencontre dans la presse, s'il y a bien effacement volontaire des agents, il semble cependant nécessaire d'insister sur le cadre spatio-temporel concret pour que le discours fasse sens.

Observez :

> Il a été découvert un colis piégé.
>
> Il a été parlé des difficultés de vie.

Si ces énoncés peuvent sembler grammaticalement corrects, leur contenu informatif semble incomplet.

L'auditeur ou le lecteur se demande « où, quand cela s'est-il produit ? » :

> **Hier,** il a été découvert un colis piégé **sur le stade** Jean-Moulin.
>
> **Au conseil** municipal du **22 février,** il a été parlé des difficultés de vie dans nos banlieues.

Étonnamment, pour être satisfait de l'information, l'auditeur ou le lecteur n'éprouve pas obligatoirement le besoin de se poser la question : « Mais *qui* est nommément responsable de ces faits ? »

On pourrait donc réfléchir aux intentions de communication et aux effets produits par ce type de discours.

À PROPOS DU SAVOIR-FAIRE

▶ Si la différence entre actions et faits ou constats est particulièrement intéressante ici, c'est que notre langue permet ces transformations subtiles de l'action en fait ou constat, si bien que nous ne pensons plus du tout à les distinguer l'une de l'autre.

En général, dans les cours de langue, l'enseignant, très imprégné de morphosyntaxe, ne songe pas à analyser ces différences qui, d'un point de vue formel, ont une structure de surface pour ainsi dire identique (sujet + verbe + complément).

Certes, l'enseignant peut parler de « sujet apparent » pour ce qui concerne le style impersonnel de type passif. Mais pense-t-il toujours à distinguer une action d'un fait ? S'interroge-t-il sur la manière dont sa langue découpe la réalité ?

Le thème de réflexion qui est proposé ici ne concerne pas tant les apprenants étrangers que la formation intellectuelle des futurs enseignants.

Il est en effet indispensable que l'enseignant prenne conscience que sa langue est un filtre à travers lequel il se représente le monde et que ce filtre peut lui imposer imperceptiblement l'idée qu'il doit se faire du monde.

En d'autres termes, encapsulés dans notre langue-culture, comment pouvons-nous être conscients (avec une certaine distance) de notre propre gestion des significations et ne pas faire d'erreur quant à l'organisation des significations d'une culture autre ?

3. Les rôles actanciels : agent, patient, victime et instrument du procès

CE QU'IL FAUT SAVOIR

■ Selon certains grammairiens (Tesnières, Greimas et Charaudeau, entre autres), le nœud verbal peut être envisagé comme une petite pièce de théâtre où se distribuent des rôles.

■ L'**agent** est le responsable de l'action, donc du procès.
Grammaticalement, l'agent peut coïncider avec le sujet grammatical du verbe :
> Marie fume.

Sémantiquement, Marie est l'agent de l'action « fumer ».
Grammaticalement, Marie est aussi le sujet grammatical du verbe « fumer ».
Mais si l'on prend l'exemple :
> La cigarette fume dans le cendrier.

sémantiquement, l'agent n'est pas nommé – « fumer » est alors un fait, lié à des phénomènes physiques dont il n'est pas fait mention.

Nous admettons tous ces phénomènes elliptiques, par expérience ou savoir partagés.

Les mentalités collectives, enfermées dans leur culture, ne se préoccupent pas de la différence.

Grammaticalement, le sujet du verbe est bien « la cigarette ». Mais celle-ci n'est pas responsable de l'action. Elle serait plutôt le siège ou la victime du feu, qui lui-même a été allumé par quelqu'un qui n'est pas mentionné.

■ Le **patient** et la **victime** subissent l'action intentée par l'agent :
> (1) Pierre a conduit Marie au restaurant.
> (2) Marie a critiqué le travail du potier étrusque.

(3) Les potiers étrusques fabriquaient des statues.

(4) Marie a cassé la statue étrusque de Pierre.

Le rôle d'agent est tenu respectivement par (1) « Pierre », (2) « Marie », (3) « les potiers », (4) « Marie ».

Le rôle de patient ou de victime est respectivement tenu par :

en (1), « Marie » (patient) ;

en (2), « le travail du potier » (patient) ;

en (3), « des statues » (patient) ;

en (4), « la statue étrusque » (victime).

■ On comprendra mieux le système de la **voix passive** (ou « diathèse »), grâce à cette distribution des rôles autour du nœud verbal.

La voix passive met en évidence le rôle de patient/victime de l'action.

L'agent qui est responsable de l'action peut être facilement estompé :

(1) Marie a été conduite au restaurant (par Pierre).

(2) Ce vase étrusque a été cassé (par Marie), puis réparé (par un spécialiste).

La voix passive peut, en quelque sorte, oblitérer la responsabilité de l'agent.

Ce qui est mis en évidence et souligné, ce sont les résultats de l'action :

Un homme a été gravement blessé dans un accident de la route.

Ce matin, cent personnes ont été arrêtées et gardées à vue ; elles seront expulsées du pays dans les jours qui viennent.

L'intention du locuteur qui privilégie la voix passive consiste à mettre en focalisation des résultats, c'est-à-dire des faits observables.

D'où la fréquence de cette tournure dans les écrits journalistiques qui recherchent avant tout une certaine objectivité.

Cela peut entraîner des distorsions syntaxiques et sémantiques du type :

Le ministre du Commerce a été démissionné.

Selon le dictionnaire, le verbe « démissionner », verbe du « causer à soi-même », est la responsabilité d'un agent qui agit de lui-même, sur lui-même (cf. descendre, sortir, marcher... types de verbes intransitifs) :

Le ministre du Commerce a démissionné.　(accompli)

↓

*Il est démissionné.　(résultatif)

↓

Il est démissionnaire.　(résultat)

Le résultat serait normalement : « X n'est plus ministre du Commerce », puisque le verbe « démissionner » fait partie de la catégorie des verbes du « causer à soi-même ».

Or, la forme passive (a été + participe passé), appliquée à ce type de verbes, laisse entendre que le ministre du Commerce n'est pas l'agent, mais la victime d'une action intentée sur lui par un supérieur (le Premier ministre, par exemple).

Du coup, par la seule volonté du journaliste, le verbe « démissionner » passe dans la catégorie des verbes du « causer à autrui ». (Il est vrai que le dictionnaire *Le Robert* signale l'existence d'un « démissionner », transitif a *valeur ironique*). De proche en proche, on peut envisager les manipulations d'intention que peuvent autoriser les tournures à la voix passive.

238

■ D'un point de vue formel, la **voix passive** peut se réaliser de trois manières :

      (1) Le vase étrusque **a été cassé** par Marie.

      (2) Le vase étrusque **a été cassé** (il est cassé).

      (3) Les vases étrusques sont fragiles, ils **se cassent** facilement.

La voix passive est complète en (1) : elle mentionne l'agent et la victime.

À la voix passive, le verbe est conjugué avec l'auxiliaire *être* dont le sujet grammatical est le patient ou la victime.

La préposition *par* précède le nom de l'agent responsable de l'action.

En (2), ne sont considérés que la/le victime/patient et le résultat de l'action. Le verbe est conjugué avec l'auxiliaire *être,* dont le sujet grammatical est le patient ou la victime. Il n'est pas fait mention de l'agent.

En (3), on découvre la voix passive pronominale, appelée aussi « voix moyenne ». Les victimes ou les patients semblent agir sur eux-mêmes, grâce à la forme verbale de type réfléchi (se + verbe).

• On peut s'interroger sur l'effet produit par des énoncés du type :

      Les femmes **se vexent** facilement.

      Les enfant **s'éduquent** difficilement.

      Les vases cassés peuvent **se réparer** sans peine.

Ces tournures semblent rendre le patient ou la victime responsables de leur propre sort.

Il est vrai que la *forme pronominale à valeur passive* ne s'emploie, le plus souvent, qu'avec des patients non humains :

      Cette année, les bijoux en or se vendent très cher.

      Les meubles se fabriquent en bois.

      Ces plantes d'appartement s'arrosent une fois par semaine.

• Seule la *voix passive complète* semble exposer objectivement les différents rôles d'agent et de patient :

      Un piéton a été fauché par un camion.

Pourtant, sur ce simple exemple tiré d'un quotidien du jour, on réfléchira à l'absence linguistique du véritable responsable, celui qui conduisait le camion.

Par voie de conséquence, il serait prudent d'examiner avec attention toute tournure passive.

L'objectivité journalistique, qui ne s'intéresse qu'aux résultats observables, peut en fin de compte aboutir à l'effacement, pur et simple, de la responsabilité des agents.

• Lorsqu'une langue-culture, par jeu métaphorique, autorise, subconsciemment, la confusion entre sujet grammatical et rôles actanciels, il est possible que cela pose certains problèmes de sens aux apprenants étrangers, habitués à une autre vision du monde.

Voici d'autres exemples qui ne concernent pas directement la voix passive, mais dans lesquels ce phénomène d'effacement des **agents responsables** est manifeste :

      La maison de Marie a brûlé.

      (**Quelqu'un** a mis le feu à la maison.)

      Cette voiture fait du 150 à l'heure.

      (**Je** fais du 150 à l'heure avec cette voiture.)

La cigarette nuit gravement à la santé.

(**Celui** qui fume la cigarette nuit à sa santé.)

Les pluies acides ont ravagé les forêts des Vosges.

(Les **industriels** polluent l'atmosphère avec les émanations acides de leurs usines ; ce qui a pour résultat la destruction des forêts.)

La façon culturelle, dont une langue découpe le monde et l'explique, peut effacer la responsabilité des **agents réels** qui, eux, peuvent n'être pas directement nommés.

Ce qui est mentionné n'est, la plupart du temps, que l'adjuvant (celui qui aide ou participe) ou l'instrument (l'objet utilisé par l'agent pour accomplir son action).

Les véritables **agents responsables** ne seront que rarement cités directement :

En août 1988, Greenpeace dénonçait la présence d'**algues,** de **coquillages** et de **poissons** légèrement contaminés.

Pollution des eaux. Les responsables ? Les **engrais** des agriculteurs, les **phosphates** des lessives ménagères.

La commune de Latte étouffe sous les 400 000 tonnes d'ordures que lui envoie annuellement **Montpellier.**

Côte d'Azur, les Verts dénoncent dans cette région des **projets de complexes touristiques** qui risquent de « dénaturer » le paysage.

D'après *Le Point,* avril 1989.

• Les indéfinis **on** et **quelqu'un,** sujets d'un verbe à la voix active, permettent d'éviter (volontairement ou non) l'identification de l'agent responsable du procès :

On a coupé les arbres place du Tertre. (La municipalité ?)

On a forcé ma porte et cambriolé mon appartement. (Quelqu'un, mais qui ?)

À PROPOS DU SAVOIR-FAIRE

▶ D'un point de vue de l'enseignement/apprentissage du FLE, il semble indispensable de veiller à l'aspect sémantique des rôles, responsables, patients, victimes, adjuvants ou instruments de l'action exprimée par le nœud verbal.

En effet, ces raccourcis que l'on observe en français dans la mention des agents n'existent pas nécessairement dans toutes les langues. Ce phénomène peut donc entraver la compréhension.

N'insister que sur le sujet grammatical du verbe conduit à réduire considérablement la portée des informations lues ou entendues.

Certes, les gens sont assez intelligents pour se dire que des humains sont les véritables responsables.

Mais il pourrait être utile que cela soit explicité en classe par des **exercices de reformulation** qui remettent directement en cause les véritables agents.

▶ Dans certaines langues, la voix passive n'implique pas seulement l'agent et son/sa patient/victime, comme c'est le cas en français.

En anglais, par exemple, il est possible de dire :

*Les travailleurs immigrés ont été donné 10 000 francs pour quitter le pays.

En anglais, le **destinataire** (donner quelque chose **à quelqu'un**) est susceptible de devenir le sujet de la voix passive, ce qui n'est pas le cas en français.

• À ce propos, on constatera que l'absence de cette passivation en français est un phénomène culturel que l'on peut interroger.
La phrase précédente, marquée d'un astérisque parce qu'elle est incorrecte en français, se traduirait par :

> Ils ont reçu 10 000 francs pour quitter le pays.
> On leur a donné 10 000 francs pour quitter le pays.
> L'État/gouvernement leur a donné 10 000 francs pour quitter le pays.
> 10 000 francs leur ont été donnés pour quitter le pays.
> Ils se sont vu donner 10 000 francs pour quitter le pays.

Phrases pour lesquelles le destinataire (les travailleurs immigrés) n'est jamais mis en position de patient ou de victime, bien que fondamentalement on puisse penser que ce soit le cas, comme l'exprime clairement la langue anglaise.

▶ La voix passive n'est pas qu'une simple formule de transformation grammaticale. Elle véhicule du sens, elle répond à des intentions, à une volonté d'objectivité ou à une crainte de nommer directement les véritables responsables des verbes du **causer à autrui.**
On ne transforme pas n'importe quel énoncé de la voix active à la voix passive, sans réfléchir aux effets produits en discours.
Avant de faire faire un tel exercice de transformation, il faudrait peut-être examiner la nécessité psychologique, sociale ou idéologique de cette transformation à la voix passive.
Plutôt que de prendre des phrases du type « le chat mange la souris », pour expliquer la voix passive par la transformation « la souris est mangée par le chat », l'enseignant répondrait mieux aux exigences notionnelles et conceptuelles de ses apprenants en constituant un corpus de phrases à la voix passive relevées dans un journal français, pour en analyser le **sens** en fonction des **rôles actanciels** joués par les mots.
Il serait aussi utile que les apprenants puissent retrouver les **agents responsables** des actions, chaque fois que ceux-ci sont (intentionnellement ou non) effacés du discours.

4. La nominalisation

CE QU'IL FAUT SAVOIR

■ À partir de noms **déverbaux,** on peut avoir de façon synthétique une **action** et donc des **rôles actanciels.**
Par exemple, dans les grands titres des journaux, on peut lire :

> **Changements** au sein de l'équipe gouvernementale.
> **Démission** du ministre du Commerce.

Nomination de P.V. Knock au ministère de la Santé.

Pollution de la Méditerranée.

Un **détournement** d'avion la veille de Noël.

Remboursement des frais médicaux.

Déclaration du Premier ministre.

Nouvelles **obligations** des employeurs.

L'**attribution** du prix Goncourt.

Ouverture ou **fermeture** des magasins le dimanche ?

Réception du Président américain.

Réduction des impôts.

Cambriolage de la BNL.

Détournement de fonds.

Élections à la Chambre des députés.

Accusation du juge Pertuis.

La **crainte** des SDF.

Tous les noms déverbaux sont le résultat d'une transformation d'un verbe en nom :

Le train **partira** à 15 heures. → **Départ** du train à 15 heures.

Ces noms déverbaux expriment bien une action, au même titre qu'un verbe. L'action ainsi exprimée est sous la responsabilité d'un agent et fait subir ses effets et ses résultats sur des patients ou des victimes.

On doit donc pouvoir retrouver ces rôles actanciels, qu'ils soient ou non exprimés.

En général, le contexte permet de savoir qui est l'agent et qui est le patient de l'action. Mais, on peut parfois avoir des doutes…

Observez par exemple dans :

– « Réception du Président américain » : est-ce qu'il s'agit d'une réception donnée *par* le Président américain ou d'une réception donnée *en son honneur*, lors d'une visite officielle ?

En d'autres termes, le Président est-il l'agent ou le bénéficiaire de l'action ?

De même dans :

– « Élections à la Chambre des députés » : les députés ont-ils élu quelqu'un ou se sont-ils fait élire ?

– Il semble évident, cependant, que la BNL (qui est une banque) n'est pas l'agent mais la victime de « cambriolage ». La banque a été cambriolée.

– Il est clair aussi que le Premier ministre est bien l'agent de la déclaration : c'est lui qui a déclaré quelque chose.

Selon les nominalisations, on peut retrouver soit un agent soit un patient.

En d'autres termes, une nominalisation peut avoir pour phrase de base une voix active ou une voix passive.

Observez cependant, dans :

– « Accusation du juge Pertuis » : faut-il entendre que le juge est l'agent (il a accusé quelqu'un) ou le patient (il a été accusé) ?

Hors contexte, on ne peut pas décider du sens définitif à donner à cette nominalisation.

Le cas est encore plus flagrant dans :

– « La crainte des SDF » : ont-ils peur ou font-ils peur ?

▶ Dans un cours de FLE, l'enseignant tiendra compte, au cours des compréhensions écrites, de la présence des nominalisations.

Il aura la prudence de faire rechercher la phrase de base de ces nominalisations, pour vérifier qu'aucune erreur de sens ne se glisse dans la transformation possible en voix active ou voix passive.

De temps en temps, des exercices de **transformation** pourraient être donnés, pour que les apprenants apprennent soit à trouver la nominalisation, soit à passer d'une nominalisation à la voix active ou passive.

Par exemple :

> (1) La caisse d'assurance maladie **rembourse** vos frais de médicaments.

Nominalisation :

> **Remboursement** des frais de médicaments par la caisse d'assurance maladie.

> (2) France 3 : **organisation** d'un débat télévisé sur le sida.

Phrase de base :

> France 3 **organise** un débat télévisé sur le sida.

> (3) **Nomination** d'un nouveau Premier ministre.

Phrases de base :

> Un nouveau Premier ministre **a été nommé.**
> Le Président **a nommé** un nouveau Premier ministre.

> (4) La grande **peur** des jeunes banlieusards.

Phrases de base :

> Les jeunes banlieusards **ont (eu) peur.** (?)
> On **a (eu) peur** des jeunes banlieusards. (?)
> La population **fait peur** aux jeunes banlieusards. (?)
> Les jeunes banlieusards **font peur** à la population. (?)

Chacune de ces transformations donnerait lieu à une explication ou à une justification de l'interprétation proposée par les apprenants.

Les phénomènes linguistiques de la voix passive et de la nominalisation devraient permettre, dans chaque classe de FLE, une activité d'interprétation des **rôles actanciels,** que ceux-ci soient ou non exprimés en langue.

Comme le démontre l'analyse du discours, s'il est un lieu où les intentions de communication peuvent être ambiguës, c'est bien dans toutes ces structures découlant de la voix passive.

Il est donc indispensable de les interpréter à haute voix dans une classe de FLE.

5. Les verbes factitifs

■ On appelle ainsi des constructions verbales mettant en scène, en plus d'un agent (explicite ou implicite), un autre rôle commanditaire, décideur ou même victime, toujours sujet grammatical :

> Marie **a fait repeindre** sa maison.
> Les Boli **ont laissé partir** leur chauffeur.
> Les parents **ont fait garder** leurs enfants pendant les vacances.
> Je **me suis fait mettre** en congé maladie.
> Je **les ai laissé partir** dans les Alpes.
> Pierre et Marie **font travailler** leurs employés.
> Les enfants **font écouter** leurs disques à leurs copains.
> Tu **as fait rire** tes invités.
> Tu **t'es fait voler !**

• À la simple lecture de ce corpus, on observe que :

1. La construction factitive exige le verbe *faire* ou le verbe *laisser* comme auxiliaire (ou semi-auxiliaire).

2. *Faire* et *laisser,* dans ces constructions, sont suivis d'un infinitif.

3. Les rôles actanciels de ces phrases peuvent être très différents.

■ À partir du corpus proposé plus haut, étudions les rôles actanciels dans les constructions factitives avec le semi-auxiliaire *faire.*
On constate qu'on voit presque toujours qui est le **rôle commanditaire** de l'action. Mais est-ce bien toujours le cas ?

> (1) Marie a fait repeindre sa maison.

signifie que « Marie », le rôle commanditaire, à demander à x qu'il repeigne sa maison.

> (2) Pierre et Marie font travailler leurs employés.

signifie que « Pierre et Marie » sont les commanditaires d'un travail exécuté par les employés, qui sont les véritables agents de l'action « travailler ».
Cette fois, l'agent réel de l'action est nommé : leurs employés.

> (3) Les parents font garder leurs enfants pendant les vacances.

Si les commanditaires sont bien « les parents » et, « leurs enfants », les patients de l'action, il n'est pas fait mention de l'agent (celui ou celle qui garde les enfants).

> (4) Les enfants font écouter des disques à leurs copains.

Dans cet exemple, « les enfants » sont les commanditaires de l'action, alors que « des disques » sont les patients (ou victimes) et, « leurs copains », les agents du verbe « écouter ».
La paraphrase pourrait être :

> Les enfants font en sorte que leurs copains écoutent des disques.

> (5) Tu as fait rire tes invités.

signifie :
a. ou bien que « tu » est le commanditaire et « tes invités » l'agent du verbe « rire » ;
b. ou bien que « tu » est la victime et la cause involontaire du rire des invités.
Les paraphrases respectives seraient :

> a'. Tu as fait en sorte que tes invités rient.
> b'. Tes invités ont ri de toi.

Donc, selon le contexte, le commanditaire apparent de l'action peut se transformer en simple victime.

(6) Tu t'es fait voler.

représente un cas flagrant d'absence de commanditaire ! Cet énoncé se paraphrase par :

Tu as été victime d'un vol.

Et non pas par :

Tu as fait en sorte qu'on te vole (ce qui ne serait pas très raisonnable !).

Conclusion : dans une construction factitive avec *faire,* le sujet grammatical du verbe *faire* n'est pas toujours le commanditaire de l'action du verbe à l'infinitif, il peut en être le patient ou la victime.

• Lorsque le nom qui suit directement ces constructions factitives est pronominalisé, le pronom prend la forme du pronom personnel COD et se place devant le verbe *faire,* semi-auxiliaire :

Elle **la** fait repeindre.

Ils **les** font garder pendant les vacances.

Ils **les** font travailler.

Ils **les** font écouter à leurs copains.

Tu **les** fais rire.

• Lorsque c'est le nom précédé de **à** qui est pronominalisé, le pronom prend la forme du pronom personnel destinataire (CDtaire) :

Ils **leur** fait écouter des disques. (à ses amis)

Il **lui** a fait porter des fleurs. (à Marie)

Ainsi, bien que la forme en surface soit identique, seule une analyse des **rôles actanciels** peut expliciter le sens profond de ces tournures où, selon la signification de la phrase, le COD peut être agent, patient ou victime et le CDtaire agent ou destinataire du procès exprimé par le verbe à l'infinitif.

• Rappelons qu'en cas de pronominalisation du COD, il n'y a pas d'accord du participe passé avec ce COD, bien qu'il soit placé devant l'auxiliaire *avoir* :

Marie **l'**a **fait** repeindre.

Ils **les** ont **fait** garder.

Ils **les** ont **fait** écouter à leurs copains.

• Par un phénomène d'hypercorrection, on peut entendre des Français faire cet accord du participe passé de *faire,* dans sa fonction de semi-auxiliaire, mais c'est un non respect de la norme :

*Mes vitres, je les ai *faites laver par un jeune au chômage.

■ Se faire faire.

Ce verbe factitif présente certaines particularités car le rôle de **commanditaire** exprimé généralement par le sujet grammatical est accompagné d'un pronom personnel complément dont le rôle actanciel est souvent bien différent, quoique sujet grammatical et complément grammatical réfèrent tous deux à la même personne.

Les doubles pronoms personnels ont un rôle de commanditaire, de patient, de victime ou de bénéficiaire :

> **Je me** suis fait mettre en congé maladie. (commanditaire et bénéficiaire)
>
> **Je me** suis fait faire une maison. (commanditaire et bénéficiaire)
>
> **Tu t'**es fait voler. (pas de commanditaire, mais une simple victime)
>
> **On s'**est fait mordre. (pas de commanditaire, mais de simples victimes)
>
> **Ils se** sont fait opérer de l'appendicite. (commanditaires et patients)
>
> Est-ce que **vous vous** êtes fait gronder ? (patients ou victimes)
>
> **Je me** suis fait couper les cheveux. (commanditaire et bénéficiaire)

■ Les constructions factitives avec le semi-auxiliaire **laisser.**

Dans ces constructions, il n'y a pas de rôle commanditaire.

Le sujet grammatical du semi-auxiliaire *laisser* est soit un rôle de **patient/victime,** soit un rôle de **décideur** auquel on soumet un problème :

> (1) Les Boli ont laissé partir leur chauffeur.

signifie que le rôle (les Boli) n'a pas été capable de retenir l'agent (leur chauffeur) à son service.

En d'autres termes, l'agent « chauffeur » a laissé tomber le patient/victime « les Boli ».

On pourrait aussi penser que « les Boli » ont été les décideurs d'un départ qu'ils ont accepté :

> Les Boli ont accepté que leur chauffeur parte.

> (2) Leurs parents les ont laissé partir dans les Alpes.

signifie que le décideur (leurs parents) a permis à l'agent (les) qu'il parte dans les Alpes.

Une autre lecture est également possible où « leurs parents » serait un patient/victime de l'agent « les ». La paraphrase serait alors :

> Leurs parents n'ont pas été capables de les empêcher de partir.
>
> Ils sont partis sans que leurs parents puissent les retenir.

En ce cas, le sujet grammatical du semi-auxiliaire *laisser* a un rôle actanciel de patient/victime.

■ **Se laisser faire.**

Dans cette construction, le sujet grammatical de *laisser* n'a pas nécessairement le rôle de décideur ou d'agent, il peut être patient, victime ou bénéficiaire :

> Il s'est laissé entraîner dans des cambriolages.
>
> Elle s'est laissée tomber.
>
> Elle s'est laissé marier à un vieil ami de son père.
>
> Elle s'est laissé offrir une Rolls.
>
> Ils se sont laissés mourir de faim.

• Si le sujet grammatical est l'**agent** (le responsable) des deux verbes, on fait l'accord au participe passé :

> Elle s'est laiss**ée** tomber.
>
> Ils se sont laiss**és** mourir de faim.

Si le sujet grammatical est le **patient,** la **victime** ou le **bénéficiaire** d'une action intentée par un agent extérieur, il n'y a pas d'accord du participe passé de *laisser* :

> Elle s'est laissé marier à un vieil ami de son père.
>
> Elle s'est laissé offrir une Rolls.

■ On rapprochera **se laisser faire** de **se voir** suivi d'un infinitif :

> Elle s'est vu refuser l'entrée en faculté.
>
> Ils se sont vu interdire un séjour dans ce pays.
>
> Elle s'est vue tomber.
>
> Ils se sont vus gagner au loto.

À PROPOS DU SAVOIR-FAIRE

▶ Les constructions factitives ne sont pas faciles à maîtriser par les apprenants étrangers.

Aussi faudra-t-il penser à **paraphraser** ces énoncés pour s'assurer que les apprenants comprennent bien les différents **rôles actanciels** qui peuvent s'y rencontrer, surtout si ces différents rôles se réfèrent à la même personne.

L'essentiel consiste toujours à faire en sorte que les apprenants ne confondent pas la fonction grammaticale (sujet/objet) avec les rôles actanciels (commanditaire, décideur, agent, bénéficiaire, patient, victime, instrument de l'action).

D'un point de vue pédagogique, on se rappellera que les rôles actanciels seront toujours plus concrètement compréhensibles aux apprenants étrangers que ne le sont nos termes grammaticaux de « sujet » et « complément ».

Lors d'une activité de compréhension écrite, l'enjeu des intentions de communication ne sera perceptible qu'à partir de ces rôles actanciels explicites ou implicites.

Il s'agit donc d'utiliser, dans les classes de langue, les bases d'une grammaire sémantique qui facilite la saisie du sens de la plupart des discours, et en particulier des discours journalistiques.

RÉFÉRENCES BIBLIOGRAPHIQUES

1. Grammaires et ouvrages de référence :

ARRIVÉ, M. ; GADET, F. ; GALMICHE, M. : *La Grammaire d'aujourd'hui,* Paris : Flammarion, 1986.

BACHMANN, C. ; LINDENFELD, J. ; SIMONIN, J. : *Langage et Communications sociales,* Paris : Hatier/Didier-Crédif, coll. LAL, 1981.

BATESON, G. ; RUESCH : *Communication et Société* (trad.), Paris : Seuil, 2ᵉ édition, 1988.

BENVÉNISTE, É. : *Problèmes de linguistique générale, 1,* Paris : Gallimard, 1966.

BERRENDONNER, A. : *Éléments de pragmatique linguistique,* Paris : Minuit, 1981.

BOYER, H. : *Éléments de sociolinguistique,* Paris : Dunod, 1991.

BRONCKART, J.-P. : *Théories du langage,* Bruxelles : Pierre Mardaga éditeur, 1977.

BRUNOT, F. : *La Pensée et la Langue,* Bruxelles : Masson et Cie, 1922.

CHARAUDEAU, P. : *Langage et Discours, éléments de sémiolinguistique,* Paris : Hachette-Université, 1983.
La Grammaire du sens et de l'expression, Paris : Hachette-Éducation, 1992.

CHEVALIER, J.-C. ; BLANCHE-BENVÉNISTE, C. ; ARRIVÉ, M. ; PEYTARD, J. : *Grammaire du français contemporain,* Paris : Larousse, 1964.

COURTILLON, J. : *Grammaire,* in *Un Niveau-seuil,* Paris : Hatier/Didier, 1976.

DOWNES, W. : *Language and Society,* Londres : Fontana Paperbacks, 1984.

DUCROT, O. : *Dire et ne pas dire,* Paris : Hermann, 1972.
Les Mots du discours, Paris : Minuit, 1980.

FILLMORE, Ch.-J. : *Case for case, Universals in Linguistic Theory,* Halt, 1968.

FRANÇOIS, F. (éd.) : *Linguistique,* Paris : PUF, 1980.

FUCHS, C. ; LE GOFFIC, P. : *Initiation aux problèmes des linguistiques contemporaines,* Paris : Hachette-Université, 1975.

GREIMAS, A.-J. : *Sémantique structurale,* Paris : Larousse, 1966.

GREVISSE, M. : *Le Bon Usage, grammaire française,* Gembloux (Belgique) : Duculot, 9ᵉ édition, 1969.

GUILLAUME, G. : *Temps et Verbes. Théorie des aspects, des modes et des temps,* Paris : Champion, 1929.

GUMPERZ, J. (éd.) : *Language and Social Identity,* Cambridge : CUP, 1982.

HYMES, D. : *Foundations in Sociolinguistics, An Ethnographic Approach,* Philadelphia : University of Pennsylvania Press, 1974.

JAKOBSON, R. : *Essais de linguistique générale* (trad.), Paris : Minuit, 1963.

KERBRAT-ORECCHIONI, C. : *Les Interactions verbales,* tomes I, II, III, Paris : Armand Colin, 1990-1994.

KORZYBSKI, A. : *Le Rôle du langage dans les processus perceptuels,* New York : The International Non-Aristotelian Library Publishing Company, 1965.

LABOV, W. : *Sociolinguistique* (trad.), Paris : Minuit, 1976.

LE GOFFIC, P. : *Grammaire de la phrase française,* Paris : Hachette-Éducation, 1993.

LE QUERLER, N. : *Précis de syntaxe française,* Presse Universitaire de Caen, 1994.

MAINGUENEAU, D. : *Initiation aux méthodes de l'analyse du discours,* Paris : Hachette-Université, 1976.
Nouvelles Tendances en analyse du discours, Paris : Hachette-Université, 1987.
Précis de grammaire pour examens et concours, Paris : Bordas, 1991.
Syntaxe du français, Paris : Hachette-Supérieur, 1994.

MEUNIER, A. : « Modalités et Communication » in *Langue française* 21, Paris : Larousse.

MOIGNET, G. : *Systématique de la langue française,* Paris : Klincksieck, 1981.

MOREL, M.-A. ; DANON-BOILEAU (éd.) : *La deixis,* Paris : PUF, 1992.

MOUNIN, G. : *Introduction à la sémiologie,* Paris : Minuit, 1970.

POTTIER, B. : *Linguistique générale,* Paris : Klincksieck, 1974.

RÉCANATI, F. : *Les Énoncés performatifs,* Paris : Minuit, 1981.

RIEGEL, M. ; PELLAT, J.-Ch. ; RIOUL, R. : *Grammaire méthodique du français,* Paris : PUF, 1994.

SAUCET, M. : *La Sémantique générale aujourd'hui,* Paris : Le Courrier du livre, 1987.

TESNIÈRE, L. : *Éléments de syntaxe structurale,* Paris : Klincksieck, 1959.

ULLMANN, S. : *Précis de sémantique française,* Berne : Éditions A. Francke, 1952.

WAGNER, R.-L. ; PINCHON, J. : *Grammaire du français classique et moderne,* Paris : Hachette-Université, 1962.

WALTER, H. : *Le Français dans tous les sens,* Paris : Robert Laffont, 1988.

WATZLAWICK, P. ; HELMICK-BEAVIN, J. ; JACKSON, D. : *Une Logique de la communication* (trad.) Paris : Seuil, 1972.

WEINRICH, H. : *Grammaire textuelle du français,* Paris : Alliance française - Didier/Hatier, 1989.

WHORF, B.-L. : *Linguistique et Anthropologie* (trad.), Paris : Denoël/Gonthier, 1969.

2. Grammaires et ouvrages spécialisés de français langue étrangère :

BÉRARD, É. : *L'Approche communicative, théorie et pratiques,* Paris : Clé International, 1991.

BÉRARD, É. ; LAVENNE, Ch. : *Grammaire utile du français,* Paris : Hatier/Didier, 1989.

BESSE, H. ; PORQUIER, R. : *Grammaire et Didactique des langues,* Paris : Hatier/Didier-Crédif, coll. LAL, 1984.

BESSE, H. : *Méthodes et Pratiques des manuels de langue,* Paris : Didier-Crédif, coll. Essais, 1985.

Bolton, S. : *Évaluation de la compétence communicative en langue étrangère,* Paris : Hatier/Didier-Crédif, coll. LAL, 1987.

Boyer, H. et *alii* : *Nouvelle Introduction à la didactique du français langue étran-gère,* Paris : Clé International, 1990.

Callamand, M. : *Grammaire vivante du français,* Paris : Larousse, 1987.

Chuilon, C. : *Grammaire pratique, le français de A à Z,* Paris : Hatier/Didier, 1986.

Courtillon, J. ; Salins, G.-D. de : *Libre Échange 1,2,3,* méthode de français, Paris : Hatier/Didier, 1991-1993.

Dalgalian, G. ; Lieutaud, S. ; Weiss, F. : *Pour un nouvel enseignement des langues,* Paris : Clé International, 1981.

Dupré la Tour, S. ; Salins, G.-D. de : *Premiers Exercices de grammaire,* Paris : Hatier/Didier, 1983.

Gaonac'h, D. : *Théorie d'apprentissage et Acquisition d'une langue étrangère,* Paris : Hatier/Didier-Crédif, coll. LAL, 1987.

Le Français dans le monde, numéro spécial, février-mars, 1989 : *Et la grammaire ?*

Moirand, S. : *Enseigner à communiquer en langue étrangère,* Paris : Hachette, coll. F., 1982.

Monnerie, A. : *Le Français au présent,* Paris : Alliance française-Hatier/Didier, 1987.

Porquier, R. : *Progression didactique et Progression d'apprentissage : quels critères ?* in *Études de linguistique appliquée* 16, 1974.

Salins, G.-D. de : « Le Statut de la troisième personne » in *Le Français dans le monde* 213, 1987.
Une Approche ethnographique de la communication, rencontres en milieu parisien, Paris : Hatier/Didier-Crédif, coll. LAL, 1988.
Une Introduction à l'ethnographie de la communication, pour la formation à l'enseignement du FLE, Paris : Didier, 1992.

Salins, G.-D. de ; Dupré la Tour, S. : *Nouveaux Exercices de grammaire,* Paris : Hatier/Didier, 1988.
Exercices de grammaire-perfectionnement, Paris : Hatier/Didier, 1988.

Tagliante, Ch. : *L'Évaluation,* Paris : Clé International, 1991.

Zarate, G. : *Représentations de l'étranger et Didactique des langues,* Paris : Didier-Crédif, coll. Essais, 1993.

GLOSSAIRE

ACCENT TONIQUE : accent caractéristique du groupe rythmique. Un groupe rythmique se caractérise par la présence d'un accent tonique sur la voyelle de la dernière syllabe prononcée (je t'**ai**me ; je ne t'aime p**as**).

ACCOMPLI : vision du procès après le déroulement.

ACCOMPLISSEMENT : vision du procès en déroulement.

ACTE DE PAROLE : acte social réalisé par les mots énoncés. L'invitation (venez chez moi), le refus (je ne suis pas libre), l'acceptation (j'irai avec plaisir), le conseil (vous ne devriez pas faire cela), le remerciement (merci beaucoup) sont des actes de parole.

ACTUALISATION DU NOM COMMUN : opération conceptuelle par laquelle un nom virtuel est mis en service dans le langage (l'article et d'autres prédéterminants du nom permettent d'actualiser un substantif).

ADJECTIF APPRÉCIATIF : attribue une qualité subjective à un référent (une merveilleuse histoire/une histoire merveilleuse).

ADJECTIF CLASSIFIANT : établit les propriétés distinctives, et donc classifiantes (en termes « de classe d'êtres »), d'un référent (un apprenant étranger ; un élève français ou un élève marocain ; le drapeau bleu, blanc, rouge).

ADJECTIF RELATIONNEL : formé à partir d'un nom (un discours présidentiel → un discours « de président » ou « du président » ; des élections municipales → « de la municipalité »).

ADJECTIF SPÉCIFIQUE : recouvre à la fois la notion d'adjectif classifiant et d'adjectif relationnel. Il spécifie objectivement un type de référent dans une classe d'êtres (une table ronde/une table carrée).

ADVERBIALISATION : constitution d'une forme à valeur adverbiale (il a écouté **avec patience**).

ALVÉOLAIRE : phonème dont le point d'articulation se situe au niveau des alvéoles des dents supérieures.

ANIMÉ : substantif se référant à un être animé (les **enfants** courent).

ARTICLE ZÉRO : absence ou effacement de l'article défini ou indéfini, dans certains cas.

ARTICULATION ANTÉRIEURE : le point d'articulation se situe en avant de la cavité buccale.

ARTICULATION POSTÉRIEURE : le point d'articulation se situe à l'arrière de la cavité buccale.

ARTICULATION RÉTROFLEXE : le [l] et le [r] des anglophones sont rétroflexes. La pointe de la langue est dirigée vers le milieu du palais.

ASPECT : vision donnée par le locuteur quant au déroulement du procès du verbe.

AUTOCORRECTION : correction par l'apprenant lui-même de ses productions écrites ou orales.

AXE PARADIGMATIQUE : axe vertical sur lequel peuvent se faire les opérations de substitution (paradigme du pronom personnel sujet).

AXE SYNTAGMATIQUE : axe horizontal sur lequel les mots sont concomitants et non substituables. La suite syntaxique, sujet + verbe + complément, est un exemple d'axe syntagmatique.

CALQUE : traduction littérale (ou mot à mot) d'une structure grammaticale de la langue maternelle (« * je suis faim », dit par un anglophone).

CODE ORAL : langue parlée par une communauté linguistique. Le code oral a ses propres règles de morphosyntaxe qui se distinguent nettement de celles du code écrit.

COHÉRENCE : organisation logique interne du discours écrit ou oral (liée aux connaissances partagées des participants). « Il l'a mis ici » est cohérent pour les participants de la communication, mais ne l'est pas nécessairement pour le lecteur.

COHÉSION : respect des règles (syntaxiques et sémantiques) de la grammaire textuelle, pour que le texte soit compréhensible au lecteur (– Où **Pierre** a-t-il mis **son stylo** ? – Mais **il** l'a mis ici !).

COMPLÉMENT DE NOM : expansion nominale du nom. Mise en relation de deux noms (**l'industrie du pétrole** crée toujours des emplois).

COD : sigle du complément d'objet direct d'un verbe transitif direct (je **la** regarde).

COI : sigle du complément d'objet indirect d'un verbe régi par une préposition dite souple (elle **lui** ressemble).

COS : sigle du complément d'objet second, ou destinataire, d'une transaction (je **lui** donne une orange).

CP : sigle du complément du verbe régi par une préposition dite rigide (elle tient **à lui**).

COMPTABLE : que l'on peut dénombrer.

CONCEPTUALISATION : exercice qui consiste à réfléchir sur un corpus d'exemples appropriés pour y découvrir une règle de fonctionnement grammatical.

CONSONNE SONORE : [b], [d], [g], [v], [z], [ʒ] sont des consonnes sonores (vibration des cordes vocales pendant l'émission).

CONSONNE SOURDE : [p], [t], [k], [f], [s], [ʃ] sont des consonnes sourdes (pas de vibration des cordes vocales pendant leur émission).

CONTENU FONCTIONNEL : les différentes formulations d'actes de parole contenues dans un dialogue pédagogique ou dans tout autre type de discours.

CONTEXTE : les circonstances socioculturelles dans lesquelles sont énoncées des paroles : qui parle à qui, avec quelle intention et dans quel but.

CONTINU/DISCONTINU : accomplissement/accompli.

COOCCURRENTS : morphèmes qui s'appellent mutuellement. On les trouve généralement associés dans un énoncé (c'est **le plus bel** homme que j'**aie** connu → le superlatif et le subjonctif sont cooccurrents).

COPULE : verbe « être » conjugué, placé entre le sujet et l'attribut (la ville **est** belle). La copule ne se manifeste pas obligatoirement dans toutes les langues.

CORÉFÉRENTIELS : pronoms ou noms renvoyant au même référent.

CORPUS : série d'énoncés où se manifestent les différences d'emplois et de valeurs d'un microsystème grammatical où d'un point de grammaire (À **Pierre** ? Elle pense constamment à **lui**./À **son travail** ? Elle n'**y** pense jamais).

DÉCODAGE : le fait de « comprendre » le sens d'un message oral.

DÉICTIQUE : valeur monstrative de certains mots grammaticaux : ici/là. Les démonstratifs et l'article défini peuvent avoir une valeur déictique (mettez **ce** journal **ici** ; regardez l'avion, **là-bas**).

DÉLABIALISATION : les lèvres sont écartées pour prononcer un phonème délabialisé comme [i], [e], [ɛ].

DÉMONSTRATIF : déterminant du nom : ce/cette/ces. Pronom : celui/celle/ceux.

DÉNASALISATION : transformation d'une voyelle nasale en voyelle orale + consonne nasale (cert**ain** → cert**aine**).

DÉPENDANCE : rapport de dépendance ou mise en relation de deux noms, notamment par l'intermédiaire d'un déterminant possessif.

DÉROULEMENT : ensemble des étapes du procès (prospectif, progressif, rétrospectif).

DÉSINENCES : marques de la personne, du temps et du mode dans les terminaisons du verbe.

DESTINATAIRE : celui ou celle qui reçoit l'objet de transaction (je le **lui** ai donné).

DÉTERMINANT : mot grammatical ou lexical qui permet d'actualiser ou de qualifier un nom. « Le, ce, du, un » déterminent un nom masculin. L'adjectif est aussi un déterminant du nom (un **joli petit** garçon).

DIACHRONIE : évolution de la langue dans le temps. S'oppose à synchronie.

DIATHÈSE : voix passive.

DISCOURS/HISTOIRE : selon la terminologie de É. Benvéniste, discours = lié à l'énonciation, histoire = sans marque ni lien avec l'énonciation.

DISCRIMINATION AUDITIVE : savoir différencier deux sons significatifs (un peu/un pot).

DOUBLE PRONOMINALISATION : COD et Destinataire pronominalisés (je ne **le lui** ai pas donné).

DURATIF : représentant une durée (par exemple, « pendant »).

EFFACEMENT : disparition, dans certaines circonstances, d'un phonème ou d'un morphème. Par exemple, le « e » muet s'efface dans la prononciation de « maint'nant ». La particule négative « ne » peut tomber en langage quotidien (*je pars pas).

EFFET PERLOCUTOIRE : effet positif ou négatif produit sur l'interlocuteur par la force illocutoire d'un acte de parole.

EMBRAYEURS DU DISCOURS : expression proposée par Roman Jakobson pour recouvrir l'ensemble des mots grammaticaux qui se réfèrent au « ici et maintenant » du locuteur.

EMPHASE : accent d'insistance prosodique ou mise en relief d'un groupe de mots dans l'énoncé (c'est **à vous** que je parle !).

ENCODAGE : opération de production d'un message oral.

ÉNONCÉ : intervention verbale (écrite ou orale). Un énoncé peut être bref ou long. « Oui / moi aussi » sont des énoncés au même titre qu'un long discours...

ÉNONCIATION : le fait de prononcer ou d'écrire des paroles ici et maintenant. L'énonciation est la « voix » du locuteur. Elle est inscrite dans les instances spatio-temporelles du locuteur : ici et maintenant.

ENTOURAGE CONSONANTIQUE : consonnes qui entourent une voyelle ou une autre consonne et qui peuvent agir sur sa sonorité, son acuité, son ouverture ou sa fermeture. Par exemple, le « i » de « qui » est moins aigu que le « i » de « si » et le « b » de « absent » s'assourdit en « p » par assimilation consonantique avec le « s ».

ÉPICÈNE : adjectif ayant une seule et même forme pour les deux genres (un garçon symphatiqu**e** / une fille symphatiqu**e**).

ERREUR : production écrite ou orale incorrecte, ou agrammaticale, due à une compétence encore trop limitée (celui ou celle qui fait une erreur la commet parce qu'il ne sait pas encore faire mieux).

EXERCICE LACUNAIRE : exercice à trous.

EXERCICE SYSTÉMATIQUE : exercice permettant l'application d'un microsystème grammatical ou d'une règle, afin que l'apprenant puisse vérifier son degré de compétence (exercices en questions/réponses ou exercices à trous, le plus souvent).

EXPANSION : l'ensemble des déterminations du nom constitue son expansion.

FAUTE : production écrite ou orale incorrecte due, non pas à la compétence, mais à un défaut momentané de la performance (celui ou celle qui commet une faute sait habituellement faire beaucoup mieux).

FOCALISATION : opération par laquelle on met en relief ou en évidence un élément de la phrase. « C'est **à lui** que tu as donné ton cœur ? » : dans cet exemple, le propos est mis en focalisation.

FONCTION GRAMMATICALE : fonction du mot dans l'énoncé. Le sujet grammatical, les compléments du verbe et l'attribut sont des fonctions grammaticales.

FORCE ILLOCUTOIRE : manifestation stratégique des intentions communicatives du locuteur (« puis-je fermer la fenêtre, s'il vous plaît ? » ; « vous n'avez pas froid ? » ; « la fenêtre ! Non mais alors ? ! »).

GÉNÉRALISATION : opération par laquelle on envisage l'ensemble d'une classe d'êtres (**un** enfant doit obéir à ses parents).

GLISSEMENT PHONÉTIQUE : phénomène de télescopage par lequel une consonne sonore passe à la consonne sourde correspondante ou vice versa (je ne sais pas → ʃepas ; médecin → met'sin) (voir « entourage consonantique »).

GRAMMAIRE INTERMÉDIAIRE : grammaire (mouvante) que se constitue peu à peu un apprenant, pour s'expliquer le fonctionnement de la langue cible.

GROUPE NOMINAL : le nom et ses expansions, l'ensemble ayant une fonction syntaxique (**un très joli petit enfant** dormait ; je regardais **le fils de Pierre ; la tasse à thé** était vide).

GROUPE PRÉPOSITIONNEL : groupe nominal dépendant d'une préposition (je regardais l'enfant qui était **dans une grande chambre à coucher rustique**).

GROUPE VERBAL : les verbes simples ou composés et leurs modalisateurs (l'enfant **avait bien dormi**).

HEURISTIQUE : qui sert à la découverte des règles.

HOMONYMIE : mots ayant la même forme ou la même prononciation mais une signification différente (cf. homophone).

HOMOPHONE : mots qui peuvent avoir la même prononciation et la même forme, sans avoir du tout les mêmes valeurs ni les mêmes emplois (j'**en** prends ; je le fais **en** dix minutes ; j'**en** viens ; il s'**en** occupe en été).

HORS CONTEXTE : qui ne respecte pas les exigences de la communication.

HYPERCORRECTION : erreur due à une généralisation abusive de la règle (je les ai *faites sortir).

HYPOCORISTIQUE : style chargé d'affect, notamment vis-à-vis des enfants.

IMPERFECTIF : verbe dont le sémantisme n'exprime pas l'aboutissement de l'action (chercher, habiter, vivre, souffrir, etc.).

INSTANCES DE L'ÉNONCIATION : le « ici et maintenant » du locuteur et les termes grammaticaux afférents.

INTERACTION : unité de communication. La conversation est un type d'interaction.

INTERACTION VERBALE : communication comportant des échanges de paroles entre deux ou plusieurs participants. Le coup de téléphone est un type d'interaction verbale.

INTERLOCUTEUR : celui à qui l'on parle ou à qui l'on écrit.

INTONATION : mouvement musical significatif de la voix (– Tu m'aimes ? [question] – Non, je ne t'aime pas. [réponse]).

INTONATION D'INSISTANCE : accent d'insistance mis sur un mot de l'énoncé pour des raisons émotives.

INVERSION : phénomène syntaxique par lequel le verbe, dans certaines conditions, se place devant son sujet grammatical (où **avez-vous vu** ce film ? ; qui Pierre **aime-t-il ?** ; à qui **pense Pierre ?**).

ITÉRATIF : apte à se répéter dans le temps. Se distingue de sémelfactif.

LABIALISATION : le fait d'arrondir les lèvres pour prononcer un phonème ([y] ; [u] ; [o] ; [œ] ; [ʃ]).

LANGAGE ORDINAIRE : le langage par lequel un groupe linguistique communique dans les interactions de tous les jours.

LIAISON : dans la chaîne parlée, prononciation, dans certaines circonstances, d'un phonème latent, au contact de la voyelle suivante. Le phonème est dit « latent » parce que normalement il reste muet quand le mot est isolé ou suivi d'une consonne. Comparez la prononciation : trois ; trois petits garçons ; trois_enfants.

LOCUTEUR : celui qui parle ou qui écrit à un moment déterminé.

LOCUTION VERBALE : l'ensemble des mots qui constituent un verbe (j'**ai envie de** partir ; il **a peur de** nous).

MASSIF : non comptable.

MICROSYSTÈME : structures grammaticales étudiées comparativement, selon leurs emplois et valeurs. « Depuis », « ça fait… que » et « il y a… que » constituent un microsystème d'indicateurs temporels. « Le », « la », « les » et « en » constituent un microsystème pronominal de reprise du nom.

MODALISATEUR D'APPRÉCIATION : adjectif ou adverbe apportant une appréciation (un **tout petit** enfant ; ce sportif court **très vite**).

MODALITÉ DÉCLARATIVE : syntaxe de la phrase assertive. « Je suis content de vous voir » est une phrase à modalité déclarative, par opposition à une phrase de modalité interrogative ou exclamative.

MODALITÉ INTERROGATIVE : syntaxe de la phrase interrogative.

MODALITÉ SYNTACTIQUE : la syntaxe propre à chaque type de phrase (interrogative, déclarative, impérative, exclamative).

MORPHÈME : mot grammatical ou structure grammaticale ayant une fonction spécifique en morphologie ou en syntaxe. « Est-ce que », « qu'est-ce que », « être en train de » sont des morphèmes. Les terminaisons du verbe ou les marques du pluriel en sont d'autres.

MORPHÈME DE SUPPORT : nom donné au pronom « il/ils » ou « elle/elles » qui apparaît dans certaines inversions (Pierre est-**il** parti ? ; Marie reviendra-t-**elle** ?).

MORPHOLOGIE : étude des formes. La morphologie du genre et du nombre en français. La morphologie du verbe, l'étude des radicaux et des désinences du verbe.

MORPHOSYNTAXE : ensemble des règles de la morphologie et de la syntaxe.

NIVEAU D'APPRENTISSAGE : état des compétences d'un apprenant débutant, faux débutant, moyen fort, avancé, en perfectionnement.

N1 DE N2 : complément de nom du type « **le** fils **du** pharmacien » et « **la** porte **de la** pharmacie » où N1 de N2 sont en relation d'appartenance, c'est-à-dire : N2 a un N1.

N1 DE N2 : complément de nom du type « un verre **de** lait », « un acteur **de** cinéma » où « de n2 » apporte à N1 une qualification de type adjectival.

NOM COMMUN ACTUALISÉ : nom commun tel qu'on le trouve dans un énoncé.

NOM COMMUN VIRTUEL : nom commun tel qu'on le trouve dans une entrée du dictionnaire.

NOM DÉVERBAL : nom issu d'un verbe par transformation (transformer → **transformation**).

NH + : nom ou pronom se référant à un être humain (je m'occupe de **lui** → de cet enfant).

NH – : nom ou pronom se référant à un être non humain (je m'**en** occupe → de ce travail).

NOMINALISATION : transformation d'un verbe en son substantif équivalent, d'où l'appellation « nom déverbal » (transformer → transformation).

NON COMPTABLE : que l'on ne peut pas dénombrer.

NON CORÉFÉRENTIELS : pronoms ou noms renvoyant à des référents différents (**mes livres** sont plus intéressants que **les tiens,** mais ils sont moins drôles que **ceux** de Pierre → 3 référents différents).

NON MASSIF : comptable ou dénombrable.

NOYAU VERBAL : auxiliaire conjugué ou verbe conjugué (je ne le lui **ai** pas donné).

ONOMASIOLOGIE : étude sémantique partant du sens pour aboutir aux formes (par exemple, les entrées d'un dictionnaire bilingue).

ONOMATOPÉE : mots cherchant à imiter un bruit caractéristique.

PARTICULARISATION : opération par laquelle on prélève un élément particulier d'une classe d'êtres (j'ai rencontré **un** enfant).

PERFECTIF : verbe dont le sémantisme exprime par lui-même l'aboutissement de l'action (trouver, naître, mourir, etc.).

PERSONNES DE L'INTERACTION : je/tu/vous (le locuteur et son/ses interlocuteur(s)).

PHONÈME : son significatif du langage, permettant de distinguer deux significations (au lit/au lait). Le français possède seize phonèmes vocaliques et dix-sept phonèmes consonantiques.

PHRASE : énoncé écrit limité entre deux points de ponctuation. Unité syntaxique simple ou complexe comportant une ou des propositions. La phrase indépendante comporte une seule proposition, la phrase complexe comporte une proposition principale et des subordonnées.

PHRASE ASSERTIVE : modalité assertive, déclarative ou énonciative. S'oppose à la modalité interrogative ou exclamative.

PHRASE DÉCLARATIVE : syntaxe de la phrase énonciative qu'elle soit affirmative ou négative (modalité déclarative).

POLYSÉMIE : les différents sens que peut recouvrir un mot.

PONCTUEL : représentant un « point » temporel. S'oppose à duratif.

PRÉPOSITION : mot grammatical entrant dans la composition d'un groupe nominal, d'un groupe adjectival ou d'un groupe verbal (une tasse **de** thé ; content **de** te voir ; je pense **à** toi ; viens **chez** moi).

PRÉSENTATION : opération conceptuelle par laquelle on peut identifier, désigner, présenter un être.

PRÉSUPPOSÉ : l'« avant » non explicitement dit, mais dont la lecture s'impose dans un énoncé.

PRÉSUPPOSITION : le fait de signifier et de comprendre un « avant » dans ce qui est dit. « Pierre **ne** fume **plus** » présuppose qu'avant il fumait ; « Marie est divorcée » présuppose qu'elle a été mariée avant, etc.

PROCÈS : état, devenir, action exprimés par le verbe ou par les noms déverbaux.

PRODUCTION GUIDÉE : production écrite ou orale imposée, pour le réemploi de microsystèmes grammaticaux, par exemple.

PRODUCTION LIBRE : production écrite ou orale, sans contraintes pédagogiques.

PRONOMS ADVERBIAUX : « y » et « en » sont les pronoms adverbiaux.

PRONOM ANAPHORIQUE : pronom qui porte en avant une information précédente. Signifie pronom de reprise (Son **passeport** ? Mais je ne **le** lui ai pas pris !)

PRONOM ATONE : « je, tu, il, elle, etc. » sont des pronoms atones.

PRONOM CATAPHORIQUE : annonce un thème dont on va parler (**il** est bien gentil, Pierre).

PRONOM CLITIQUE : pronoms satellites qui dépendent directement du verbe et ne peuvent avoir d'existence indépendante.

PRONOM DE REPRISE : pronom qui se réfère et reprend un nom, pronom ou idée dont on a parlé précédemment (**Pierre** ? Je **le** vois souvent. **Il** travaille avec moi).

PRONOM TONIQUE : « moi, toi, lui, elle, etc. » sont des pronoms toniques.

PROPHRASE : qui peut tenir lieu d'une phrase complète (oui, non, jamais, etc.).

PROPOS : ce que l'on dit de nouveau sur le thème (c'est **à Lorient** que je suis née).

PROSODIE : recouvre l'ensemble suprasegmental : débit, intonation, rythme, accent du langage.

QUALIFICATION : opération par laquelle on qualifie un nom.

QUANTIFICATEUR : marqueur de quantité.

QUANTIFICATION : opération conceptuelle par laquelle on exprime la quantité se référant à des êtres comptables ou non comptables.

QUESTION PARTIELLE : question qui demande une information essentielle sur le propos.

QUESTION TOTALE : question qui contient toute l'information (thème et propos).

RADICAL : forme (ou racine) du verbe qui sert de base à l'adjonction des terminaisons de la conjugaison.

RAPPORT DE DÉPENDANCE : mise en relation de deux noms, notamment par l'intermédiaire d'un déterminant possessif (je connais bien **Pierre** et je sais que **son amie** s'appelle Marie → **son** met le nom **amie** en rapport de dépendance avec **Pierre**).

RÉFÉRENCE : elle peut être extralinguistique ou linguistique. Extralinguistique, il s'agit alors de l'être du monde que désigne un nom (ma **table** est rectangulaire). Linguistique, il s'agit alors d'un nom ou d'un pronom dont le sens est repris par un phénomène d'anaphores (Dans la rue, j'ai vu un **enfant**. **Cet** enfant était seul. **Il** pleurait. Je **lui** ai demandé où **il** habitait).

RÉFÉRENCE TEMPORELLE : marques des temps verbaux par rapport au moment T° de l'énonciation.

REGISTRE DE LANGUE : registre soutenu/standard/familier, manières de parler liées à la situation de communication et aux acteurs sociaux.

RELATION D'APPARTENANCE : mise en relation de deux noms dont le second joue le rôle de « possesseur » (les bonnes affaires du boulanger → **ses** bonnes affaires).

RÉSULTATIF : résultat d'un procès accompli.

SATELLITE DU VERBE : les particules négatives et les pronoms compléments clitiques sont des satellites du verbe.

SÉMASIOLOGIE : étude sémantique partant des formes pour aboutir au sens (par exemple, les entrées d'un dictionnaire unilingue).

SÉMELFACTIF : ce qui ne se produit qu'une seule fois. « Une fois » est un indicateur temporel sémelfactif.

SITUATION : circonstances spatio-temporelles où se trouvent des participants ayant un objectif à réaliser. La situation fait partie du contexte.

STRATÉGIE DE COMMUNICATION : efforts verbaux et non verbaux (d'ordre socioculturels) que fait tout locuteur pour transmettre ou dissimuler ses intentions et pour influencer son interlocuteur.

STRUCTURE RESTRICTIVE : « ne… que » est une négation restrictive (il **ne** mange **que** des légumes).

STRUCTURE SYNTACTIQUE : groupe de mots ayant toujours la même place et la même fonction dans une phrase. « Il **n'**y a **pas de** », « je **ne** pense **qu'**à », « il est **plus** malin **que** » sont des structures syntaxiques.

SUBSTANTIF : nom commun.

SUBSTITUT : le pronom est un substitut du nom, le verbe « faire » est un verbe substitut dans « ils disent toujours qu'ils vont me payer, mais ils ne le **font** pas ».

SUBSTITUTION PARADIGMATIQUE : substitution d'un mot par un autre, à condition qu'ils fassent partie du même paradigme (le paradigme des sujets grammaticaux, par exemple, permet les substitutions : **j'**écris/**il** écrit/**vous** écrivez/**Pierre et Marie** écrivent).

SYNCHRONIE : état de la langue à un moment donné de son histoire. État de la langue actuelle. S'oppose à diachronie.

TÉLÉOLOGIQUE : le but, les finalités à atteindre.

TENSIF/EXTENSIF : accompli/accomplissement.

THÉMATISATION : extraction d'un élément et son déplacement en tête d'énoncé (**à mes enfants,** je ne peux [leur] souhaiter que du bonheur !).

THÈME : ce dont on parle (**vous êtes née** à Paris ?).

TRANSFORMATION : opération linguistique par laquelle le locuteur passe d'une structure syntaxique à une autre (voix active → voix passive, par exemple).

VALENCE : le nombre d'actants que peut supporter un verbe, en vue de sa complétude syntaxique. Lorsque tous les actants sont présents, on dit que le verbe est saturé. Le verbe « donner » est un verbe à trois valences (Pierre te le donnera).
$$\underset{1}{\text{Pierre}} \quad \underset{2}{\text{te}} \quad \underset{3}{\text{le}}$$

VALEUR GÉNÉRALISANTE : valeur générique qui englobe l'ensemble d'une même classe d'êtres.

VALEUR D'INTRODUCTION : valeur de l'article indéfini au cours de la première mise en service d'un substantif dans un énoncé (Hier, j'ai rencontré **un** enfant. Cet enfant était seul. Il pleurait. Le pauvre gamin avait perdu sa maman, etc.).

VALEUR DE REPRISE : valeur anaphorique, qui porte l'information en avant en respectant les règles syntaxiques de cohésion.

VALEUR SPÉCIFIQUE : qui se réfère à un <u>être</u> spécifique selon l'expérience partagée par les interlocuteurs.

VERBE INTRANSITIF : verbe n'admettant pas de complément (marcher, courir, sortir, partir).

VERBE MODAL : « pouvoir, vouloir, devoir » suivis d'un infinitif.

VERBE OPÉRATEUR : verbe du « dire » qui introduit le discours rapporté (il a **demandé** si Marie était là).

VERBE TRANSITIF DIRECT COMPLEXE : verbe à trois valences : le sujet, l'objet et le destinataire (donner quelque chose à quelqu'un).

VERBE TRANSITIF DIRECT SIMPLE : verbe à deux valences : le sujet et l'objet direct (regarder quelqu'un ou quelque chose).

VERBE TRANSITIF INDIRECT RIGIDE : verbe construit avec une préposition dite rigide, parce qu'elle ne s'efface pas lors de la pronominalisation (tenir à quelqu'un, penser à lui, se souvenir de lui, compter sur lui).

VERBE TRANSITIF INDIRECT SOUPLE : verbe construit avec la préposition « à », dite souple, parce qu'elle s'efface lors de la pronominalisation (ressembler à quelqu'un, lui parler, lui sourire).

VOYELLE NASALE : [ɛ̃], [ɑ̃], [ɔ̃] sont des voyelles nasales.

VOYELLE ORALE : [i], [e], [ɛ], [ɑ], [y], [ø], [œ], [u], [o] sont des voyelles orales (l'air ne passe que par la cavité buccale lors de l'émission).

LISTE DES CONTENUS PAR DOSSIER

ne… jamais
toujours/jamais
ne… pas/ne… plus
ne… plus jamais
encore/toujours
pas toujours/toujours pas
ne… pas encore
déjà/pas encore
quelqu'un/n'importe qui/quiconque
ne… personne
quelque chose/n'importe quoi
ne… rien
tout, tous, toutes, chacun
quelque part/n'importe où/partout
ne… nulle part
ne… que
seulement
sauf, excepté, hormis

Dossier 5 : l'interrogation et la forme interrogative, p. 83

est-ce que… ?
qui/que… ?
qui est-ce qui/qui est-ce que… ?
qu'est-ce qui/qu'est ce que… ?
inversion verbe-sujet
discours indirect
« concordance » des temps
dire que
demander ce qui/ce que
demander si
demander où/quand/comment
demander de + infinitif
demander que + subjonctif
demander à ce que + subjonctif

Dossier 6 : la qualification, p. 99

N1 de N2 (complément du nom : le fils du pharmacien)
adjectif qualificatif : genre et nombre
quelque chose de + adjectif neutre (rien de beau)
c'est + adjectif neutre/il (elle) est + adjectif
c'est/il est + adjectif neutre (c'est intéressant de…)
ce/c'/ça/cela
place des adjectifs épithètes
très, peu, assez + adjectif
trop, tellement, si + adjectif

un petit peu, tout à fait, tout + adjectif
adverbes en « ment »
aussi, plus, moins… que (comparatifs)
le plus, le moins + adjectif (superlatif)
le meilleur/la meilleure/les meilleurs
un des meilleurs/une des meilleures
N1 de n2 (une tasse de thé)
N1 à n2 (un couteau à pain)
N1 en n2 (des jouets en bois)
les relatives déterminatives et les relatives appositives
qui, que, où, dont, auquel, à laquelle, auxquels, auxquelles, etc.
les relatives et l'indicatif
les relatives et le subjonctif

Dossier 7 : la situation dans l'espace, p. 127

où ?, ici, là, là-bas
à/chez
article contracté au/aux
au, aux + nom de lieu
dans, sur, par, de + nom de lieu
pour + nom de lieu
entre… et…
jusqu'à + nom de lieu
en/y (pronoms de reprise d'un lieu)
où, dans lequel (les relatives de lieu)
au moment où, à l'heure où (valeur temporelle)
aller 1, aller 2, aller 3
venir/revenir/retourner/rentrer, etc.
les verbes intransitifs exprimant le passage d'un lieu à un autre (auxiliaire « être »)

Dossier 8 : la situation dans le temps et la vision du procès, p. 141

hier, aujourd'hui, demain
il y a + expression de la durée
dans + expression de la durée
depuis + date fixe
depuis + expression de la durée
il y a… que
ça fait… que
en/pendant
en + date ou époque

à + époque

le + date

à partir de/dès/depuis

avant/après

rarement, toujours, souvent, quelque fois, une fois

tout à coup, alors, et puis, etc.

toujours, constamment

tout en + participe présent (gérondif à valeur temporelle)

participiales à valeur temporelle (une fois le travail terminé,...)

quand, lorsque

pendant que, tant que

jusqu'à ce que, dès que, aussitôt que

chaque fois que

si + présent

avant que, jusqu'à ce que, en attendant que + subjonctif

modes et temps du verbe : mode du réel/mode du possible, les trois époques, les étapes du déroulement, temps de référence T° et T′ (discours et histoire), l'aspect (ou vision)

valeurs et emplois des temps de l'indicatif : présent, passé composé, imparfait, plus-que-parfait (le système hypothétique : si + imparfait), surcomposé, passé simple, passé antérieur, futur simple, futur antérieur

valeurs et emplois du conditionnel

valeurs et emplois du subjonctif (avant que, bien que, qui que, etc.)

verbes modaux : pouvoir, vouloir, devoir, savoir + infinitif

il est possible de + infinitif, il est vraisemblable que

adverbes de manière, qualité, quantité

plus que, autant que, moins que

le plus, le moins

quelques pistes morphologiques pour la formation des temps et des modes : radicaux et désinences

Dossier 9 : argumentation et opérations logiques, p. 209

pourquoi ?

parce que

pour + infinitif passé

si... c'est que

grâce à, à cause de

comme

par suite de

sous prétexte que

participiales à valeur causale

être dû à/provenir de

étant donné que/vu que

du fait de/du fait que

dès lors que/du moment que

puisque

d'où

c'est pour cela que

c'est pourquoi

alors

donc/par conséquent

si bien que/de sorte que + indicatif

si, tellement, tant... que (consésutives)

pour + infinitif/pour que + subjonctif

de sorte que + subjonctif

quoique, bien que + subjonctif

tandis que, alors que, en revanche, mais, en dépit de, par contre, au lieu de

avoir beau + infinitif

malgré

toutefois

cependant

or

d'abord, ensuite, enfin, en conclusion

d'une part, d'autre part, en outre, par ailleurs

d'un côté, de l'autre

en effet, en fait, au fait

quand même, tout de même

d'ailleurs

en tout cas, de toute façon

du moins, au moins

Dossier 10 : l'actance et les rôles actanciels, p. 231

être, faire, causer

état, action, fait, constat`

voix passive

agent/patient/victime/instrument, etc.

nominalisation, noms déverbaux

factitifs : faire faire, laisser faire, se faire faire, se laisser faire, se voir faire

INDEX ALPHABÉTIQUE

267

Achevé d'imprimer en France en octobre 2021 par Jouve-Print numérique (Mayenne)
N° 2966939E - Dépôt légal : 4567/22